12가지 주제로 펼치는 교사의 한해살이
교사생활 월령기

교사생활 월령기

초판 1쇄 발행 2017년 3월 3일
초판 2쇄 발행 2017년 12월 22일

지은이 경기교육연구소

발행인 김병주
출판부문대표 최윤서
편집장 허병민
책임편집 김미영
디자인 신미연
마케팅 장은화, 김수경
펴낸곳 (주)에듀니티(www.eduniety.net)
도서문의 070-4334-2196
일원화구입처 031-407-6368 (주)태양서적
등록 2009년 1월 6일 제300-2011-51호
주소 서울특별시 서대문구 연희로2길 76 4층
ISBN 979-11-85992-35-8(13370)
값 16,000원

이 책은 저작권법에 따라 한국 내에서 보호를 받는 저작물이므로 무단 전재 및 복제를 금합니다.
이 책의 국립중앙도서관 출판시도서목록(CIP)은 www.nl.go.kr/ecip에서 이용하실 수 있습니다.

12가지 주제로 펼치는 교사의 한해살이

교사생활 월령기

경기교육연구소 지음

3월 멀고도 가깝지만 함께 가야 할 학부모

4월 다양한 가치와 배움이 살아 있어야 할 수업

5월 멋진 교사로 살아가기 위한 고민 교원 단체·교원 정책

6월 불편하지만 성찰해야 할 차별과 낙인

7월 지속 가능한 교육을 위해 극복해야 할 사교육

8월 교사를 살리고 학교를 바꾸어야 할 승진

9월 자신감을 바탕으로 미래 역량을 키우는 진로 교육

10월 공화국 시민 교육으로써 학생 인권

11월 매몰되어서도 경시해서도 안 되는 입시

12월 행정에서 교육으로 가려면 넘어야 할 교육 관료제

1월 지식인으로서 교사의 실존과 마주하는 연수

2월 진정한 지식과 삶을 마주 세우는 교육과정

 에듀니티

· 여는 글 ·

그래도 학교교육이
희망입니다

선생님, 선생님은 대학을 졸업하고 교사가 되어 다시 학교로 돌아왔을 때 예전에 자신이 다니던 때와 비교해서 얼마나 달라져 있던가요? 이렇게 물으면 대부분의 교사는 예나 지금이나 별로 달라진 게 없다고 대답합니다. 이 책은 학교가 정말 달라져야 한다고 생각한 선생님들이 모여서 연구하고 실천한 흔적들을 모아서 정리한 학교 이야기입니다.

> 아빠랑 파주 교육박물관에 다녀왔다. 교실에는 2인용 책상 20개가 있었다. 아빠는 실제로는 학생이 이보다 훨씬 많았다고 말했다. 교실 한가운데는 난로가 있었고, 난로 위에는 도시락이 여러 개 올려 있었다. 교실 앞 오른쪽에는 커다란 악보가 걸려 있었고, 오

르간도 보였다. 그리고 교탁과 교단이 있었다. 교실 바닥은 나무로 되어 있었고, 오래된 칠판과 분필도 보였다.

초등학생이 묘사한 교실 풍경입니다. 지금은 난로와 오르간은 없지만 70년대의 교실과 지금의 교실, 구조적으로 달라진 것은 없어 보입니다. 여전히 네모난 교실입니다. 어떤 이들은 그래도 학교가 조금씩 달라졌다고 하지만 뭔가 변화가 있을 거라는 기대를 품고 발령을 받은 신규 교사들은 학교가 자신들이 다니던 때와 별로 다르지 않아서 놀란다고 합니다.

교실 중앙의 태극기, 교탁, 칠판, 시간표, 교장실에 있는 국정 지표, 중앙 현관의 시책 사업, 출입이 불가능한 화단, 조회대와 운동장… 이런 풍경은 근대 교육의 상징입니다. 또 있습니다. 국정 교과서, 국어·수학·사회·과학 등 전통적인 교과, 학교마다 40분·45분·50분 공부하고 10분 쉬는 시간 배정 그리고 수업의 시작과 끝을 알리는 차임벨. 지금의 학교를 예전의 학교와 다르지 않다고 느끼게 하는 요소들입니다.

여기저기 학교교육을 규정하는 장치도 마찬가지입니다. 수업 시수와 출석 일수, 학생들은 물론 수업을 하는 교사에게도 부과되는 각종 법규와 통제—시간 통제, 강제성, 국가주의, 감시와 처벌—는 학교에 남아 있는 근대성의 오랜 흔적이자 지금도 변함없이 통용되는 장치들입니다.

현재 학교를 다니는 학생과 교사 그리고 학교를 경험한 사람들에게 학교교육은 당연한 일상이자 상식입니다. 그래서 학교교육을 바라보는 사고방식에는 옛날의 습성이 자연스레 스며들어 있고, 아마 이 굴레에서 벗어나기란 쉽지 않을 것입니다.

하지만 조금만 떨어져서 낯선 시선으로 학교를 바라보면 일단 건물 자체가 미셸 푸코의 말대로 교도소나 병원이나 군대를 연상케 합니다. 그래서인지 미셸 푸코는 근대화가 인간을 자유롭게 한 것이 아니라 오히려 억압하는 데 기여했다고 주장했지요. 더구나 우리나라에서 학교는 일제강점기 때 그 근간이 세워졌고, 군사독재 시절을 거치면서 국가주의적·중앙집권적 통제 요소가 유입되었으니까요.

이런 배경은 지금의 학교교육을 가능케 한 근간인 동시에 교사의 자율적인 교육을 방해하는 요인으로 작동했습니다. 예를 들어 그동안 우리는 '표준화된 인간상'이 있다는 가정 아래 교육을 해왔습니다. 교과로 대표되는 표준화된 지식을 계획적으로 가르치면 인간을 바람직한 방향으로 변화시킬 수 있다는 신념이 있었지요. 다시 말해 '교육은 계획적인 인간 변화'라는 인식 말입니다. 그리하여 이에 맞추어 준거를 설정하고 평가를 해왔지요.

교사라면 누구나 3월에 학생들을 만나 얼마간 생활하다가 표준화된 문제로 시험을 치르고 난 뒤에는 학생을 바라보는 시각이 달라지거나 학습 부진아와 우수아로 구분하게 되고, 심지어 성적 순위에 맞추어 줄을 세우는 경험을 해보았을 것입니다. 교사의 관념에 구분의 잣대─점수라는 숫자로 된 준거─가 생겼기 때문입니다. 학생들의 내면에는 수치로 재단할 수 없는 다양한 자아가 공존하는데 표준화된 준거는 각각의 자아를 인정하지 못합니다. 학교와 관련해서 생기는 다양한 문제는 대체로 이런 획일성에서 출발할 것입니다.

오늘날 학교는 표준화된 준거에 의해 학생들을 관리하고 통제하고 변별하는 곳이라는 오래된 관념이, 학생

들을 교육적으로 성장하게 도와주는 곳이라는 새로운 패러다임과 충돌하고 있습니다. 그 과정에서 오래 전부터 이어져온 관행과 새로운 것들이 서로 부딪히며 홍역을 앓고 있습니다.

해방 이후 학교교육에 영향을 미친 주요 교육정책들

해방 이후 우리나라 학교교육의 큰 흐름과 담론을 살펴보면 교육적 가치를 중심에 둔 전통이나 목적을 세우기보다 특정 정권의 목적에 따라 바뀌었습니다. 그리고 이러한 흐름은 오늘날까지 이어지고 있습니다. 역대 정권의 교육정책을 한번 들여다보겠습니다.

이승만 정부의 교육정책은 주권국가로서 학교교육의 근간을 만드는 것이었습니다. 이 시기에 공교육의 근간이라고 할 교육법―교육의 기회 균등, 6년 무상 의무교육 실시, 교육 이념으로서의 홍익인간 명시, 교육의 중립성, 교원의 신분 보장 등이 담긴―을 제정·공포하였습니다. 그러나 친일 청산에 미온적이었고, 초대 문교부 장관을 역임한 사람은 파시즘과 유사한 '일민주의'를 부르짖었습니다. 홍익인간 이념

과 교육의 중립성은 장식적인 요소에 불과했지요.

　민주화를 시도했으나 5·16 쿠데타로 별 다른 교육정책을 시행하지 못한 채 막을 내린 제2공화국의 뒤를 이은 박정희 군사정부는 '조국의 근대화'를 슬로건으로 내걸고 이를 추진하기 위한 수단으로 '교육을 통한 인간 개조 운동'을 펼쳤습니다. 교육에 대한 중앙 통제도 강화해나갔지요. 교원노조를 금지하고 교육감과 국공립대 총장을 임명제로 했으며, 오늘날까지 지속되는 대학 학생 선발에 국가가 개입하는 조치를 단행했습니다. 교육적으로 주목할 만한 일로는 학교의 양적 확대를 전제로 한 평준화 정책이 있습니다. 과중한 학습 부담으로 인한 신체 발달 저해, 경쟁심 조성으로 인한 심성 왜곡, 초등학교 및 중학교 교육의 비정상화, 과중한 사교육비로 인한 가계 부담 등을 평준화 정책을 시행하는 이유로 들었습니다. 평준화 정책은 의미 있는 시도이기는 했으나 국정 교과서와 짝을 이루는 정책으로서 제조업 중심의 산업화를 추진하던 시기에 순응적이고도 표준화된 인간을 만들겠다는 의도가 내포된 것이기도 했습니다.

　박정희 정부의 뒤를 이은 전두환 정부는 이전 정부에서 시행한 교육의 양적 확대 흐름을 대학까지 이어갔습니다. 졸업정원제가 대표적인 예입니다. 대학의 문턱을 낮추는 대신 졸업 요건을 강화하겠다는 시도였는데 당시 군사독재에 저항하는 대학생들의 데모를 막으려는 숨겨진 의도 아래 졸속으로 추진한 것이었습니다. 그 결과 대학 교육의 질 저하, 대졸자 취업난 같은 부작용만 남긴 채 실패로 돌아갔다는 평가를 받았습니다. 과외(사교육) 금지, 본고사 폐지 및 고교 내신 대입 반영을 골자로 하는 이른바 '7·30 교육 개혁'과 '교복자율화'도 민심 달래기용 유화정책 차원에서 급조한 것으로 일정한 성과에도 아랑곳없이 지속 가능하지는 않았습니다. 과외 금지는 나중에 위헌판결을 받았고, 이를 계기로 보충수업 및 야간자율학습이 탄생하여 오늘날까지 이어지고 있습니다.

민주화 이후인 노태우 정부 시기에는 박정희 정부 때 사라진 지방교육자치가 부활하는 등 자율화의 흐름이 나타났으나 김영삼 정부의 이른바 '5·31 교육 개혁'에 포섭되었습니다. 세계화·정보화 시대를 맞이하여 국가 경쟁력을 높이기 위한 신교육 체제 수립을 표방했던 5·31 교육 개혁은 교육의 시장화를 초래한 것으로 평가받고 있으며, 이 조치 이후 학교에 '교육 수요자(소비자)론' 같은 경제 논리가 광범위하게 유입되었습니다.

이런 흐름은 김대중 정부 때까지 이어져 문교부의 명칭이 '교육인적자원부'로 바뀌었고, 대입에 수시 전형을 도입했습니다. 교육의 수요자인 학생의 특성(입시 다양화)과 수준(우열반 편성)을 고려한다는 취지였으나 때마침 과외금지조치가 위헌판결(2000년)을 받으며 사교육이 걷잡을 수 없이 폭발하는 계기를 제공했습니다.

노무현 정부 때도 이런 경향은 지속되었습니다. 경쟁을 내포한 시장주의 논리와 이상주의적 내신 중심 교육관의 결합은 상대평가 내신제와 '죽음의 트라이앵글(수능·내신·논술 동시 준비)'로 귀결되어 사교육이 폭증함으로써 학생과 학부모를 고통에 빠뜨리는 결과를 낳았습니다. 학교 현장에 성과급제나 교원평가제가 도입된 것도 이 즈음입니다.

뒤를 이은 이명박 정부는 5·31로 상징되는 신자유주의 교육정책을 최고로 노골화했습니다. 이른바 고교 다양화 정책으로 고교 평준화의 근간이 흔들렸고, 학업성취도평가(일명 일제고사)와 성적 공개 등으로 경쟁이 극대화되었습니다. 입시 자율화에 따라 3000가지가 넘는 복잡한 대입 전형이 만들어졌고, 입학사정관제도(지금의 학생부종합전형)가 도입되었습니다. 이러한 정책들에 대한 반작용은 결국 전국적으로 진보 교육감을 탄생시켜 5·31 교육 개혁을 넘어서는 새로운 교육 체제를 모색하는 단초를 제공했습니다.

중앙정부 주도의 교육정책으로 피곤한 교사들

그간 이 같은 정부의 교육정책은 학교교육에 커다란 영향을 미쳐왔습니다. 일제고사를 실시하면 문제풀이 수업이 과도해지고, EBS와 수능 연계 방안을 발표하면 정규 수업 시간에 EBS 방송을 시청하기도 합니다. 교사성과급제를 확대하면 교무실에서 서로 얼굴을 붉히는 일이 늘어나지요.

그런데 정작 정부의 교육정책이 우리의 교육 현실을 얼마나 개선했는지는 의문입니다. 학교교육은 중앙정부가 하는 것이 아니라 현장에 있는 교사가 하는 것이라는 아주 당연한 사실을 간과하고 있기 때문입니다.

단적으로 그간 정부의 교육정책을 일선 학교 교사들이 얼마나 인지하고 실천하려 했는지에 대해서는 관심도 연구도 하지 않습니다. 어떤 교육정책이 학생들에게 어떤 성장을 이루게 했는지에 대한 논의도 없습니다. 매 정권마다 교육 개혁을 강조하며 막대한 인력과 자원을 투입하고 있지만 정작 정책의 효과성에 대한 검증은 하지 않습니다.

그럼에도 정권이 바뀔 때마다 새로운 교육정책은 교육 개혁이란 말을 등에 업은 채 되풀이되고, 또 그때마다 교사들은 냉소합니다. 교사를 교육 개혁의 주체자로 설정하기보다 중앙정부가 수립한 계획을 충실히 이행하는 하위 집행자로 설정했기 때문입니다. 이로 인해 학교와 교사들의 피로도는 날이 갈수록 상승하고 있습니다. 이전 정책에 새로운 정책을 덧대는 경우도 많고, 어떤 정책을 시행할 때마다 실적을 생산하고 일일이 보고해야 하므로 교육이라는 말 대신 '사업'이라는 표현이 버젓이 유통되기도 합니다.

물론 새로운 교육정책을 계속 입안하고 시행하는 것은 교육에 대한 국민적 관심과 기대가 여전하다는, 또 학교교육이 나아져야 한다는 여론의 반증일 것입니다. 하지만 학교교육을 밑받침해야 하는 이론과 철학 그리고 교사들의 자발성을 간과한 것만은 분명합니다.

학교교육에 대한 이론과 철학의 부재

그동안 학교교육에 영향을 미친 정책과 지침은 많았습니다. 하지만 정작 '우리나라의 학교교육을 지배하는 교육철학은 이것'이라고 할 만큼 손에 잡히는 것은 없습니다. 신규 교사가 첫 발령을 받고 학교에 와서 선배 교사에게 '당신의 교육철학이 무엇인지'를 물어보면 전문가다운 조언을 듣지 못합니다. 그저 "그냥 부딪쳐봐" 할 뿐이지요. 선배 교사의 한 사람으로서 스스로 교육철학을 세우기에는 너무 척박한 교육 현실에서 살았다는 말로 변명해보지만 사실 우리 교육에서 교육철학의 부재는 어제오늘 일이 아닙니다.

사람들은 교육철학 부재의 주범으로 입시 위주의 교육을 지목합니다. 물론 완전히 틀린 말은 아닙니다. 우리나라는 교육의 실질적 목표를 사실상 상급 학교 진학에 두고 있으니까요. 점수를 높인다는 목적 아래 교육적인 목표는 도외시되고 있습니다. 학생과 학부모도 교사의 훌륭한 인격과 다양한 경험으로 전인교육을 해주기보다 입시를 위해 성적을 올려달라고 노골적으로 요구합니다. 이러한 상황에서 교사들은 '현실은 어쩔 수 없다'며 적당히 타협하곤 하지요.

그런데 입시 위주의 교육이 도리어 학교교육의 문제를 회피하는 수단이 되어온 것은 아닐까요? 뫼비우스 띠 같은 형국의 문제에서 누군가는 나서야 하고, 그 중심에 교사가 서야 하는 게 아닐까요? 결국 문제는 교사들 스스로 학교의 교육철학을 세우는 일에 소홀했다는 것입니다. 실제로 교사들은 그동안 교육 이론과 철학은 학자들이 세우는 것이고, 우리는 그걸 수행하는 사람들이라고 여기는 경향이 강했습니다.

급변하는 현대 사회의 양상은 학교에 대한 전면적인 고민거리를 던져주고 있습니다. 공장 노동자들이 주류를 이루던 사회에서는 학생에게 성실과 인내를 강조했고, 학교교육을 받으면 직장을 구하거나 상급 학교에 진학하는 데 별 문제가 없었지요. 그러나 이제 그렇지 않게 되었습니다. 그동안 학교는 교육의 중심지였고 교사에게는 얼마간 신성한 권위가 인정되었지만 지금은 반드시 학교에 가서 교사에게 배우지 않아도 되는 시대가 되었습니다.

이러한 혼돈과 위기의 시대에 교사들은 학교에서 수행하는 교육의 역할을 재정립해야 합니다. 학교는 도대체 무엇을 하는 곳이며, 학교교육은 어떠해야 하는가, 이에 대한 다양한 담론이 필요한 시기입니다.

다행히 최근에 혁신학교 운동이 일어나면서 전문적 학습 공동체 형성과 민주적 회의 문화 등을 통해 새로이 학교 철학을 세우고 경험을 이론화하는 일들이 활발하게 이루어지고 있습니다. 이는 학교교육은 전문가인 교사의 경험과 철학으로 해야 한다는 교육의 본질을 회복하는 일임과 동시에 수직적인 상명하복의 질서를 넘어 자율성과 수평적 네트워크를 바탕으로 학교가 지닌 근대적 한계를 넘어서고자 하는 시대적 흐름과 일치합니다.

물론 학교에는 아직도 외부에서 부여하는 일이 많습니다. 교사를 무기력하게 만드는, 수동적 국가기관으로서 문화와 제도에서 비롯한 일들입니다. 그러니 지금의 전반적인 현실을 지속적으로 개선해나감으로써 미래 사회의 변화에 걸맞게 학교의 형태를 바꾸어야 합니다. 실천을 바탕으로 이론과 철학을 재정립할 의무가 바로 우리 교사들에게 있습니다.

교육 현장에서 스스로 대안을 마련해야

지금 학교는 여러 가지 문제로 편하지 않습니다. 학생이나 교사 모두 방학만 기다린다고 해도 과언이 아니지요. 교사라는 직업은 최근 들어 매우 인기가 높아졌고, 또 되기 힘든 직업의 반열에 올랐습니다. 그런데 한편으론 명예퇴직을 신청하는 교사가 급증하는데 예산 부족으로 신청자를 모두 받아줄 수 없는 교육청도 있다고 합니다. 교실 붕괴, 학교폭력 등 굵직한 문제가 학교 내부가 아니라 외부에서 규정되고 있으며, 해결책마저 외부에서 만들어 학교로 들어오는 실정입니다.

하지만 앞에서도 말했듯이 지금 교육 현장에서는 문제점을 발견하고 새로운 대안을 찾으려는 노력이 매우 활발하게 일어나고 있습니다. 그동안 주목하지 않았던 교사의 문제, 학생의 자아 문제 그리고 관계성에 주목하기 시작했습니다. 오랫동안 학교교육은 집단주의적 성격을 띠고 있었는데 아동인권법, 학생인권조례 등의 시행으로 군대 사열과 같은 애국 조회, 단체 기합, 교문 지도가 사라지고 있습니다. 그 대안으로 모든 학생이 참여하는 직접 민주주의인 '다모임'과 교문 지도를 대신하는 '따뜻한 아침맞이'가 새롭게 나타나고 있고요.

국가의 관료주의적 감시와 통제로 작용했던 교사의 번잡한 행정 업무도 그 정당성을 의심받으며 '교원업무정상화'를 추진하게 되었고, 지시하며 군림하던 교장선생님이 수업을 하는 새로운 모델을 만들기도 했습니다. 예전에는 주로 대학교수가 쓴 책이나 번역서를 읽으며 공부하던 교사들이 지금은 수많은 현장 교사가 자신의 생생한 경험을 쓴 책들을 읽으며 토론합니다. 전문적 학습 공동체 등 현장 교사들의 실천 사례가 교육청을 통해 제도화되기도 했지요.

지금 나타나고 있는 일련의 대안들은 교사의 경험과 전문성에서 나온 것입니다. 교육 현장에서 문제를 발견하고 해결 방안을 찾아서 실천한 결과입니다. 하지만 우리는 여기에 그치지 않고 보다 근본적인 교육 문제에 대해서도 대안을 모색해가야 합니다.

그동안 학교교육은 교육법에 따라 정해진 수업 시간에 정해진 교과목을 잘 전달하는 것으로 여겼고, 그래서 이른바 '진도를 나간다'는 표현을 썼습니다. 하지만 교과서나 교재를 가지고 진도를 나가 머릿속에 지식을 주입하는 것으로 과연 학생의 성장이 온전히 이루어질까요? 이제는 성적으로 상징되는 수치가 아니라 학생의 전체적 삶을 아우르는 '성장'에 주목해야 합니다. 행정 위주의 차가운 통제가 아니라 따뜻한 인격적 관계성이 학교교육의 본질이 되어야 합니다. 학생 한 명 한 명의 이름을 불러주고 '수업실기대회'로 상징되는 지식의 효율적 전달을 넘어서야 합니다.

교육이란 사람이 사람답게 살아가도록 가르치고 배우는 일입니다. 풀이나 나무, 벌레는 교육을 받지 않고도 살길을 찾지만 사람은 배워서 익히지 않으면 먹을거리, 입을 옷, 잠자리 어느 하나 마련할 수 없습니다. 복잡한 사회를 이루고 살며 변화의 정도가 그 어느 때보다 빨라진 오늘날, 가르치고 배우고 익히는 것은 이전보다 훨씬 중요한 문제가 되었습니다. 학교교육을 더욱 쓸모 있게 만들어야 할 의무가 우리에게 있습니다.

이 책은 '경험 전문성', '현실' 그리고 '대안'이라는 키워드를 바탕으로 교사가 학교에서 생활하는 3월부터 이듬해 2월까지의 다양한 장면을 담았습니다. 교사가 맞닥뜨리는 일들이 도대체 어떤 제도에서 나왔는지, 문제점은 무엇인지, 그리고 이에 대한 대안과 대처 방안은 무엇인지를 스스로 생각하고 실천하도록 엮어보았습니다. 월의 흐름대로 읽어도 좋고 주제를 보고 궁금한 부분을 찾아서 읽어도 좋을 것입니다. 하루하루 바쁜 현장 교사들이 틈틈이 시간을 내어 집필한 내용인지라 현장의 생생한 시각이 가득 담겨 있다고 자신합니다.

교대나 사대를 졸업하고 또는 기타 다양한 경로로 교사 자격증을 취득해서 교사가 되고자 하는 분들께, 또 학교에서 아이들과 생활하며 나날이 지쳐가는 교사들께 학교가 어떤 곳인지, 교육은 과연 어떠해야 하는지를 이야기하고 싶었습니다. 공허해 보이는 이론이나 당위가 아니라 치열한 고민을 담으려고 애썼습니다. 물론 현장에서는 이 책에서 말한 내용보다 훨씬 복잡한 일들이 일어나고 있을지 모릅니다. 그래도 학교가 돌아가는 전모를 하나의 흐름으로 파악할 수 있는 책이자 교사로 살아가며 성장하는 데 실질적인 도움을 주는 책이 될 거라고 생각합니다.

교육 문제에 해답은 있어도 정답은 없습니다. 교사는 자신의 경험과 전문성을 살려 그때그때 문제 상황을 규정하고 새로운 대안을 마련해야 합니다. 아무쪼록 이 책이 스스로의 대안을 만들려는 노력에, 나아가 지금의 학교가 여전히 떨쳐내지 못하는 오래된 과거를 극복하고 새로운 미래와 전망을 모색하는 활동에 도움이 되기를 기대해봅니다.

차례

여는글	그래도 학교교육이 희망입니다 • 4	
3월	멀고도 가깝지만 함께 가야 할 <u>학부모</u> • 19	
4월	다양한 가치와 배움이 살아 있어야 할 <u>수업</u> • 47	
5월	멋진 교사로 살아가기 위한 고민 <u>교원 단체·교원 정책</u> • 73	
6월	불편하지만 성찰해야 할 <u>차별과 낙인</u> • 99	
7월	지속 가능한 교육을 위해 극복해야 할 <u>사교육</u> • 123	
8월	교사를 살리고 학교를 바꾸어야 할 <u>승진</u> • 149	
9월	자신감을 바탕으로 미래 역량을 키우는 <u>진로 교육</u> • 177	
10월	공화국 시민 교육으로써 <u>학생 인권</u> • 205	
11월	매몰되어서도 경시해서도 안 되는 <u>입시</u> • 231	
12월	행정에서 교육으로 가려면 넘어야 할 <u>교육 관료제</u> • 259	
1월	지식인으로서 교사의 실존과 마주하는 <u>연수</u> • 285	
2월	진정한 지식과 삶을 마주 세우는 <u>교육과정</u> • 307	
닫는글	새로운 희망, 혁신 교육 • 333	

멀고도 가깝지만
함께 가야 할 학부모

새 학년을 시작하는 3월은 교사에게 정말 정신없는 달입니다. 학급 아이들의 얼굴과 이름을 익히고, 학급회를 조직하고, 각종 장부를 작성하고, 숱한 수합물을 걷고, 환경미화를 하고…. 밑도 끝도 없이 일들이 쏟아집니다. 그리고 학급이 어느 정도 모양새를 갖추는 3월 중순이면 이번에는 학부모들을 만나야 하는 시간이 찾아옵니다. 학부모 총회(초등학교에서는 '교육과정 설명회'라고도 합니다)가 열리는데 아무래도 부담스러운 자리지요. 특히 경험이 부족하고 학부모들보다 나이가 어린 신규 교사에게는 더 그렇습니다.

교사에게 학부모는 흔히 말하듯 '멀고도 가까운 존재'입니다. 교육은 학교와 가정이 함께 해나갈 때 실효성이 있다는 말은 상투적이지만 진실을 담고 있습니다. 학부모의 학교 참여에 대한 연구 결과들은 학생의 성적과 학교 적응에 긍정적인 영향을 미친다는 것을 증명하고 있으니까요. 학교 입장에서도 아이의 성장 과정과 상황을 이해하는 밑거름이 됩니다. 나아가 학생들은 아직 미성년자인지라(중학교 3학년 때부터 독자적인 행위 능력이 생깁니다) 교육 활동 과정에서 보호자의 동의는 법적 필수 요건이기도 합니다. 교육기본법 제13조는 학부모를 '자녀 교육에 관한 권리와 책임을 갖고 있는 사람'으로 정의하며, '자녀 교육에 관해 학교에 의견을 제시할 수 있고, 학교는 그 의견을 존중해야 한다'고 규정하고 있습니다. 그러나 이런 '당위성'에도 교사들에게 학부모는 '민원인'이라는 이미지가 강합니다. 학부모들은 정기 고사나 수행평가 같은 성적 산출, 학교생활기록부 서술, 학교폭력 처리, 각종 추천이나 선발·지원 등에서 혹여 자신의 아이가 불이익을 받지나 않을까 하는 생각에 지나치게 민감한 태도를 보이며 교사를 힘들게 하는 일이 있으니까요.

이런 현상이 나타나기 시작한 것은 신자유주의적 성격이 다분한 이른바 '5·31 교육 개혁(1995년)' 이후로, '수요자(소비자)'로서 학부모관이 자리를 잡았기 때문입니다. 학부모는 자녀 교육의 1차적 책임을 져야 하는 존재임에도 마치 소비자가 자판기를 누르듯 이런저런 요구와 주문만 하면 된다는 편향적인 가치관이 조장되었습니다. 아울러 기존에 지탄받던 '치맛바람'까지 '서비스 상품'에 '클레임을 거는 활동'으로 합리화되는 일이 늘었습니다. 심지어 '학생부를 고쳐 달라'거나 출결이나 봉사활동 처리에 부당한 특혜를 요구하고, 자신의 뜻대로 되지 않을 경우에는 교장·교감 등 관리자와 결탁하는 일도 벌어집니다(《한겨레〉 2011년 7월 6일자).

최근에는 '나이가 많다' 같은 설득력 없는 이유를 들어 담임 교체를 요구하는 일도 있습니다(《동아일보》 2016년 8월 1일자). 소수이기는 하지만 이런 분위기에 편승해 때로 폭언이나 폭행을 하는 '교권 유린'이나 악성 민원으로 '공무 집행 방해'의 당사자가 되기도 합니다. 교사들이 학생을 지도하는 데 가장 힘든 요인 가운데 하나로 '학부모의 지나친 간섭'을 뽑은 것(2006년 교총 설문조사 결과)도 우연만은 아닙니다.

교사들에게 학부모 총회 같은 학부모들과의 만남이 달갑지 않은 이유는 사실상 학교 행정 업무에 필요한 '협조'를 반강제로 받아내야 하는 자리여서입니다. 학부모회를 비롯해 반별로 몇 명씩 녹색어머니회, 스쿨폴리스, 시험 부감독관, 급식검수단 등을 할당하고, 경우에 따라서는 사서 도우미나 교육 도우미까지 뽑으니까요. 물론 가장 괴로운 것은 이런 일을 강요받는 학부모들이겠지만 교사들도 마음이 편치 않습니다. 이밖에도 운동회나 축제, 수학여행을 진행하는 과정에서도 학부모들의 협력을 받아야 해서 일이 예전보다 훨씬 번잡해졌고, 아쉬운 소리를 해야 하는 일이 늘었습니다.

게다가 교육부나 교육청 등에서 지시하는 각종 학부모 관련 사업이 늘어나서 이것도 부담이 됩니다. 굳이 학교에서 수행하지 않아도 될 꽃꽂이, 친환경 비누 만들기, 캘리그라피 같은 학부모아카데미 사업을 꾸준히 진행하고 있습니다. 최근에는 '학부모 상담 주간' 운용이나 '아버지회'처럼 교육부에서 지시하는 학부모의 학교 참여 공모 사업도 부쩍 늘었지요. 특히 학부모 상담 주간은 '상담'이라는 형식을 갖추었으나 사실상 교원 평가 절차에 해당하는 학부모 대상 공개 수업 참여가 목적입니다. 여건을 제대로 갖추지 못한 학교에서는 교사가 이런 사업에 학부모들을 '동원'하고, 할당된 예산을 '집행'하고, 결과 보고를 '대행'하느라 진을 빼게 됩니다. 수업은 뒷전으로 밀어놓고 말입니다.

그러나 앞에서 언급했듯이 학교의 존재 이유가 학생의 교육 활동을 위한 것임을 생각할 때, 학생 교육 활동의 내실화를 위한 학부모와의 만남은 피할 수도 없고 피해서도 안 됩니다. 학교가 학생의 교육을 담당하는 기관임은 분명하지만 기실 학생의 성장과 학력에 가장 많은 영향을 미치는 것은 바로 학부모이기 때문입니다. 교육계에서 이미 정설로 자리 잡은 콜먼 보고서(Coleman Report, 50만 명이 넘는 학생 사례를 바탕으로 수행한 교육 불평등에 관한 연구)에 따르면, 학생의 성취도에 절대적인 영향력을 끼치는 것은 곧 소득이나 가풍 같은 가정의 배경입니다. 이런 까닭에 이미 프랑스혁명 때 자코뱅당의 혁명가들은 세계 최초로 의무교육을 설계하면서 가정적 요인을 차단하기 위해 기숙을 전제로 하는 '징집 교육'을 모색했던 것입니다(혁명의 혼란으로 시행되지는 않았습니다). 따라서 학부모와의 만남은 학생 교육의 연장선상에서 바라보아야 합니다. 특히 입시를 둘러싼 과잉 학습 경쟁이 극심하고 아직도 부모의 체벌을 묵인하는 '학대 친화적(?)'인 우리의 교육 현실을 감안하면 더욱 그렇습니다.

학부모와 만남의 필요성, 한국적 교육 현실의 특수성

맹자의 어머니가 어린 맹자의 교육을 위해 세 번 이사했다는 '맹모삼천지교(孟母三遷之敎)' 고사에서 엿볼 수 있듯이 우리나라(넓게는 같은 유교 문화권인 동아시아 지역) 학부모들의 교육열은 유별납니다. 자식의 교육을 위해서라면 무슨 일이든 불사하는 부모가 많으니까요. 정도의 차이는 있지만 통상 우리 학부모들은 자녀에게 끊임없이 잔소리를 퍼부으며 심리적으로 압박을 가합니다. 친구나 이성에 대한 고민은 절대 인정하지 않고 죽어라 공부와 스펙을 강요하고, 어린 시절부터 살인적인 스케줄로 학원 '뺑뺑이'를 돌리기도 합니다. 공부와 사교육을 엄하게 훈육하는 '타이거 맘'이나 자녀의 일거수일투족을 감시하는 '헬리콥터 맘'이라는 말이 회자되는 것이 그 예입니다.

그런데 이런 강요는 애정을 기초로 삼아야 하는 가정 공동체를 내부에서부터 해체하여 결국 서로를 '원수'로 만드는 결과를 초래하곤 합니다. 물론 출발이야 '다 저 잘되라고' 하는 기대와 걱정이었을지 모르지만 아이들이 나름 최선을 다해도 부모의 '성에 안 차는' 이유는 자녀에게 자신의 욕심과 욕망을 투영하고 있기 때문일 것입니다. 겉으로는 애정의 형식을 갖추었을지 모르나 결과적으로 부모에게 의존할 수밖에 없는 아이라는 약점을 이용해 육체적·감정적으로 학대하는 상황을 빚는 것입니다. 때때로 학대 수준에 이르는 강압과 강요는 자살과 같은 비극적 사건으로 점철되기도 합니다.

지난 2011년 10월, 성적 압박에 지쳐가던 부산의 한 중학교 2학년 학생은 "나는 정말 죽어라 열심히 공부를 했는데도 성적은 오르지 않았습니다. …엄마, 아빠, 동생만큼은 자기가 하고 싶은 것을 마음껏 할 수 있게 해주세요. 마지막으로 부탁이 있습니다. 제 무덤에 아이팟과 곰 인형을 함께 묻어주세요"라는 유서를 남기고 20층 베란다에서 몸을 던져 사회적으로 큰 충격을 준 바 있습니다(《경향신문》 2011년 12월 15일자). 실제로 자살은 우리나라 청소년 사망 원인 가운데 1위를 차지하고 있으며(2014년 청소년 통계), 2001년부터 2011년까지 10년 동안 청소년 자살 증가율은 57.2%로 경제협력개발기구(OECD) 가입 국가 중 부동의 1위인 성인 자살률보다 그 속도가 월등하게 빨라졌습니다(한국건강증진재단 2015년 발표 자료). 그리고 청소년 자살의 중요한 원인 중 하나가 바로 세계 최고 수준의 학업 스트레스(한국보건사회연구원 2013년 발표 자료)고, 이로 인한 '부모와의 틀어진 관계'라는 것은 우리

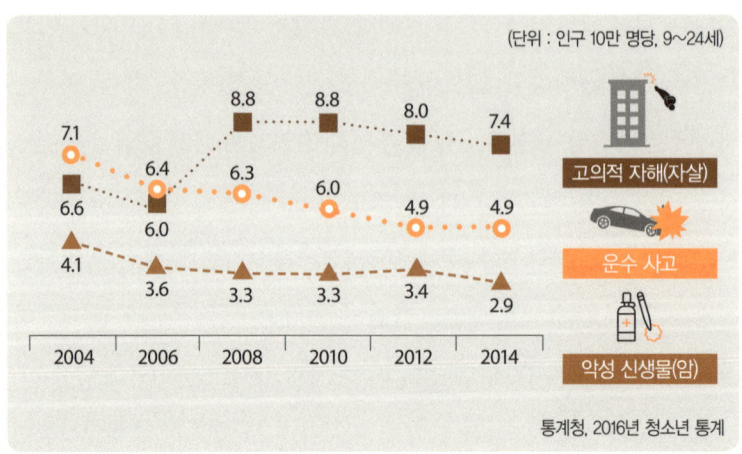

■ 청소년 사망 원인 1위 '고의적 자해(자살)'

가 익히 알고 있는 '상식'입니다. 청소년들이 매일 한 명씩 스스로 목숨을 끊고, 어린이행복지수가 7년째 OCED 꼴찌라는 지표는 한국의 슬픈 교육 현실을 명징하게 보여줍니다.

학생에 대한 지나친 관심(주로 공부에 대한 과도한 압박)으로 인한 학대가 대개 '전업 맘' 생활이 가능한 중산층 이상의 가정에서 발생하는 현상이라면, 다른 계층을 중심으로 폭행이나 방임 같은 또 다른 유형의 학대가 존재합니다. 얼마 전 뉴스 지면을 장식하며 사회적으로 큰 충격을 준 사건들—평택의 한 주택에서 얼음장 같은 욕실에 갇힌 채 표백제와 찬물 세례를 받다 숨진 7살 신원영 군, 학대를 피해 목숨을 걸고 빌라의 가스 배관을 타고 탈출한 11살 인천의 '맨발 소녀'—은 그간 폭행이나 방치가 드러나지 않았을 뿐 상당한 규모로 존재했음을 보여줍니다.

2014년에 집계된 우리나라의 아동 학대는 총 11,709건으로 유형별로는 방임 18.6%, 정서적 학대 15.8%, 신체적 학대 14.5%, 성적 학대 3.1% 순이었고, 중복 학대 비율이 무려 48%에 달했습니다. 또 부모가 가해자인 경우가 전체의 81.8%로 압도적이었습니다(2016 국회 입법조사처 자료). 표창원 전 경찰대 교수에 따르면, 지존파나 유영철 등 한국 사회를 충격에 빠트린 연쇄살인범은 모두 '아동 학대'의 피해자라고 합니다. 불안과 공포로 어린 마음을 멍들게 한 학대의 상처가 사람의 영혼 자체를 파괴한 것입니다.

물론 마음이 병든 사람은 어느 나라 어느 사회에나 있는 일이라서 다른 나라에도 아동 학대가 없는 것은 아닙니다. 그러나 우리나라의 경우 자식을 부모의 소유물로 여기는 전근대적인 인식이 강고하게 남아 있어서 수사기관도 체벌을 부모의 당연한 권리로 보고 가정폭력에 미온적으로 대처하는 경향이 있습니다. 이는 학교는 물론 가정에서도 일체의 체벌을 법으로 금지한 유럽의 대다수 국가, 13세 미만의 아이를 자동차에 혼자 놔두기만 해도 아동 학대(방임)로 보고 신고하는 미국, 2차 세계대전 패전 이후 탈군국주의 프로그램을 통해 사회적 비폭력화의 정도가 상당한 수준에 이른 일본 같은 선진국과 대비되는 지점입니다. 실제로 우리나라의 아동 학대 발견율은 1000명당 1.3명에 그쳐 미국(9.1명)과 호주(17.6명)에 비해 턱없이 낮은 수준이라고 합

■ 가정 내 체벌을 포함해 모든 체벌을 법률로 금지한 국가

법제화 시기	국가
2016년	몽골
2015년	베냉, 아일랜드, 페루
2014년	안도라, 아르헨티나, 볼리비아, 브라질, 에스토니아, 몰타, 니카라과, 산마리노
2013년	카보베르데, 온두라스, 마케도니아
2011년	남수단
2010년	알바니아, 콩고, 케냐, 폴란드, 튀니지
2008년	코스타리카, 리히텐슈타인, 룩셈부르크, 몰도바
2007년	네덜란드, 뉴질랜드, 포르투갈, 스페인, 토고, 우루과이, 베네수엘라
2006년	그리스
2006년 이전	헝가리(2006년), 루마니아(2004년), 우크라이나(2004년), 아이슬란드(2003년), 투르크메니스탄(2002년), 불가리아(2000년), 독일(2000년), 이스라엘(2000년), 크로아티아(1999년), 라트비아(1998년), 덴마크(1997년), 키프로스(1994년), 오스트리아(1989년), 노르웨이(1987년), 핀란드(1983년), 스웨덴(1979년)

출처 : 모든 아동 체벌 금지를 위한 국제 이니셔티브(GIEACPC)

니다. 이렇게 어린이·청소년을 대상으로 하는 폭행 또는 방임에 대한 사회적 용인 정도가 높다는 점 역시 선진국들과는 다른 한국적 교육 상황의 특수한 면모라 할 수 있을 것입니다.

학부모와의 교육적 만남

따라서 학부모를 만날 때는 이 두 가지 한국적인 상황—과잉과 과소, 원인은 다르지만 결과적으로 똑같이 어린이·청소년을 괴롭히는 결과를 초래하는—을 염두에 두고, 이를 예방 또는 방지하기 위한 일종의 '교육'적 성격을 띠도록 할 필요성이 있습니다. 물론 지금도 학교에는 다양한 학부모 강좌 프로그램이 있습니다. 자녀와의 대화법, 자기주도학습법, 인터넷 중독 예방법 등이 단골 메뉴입니다(정보 제공을 빌미로 입시 업체를 끌어들여 도리어 불안감을 부추기는 부정적 사례는 논외로 합니다). 이런 프로그램에 학부모들이 큰 관심을 보이고 있고, 알아두면 도움이 될 만한 내용이기도 합니다. 그러나 거창한 사업 형태의 학부모 강좌 프로그램은 품도 많이 들고 이에 비해 일회성이라 효과는 낮습니다. 내용적 측면에서도 학생의 삶 자체에 주목하기보다 학생을 대상화하여 특정한 방향으로 유도하려는 기술 중심이라는 한계가 있습니다. 따라서 교육 내용을 다변화하는 한편 학부모와의 일상적인 만남의 시간(예컨대 개별 상담이나 학부모 총회 이후의 반 모임, 또는 전화통화 등)을 체계적인 학부모 교육의 장으로 활용할 필요가 있습니다.

그런데 교사들은 학부모를 만날 때 학생에 대한 정보를 수집하고,

학급 운영 방침을 설명하거나 입시 관련 정보를 제공하는 정도에서 그치는 경우가 대부분입니다. 시간적 한계 때문이기도 하겠지만 학부모 교육 콘텐츠 부재로 인한 부담 때문이지요. 따라서 평소에 이와 관련한 전문성을 어느 정도 갖추어두는 것이 좋습니다. 또 공허한 원론적 이야기가 아니라 학생의 구체적인 모습을 실제 상황에 녹여서 여러 차례 함으로써 가랑비에 옷 젖듯이 변화를 이끌어내려는 집요함도 필요합니다. 굳이 긴 시간을 할애하지 않더라도 교사가 확고하게 중심을 잡고 질문을 던지거나 조언을 하면 단 몇 마디만으로도 영향력을 발휘할 여지가 생깁니다.

학부모와의 '교육적 만남'을 진행할 때 가장 먼저 할 일은 '신뢰'를 쌓는 것입니다. 학부모들은 대개 교사가 무책임하거나 아이들을 편애하지 않을까, 자신의 아이가 입시 경쟁에서 패배자가 되지나 않을까 하는 원초적 불안감을 가지고 있습니다. 일단 이 감정을 수용하고, 불안감을 불식할 수 있도록 분명한 책임감과 소신을 보여주어야 합니다. 학부모보다 나이가 어리다고 위축되거나 방어적이거나 수동적으로 대하면 신뢰감을 주기 어렵습니다. 신뢰감은 나이와 경력에서 생기는 게 아니라는 것, 나이와 경력이 많아도 책임감과 소신이 없는 사람은 신뢰하기 어렵다는 걸 잘 알고 있지 않은가요?

학부모들과의 만남에서 화두가 될 만한 몇 가지 내용을 정리해보면 다음과 같습니다. 물론 현실에는 다양한 요소가 복합적으로 얽혀 있으므로 지금 제시하는 방법이 모든 상황을 포괄하지는 못할 것입니다. 그러나 학생의 문제 상황에 맞추어 적절하게 활용한다면 학부모 상담에서 나름의 효과를 거둘 수 있을 거라고 기대해봅니다.

● **학생을 독립적인 개인으로 설 수 있도록 해야 합니다.**

 유달리 의존적이고 활기가 없는 학생, 이와 반대로 엉뚱한 행동으로 사람들의 관심을 끌려고 하는 학생은 부모가 자녀를 '꽉 쥐고' 있어서 기를 펴지 못하거나 자존감이 낮아 타인의 시선으로 존재감을 확인하려는 경향이 강합니다. 이런 유형에 해당하는 학생의 부모를 만나면 자녀를 부모의 소유물이 아니라 독립적인 존재―부모의 조력은 받더라도 쉴 권리와 놀 권리 같은 기본적 인권은 물론 자기 결정권을 존중받아야 하는 존엄한 존재라는 것―임을 환기하고, 그래야만 아이가 성숙한 개인으로 성장할 수 있다는 것을 지속적으로 설명해주어야 합니다. 뻔한 말이라도 평가하는 식의 표현보다 관심과 격려가 담긴 표현을 써야 한다는 것도 지속적으로 강조하고요. 물론 이런 이야기가 강박과 조바심에 빠져 있는 학부모를 직접적으로 돕는 데는 한계가 있을지도 모릅니다. 그러나 1979년 스웨덴이 세계 최초로 부모의 자녀 체벌을 '범죄'로 규정하는 체벌금지법을 제정할 때 국민의 70%가 반대했지만 35년이 지난 오늘날 90%가 지지하고 있다는 사실은, 시간은 걸리겠지만 그 방향성이 옳은 것이라면 꾸준한 설득을 통해 변화를 이끌어낼 수 있다는 점을 시사합니다.

 그다음, 스스로 충분히 할 수 있는 일은 부모나 다른 어른에게 의존하지 않도록 독립심을 길러줘야 한다는 것을 어필할 필요가 있습니다. 자녀가 부모와 영원히 함께 살 것이 아닌 이상, 사소하게는 자기 주변

정리나 일정 관리 같은 생활 습관에서 크게는 진로 선택에 이르기까지 미주알고주알 챙겨주는 것이 바람직하지 않다는 것을 학부모들도 알고는 있지만 자주 망각합니다. 자기 주도성을 강조하는 것은 지금의 학생들이 인지 발달 쪽으로만 치우쳐서 상대적으로 사회성이나 자조 능력이 미숙한 데서 볼 수 있듯이 발달의 균형을 도모하는 차원에서도 의의가 있습니다.

아울러 부모가 아이를 객관적으로 볼 수 있도록 도움을 주어야 합니다. 교사는 연간 수백 명의 학생들을 만나고, 공립학교 교사라면 여러 지역을 돌기도 하니까 비교적 객관적인 시선을 갖출 수 있습니다(이 점은 반대로 교사가 학생을 자의적으로 재단하는 '선입견'으로 작용할 수도 있으니 경계해야 하지요). 이에 비해 학부모들은 자신의 자녀 말고는 다른 아이들을 만나기 힘든 경험의 한계, 또 자녀에 대한 과도한 기대로 보고 싶은 대로만 보려는 경향이 강해서 객관적이기 어렵습니다. 예를 들어 아이가 학교폭력을 일으켰을 때나 학업 성취도가 낮은 경우, 원인을 학생의 자질이나 적성이 아니라 외부—예컨대 친구나 학원—에서 찾는 것이 대표적인 일입니다. 이럴 때 부모는 아이가 자기 길을 찾아갈 수 있도록 '놓아주지' 못하고 끊임없이 괴롭힐 가능성이 높습니다. 다양한 사례, 특히 설득력 있는 실증 사례를 제공하여 학부모가 자녀를 보다 객관적으로 바라볼 수 있도록 도와야 합니다. 학생을 있는 그대로 인정하는 일이야말로 존중의 출발점입니다.

● **양심적인 사람, 훌륭한 시민으로 자라게 해주어야 합니다.**

더러 지나치게 약삭빠르고 이기적인 학생이 있습니다. 이런 학생은 자기와 직접 관련이 없는 일에는 냉소적이며, 공부를 좀 하는 경우라면 은연중에 특혜나 특권을 당연시 여기기도 합니다. 자주 말을 바꾸거나 거짓말을 하는 학생도 있지요. 이런 유형에 해당하는 학생의 학부모를 만날 때는 학교가 학벌 취득이라는 개인적 욕망을 충족하는 공간이 아니라는 것, 공적 시민을 양성하는 기관이라는 것, 개인의 발전도 이러한 공공성의 가치 아래 모색되어야 한다는 것을 명확히 알려줄 필요가 있습니다. 물론 입시 경쟁이라는 '명백하고 현존하는' 현실적 문제를 도외시할 수는 없겠지만 지금처럼 경쟁에서 승리하기 위해 수단과 방법을 가리지 않는 편법과 반칙이 만연하다면 곤란하겠지요. 학교가 '바른 것'을 가르치는 '교육'기관이기에 그렇습니다. 그간 '아이들을 위한다'는 명분 아래 거의 학부모들의 요청에 의해 '자율'이라는 말이 무색할 만큼 강제로 해온 자율학습, 법망을 피하기 위해 방과후에 개설한 우열반 제도, 입학사정관에게 보여주기 위한 스펙 쌓기 프로그램 등 '잠재적 교육과정'이 만들어낸 결과는 끔찍합니다.

양심과 정의, 염치, 정직 등 자꾸 잊혀가는 도덕적 가치에 대한 재조명도 중요합니다. 칼럼니스트 김규항의 말대로 예전엔 '꼴통' 부모조차 자녀에게 '공부가 다는 아니다', '베풀 줄 알아야 한다', '욕심을 부리면 안 된다' 같은 이야기를 해주었습니다. 자신은 그렇게 살지 않아도 '어른은 아이에게 그런 이야기를 들려주어야 한다'고 믿었습니다. 자신도 어릴 적 그런 이야기를 들었고 그 이전에도 그래왔기 때문입니다. 그런데 언젠가부터 우리의 부모들은 더 이상 그런 이야기를 들려주지 않게 되었습니다(《경향신문》 2015년 10월 15일자 칼럼). 대신 자녀들에게 손해 보지 말라고, 만만해 보이지 말라고, 약삭빨라질 것을 요구했습니다. 이렇게 된 것은 물론 사회 구조적 요인 때문입니다. 내 아이가 무자비한 경쟁 사회에서 살아남을 수 있을까 하는 불안감, 내 자식은 절대로 무시나 천대를 받지 않도록 하겠다는 절박감이 그 출발점에 있습니다. 그러나 사회 구조에 문제가 있다고 해서 개인의 책임을 도외시할 수는 없고 편법과 반칙을 합리화해주지도 않습니다.

사적 욕망을 공적 관심으로 승화시키는 일, 즉 개인적 출세가 아니라 사회적 해결 경로를 조심스럽게나마 제시해보아야 합니다. 예컨대 '비싼 과외를 못 시켜주는 것은 미안하면서 이런 세상을 물려주는 것은 미안하지 않은가?', '진정한 엘리트가 되기 위해 필요한 것은 무엇인가?' 같은 질문을 던지는 것을 부담스러워하지 말았으면 합니다. 이미 학부모들은 2010년 6개 시·도에 이어 2014년 13개 시·도에서 진보 교육감을 뽑은 저력이 있습니다. 교사와 학부모가 동조하여 '내 아이'가 아니라 '우리 아이'로 바라보려는 인식의 전환이, 우리 학생들을 훌륭한 시민으로 자라게 하는 토대를 만들어줄 것입니다.

● **미래 사회에 나타날 변화에 적응하도록 해주어야 합니다.**

지나치게 점수와 성적에 민감하거나 반대로 공부가 잘 맞지 않는데도 다른 길을 모색하지 못하고 관성적으로 공부를 붙들고 있는 학생은 부모의 영향 때문일 가능성이 높습니다. 학부모들의 이러한 '공부

지상주의'는 성공에 대한 획일적인 가치관 때문일 테고요. 일반적으로 학부모들이 생각하는 성공에 대한 도식은 '공부 → 명문대 진학 → 전문직이나 대기업 취직'이라는 코스를 밟는 것입니다. 그래서 특수한 상황(질병, 이혼 등)이 아닌 한 학부모들이 학교에 와서 교사에게 상담하는 내용의 대부분은 '공부', 조금 넓게 잡으면 진로나 진학과 관련한 것입니다. 심지어 '말을 안 듣는다'는 생활 태도의 문제까지 실제로는 '공부를 안 한다'는 것을 의미하는 경우가 있습니다. 이것이 학부모만의 문제는 아닙니다. 우리가 흔히 쓰는 '탈선(脫線)'이라는 단어도 '일직선으로 되어 있는 단일한 경로를 벗어난다'는 의미니까요.

그러나 전통적인 개념의 성공은 지식·정보화 사회를 넘어 '융합'과 '연결'을 핵심으로 삼는 4차 산업혁명을 운위하는 오늘날, 급속도로 효력을 잃어가고 있습니다. 3D 프린터, 전기 자동차, 알파고로 상징되는 빅 데이터, 인공지능(AI), 사물 인터넷(IOT) 같은 기술 혁신으로 산업을 구성하는 원리가 전반적으로 변화하고 있기 때문입니다. 공유 경제나 소셜커머스처럼 '연결'만으로도 새로운 가치를 창출하는 플랫폼형 일자리가 새로 창출되는 한편, 인간의 경험이 필요한 숙련된 작업까지 기계(인공지능과 결합한 로봇)가 대체하며 수많은 전통적 일자리가 사라질 것으로 예측되고 있습니다. 나름 전문 기술이었던 조판 기술이 프린터의 등장으로 순식간에 무용지물이 되었고, 위키백과가 불과 5년 만에 250년 전통의 브리태니커 백과사전을 압도한 것은 이미 옛날 일이 되었습니다. 심지어 이슬람 극단주의 테러 단체인 IS조차 네트워크형 조직으로 움직이는 바람에 제대로 손을 쓰지 못하고 있는

■ 100대 기업이 원하는 인재상의 핵심 요건

(단위 : %, 복수 응답)

구분	창의성	전문성	도전정신	도덕성	팀워크	글로벌역량	열정	주인의식	실행력
100대 기업	71	65	59	52	43	41	29	13	10

출처 : 대한상공회의소, 100대 기업이 원하는 인재상 실태 조사(2008)

현실을 목도하고 있는 상황입니다.

이런 사회적 변화 속에서 학생들이 갖추어야 할 참된 '학력'은 기존의 3R(읽기, 쓰기, 셈하기)에 더해 창조적인 융합과 연결을 가능케 하는 '복합적 문제 해결 능력', 민주주의에 기반을 둔 협력과 집단 지성을 발휘하게 할 '사회적 상호작용 능력' 같은 미래적 역량일 것입니다. 최근에 작고한 앨빈 토플러가 이미 수십 년 전에 했던 "한국 학생들은 하루 15시간 동안 미래에 필요하지 않은 지식과 존재하지도 않을 직업을 위해 시간을 낭비하고 있다"는 말을 곱씹어볼 필요가 있습니다. 학부모들에게도 성공관의 다변화와 아울러 나중에 후회하지 않도록 대입 이후까지 인생을 길게 보아야 함을 역설해야 합니다. 조금 천천히 가더라도 눈앞의 성적보다 소질과 적성을 발견하는 것이 중요하고, 동기와 흥미를 잃지 않는 것이야말로 가장 큰 경쟁력임을 주지할 필요가 있습니다.

아울러 '노동권 교육'이 중요하다는 점에 대해서도 알려주었으면 합니다. 모두가 잘나가는 최고급 전문가가 될 수 없는 노릇이고 보면 평범한 직업을 얻을 대부분의 학생들에게 가장 절실한 내용이기도 합니다. 제4차, 제5차 산업혁명으로 아무리 기계화와 자동화 수준이 높아진다 해도 설비비보다 인건비가 싸다면 결코 투자는 이루어지지 않을 것이기 때문입니다.

● **기초학력의 중요성, 앎의 즐거움을 느낄 수 있도록 접근해야 합니다.**

'학부모와의 교육적 만남(일종의 연성 학부모 교육)' 과정에서 다음과 같은 점을 주의했으면 합니다. 학부모가 '계몽의 대상'이 되었다는 느낌을 받지 않도록 부드럽고 신중하게 접근할 필요가 있다는 것, 그리고 학부모의 실존적 처지에서 비롯한 욕망을 어느 정도 존중해주어야 한다는 것입니다. 학부모의 불안이나 조바심 자체에 충분히 공감하고, 정답을 알려준다기보다 가장 좋은 해결책을 찾아가도록 돕겠다는 자세를 가져야 합니다. 즉, 잊어서는 안 되는 성찰의 소재를 함께 나누고 환기한다는 태도로 접근해야 효과를 얻을 수 있을 것입니다.

또 균형감을 유지해야 합니다. 지금까지 말한 과잉 학습 경쟁을 제어하기 위한 여러 내용이 공부 자체를 경시하는 낭만적 흐름으로 가서는 곤란하겠지요. 학생에게 미래 사회의 변화에 걸맞은 참된 학력을 갖추게 하자는 것이지, 원하는 대로 마냥 놀게 하자는 것은 아니기 때문입니다. 창의성이나 동기, 흥미가 중요하더라도 기초학력 자체가 부실하면 사상누각에 지나지 않습니다. 모든 공부를 동기와 흥미만으로 할 수도 없고요. 앎의 즐거움을 느낄 수 있도록 무의미한 반복 강제 학습은 지양해야 하지만 기초학력을 튼튼하게 다지기 위해서는 지루하더라도 반복적인 훈련을 참아내는 인내력과 꾸준하고 성실하게 노력하는 자세가 필요한 것만은 분명히 해야 합니다.

같은 맥락에서 입시 전략이나 공부 방법을 경시해서는 안 됩니다. 어찌되었든 입시와 학력 향상은 교사에게 주어진 책무 중 하나이니까요. 이 부분에 취약함을 보이면 다른 이야기들이 설득력을 얻기 힘들어집니다. 좋은 입시 결과를 위해 정정당당히 최선을 다하는 학생과 학부모의 노력에는 따뜻한 격려와 지원을 해야 합니다. 입시를 넘어서기 위해 노력할 필요는 있을지언정 우리는 현재에 발 딛고 사는 생활인이지 구름 위를 떠다니는 신선이 아니니까요.

교육 현장에서 가장 흔하게 만나는 기본 생활 습관(시간 지키기, 정리정돈 하기, 산만하지 않기, 성실하기 등)이 제대로 갖추어지지 않고 거친 면모를 보이는 학생의 경우에는 학부모의 도움을 받기가 쉽지 않다는 점도 유념해두어야 합니다. 학부모 상담 주간 때 꼭 왔으면 하는 학부모가 정작 오지 않아 아쉬웠던 적이 있지요? 이런 학부모들은 학교에 오는 것은 물론이고 전화통화마저 되지 않는 편인데(심지어 학교폭력 처리 같은 필수적인 일에도), 설령 나온다 하더라도 학생을 제대로 돌볼 수 있는 처지가 아닌 경우가 많습니다. 사실 학생이 그런 습성을 지니게 된 것도 집에서 거의 돌봄을 받지 못했기 때문일 테고요. 따라서 학부모와의 만남보다 교사와 학교가 할 수 있는 한도 내에서 최선을 다하는 방향으로 도움을 주어야 합니다. 만에 하나 학대의 정황이 있는지도 면밀히 살펴야 하고요(교사는 법적인 아동 학대 신고 의무자입니다).

또한 ADHD증후군이나 분노조절장애, 게임중독 등 '질병'에 해당하는 학생은 정서든 학습이든 결손이 누적되어 부정적 자아관이 굳어져서 담임교사 선에서는 손쓰기 어려울 수 있습니다. 이럴 때는 학부모와의 허심탄회하고 신중한 대화를 통해 전문가의 도움을 받도록 안내하고 설득해야 합니다.

'사업' 중심의 '학부모 참여'에 대한 성찰

우리나라에서 학부모가 학교 일에 관여하게 된 기원은 해방 직후에 부족한 교육 재정을 보충하기 위한 목적에서 조성한 후원회입니다. 이후 후원회는 시기에 따라 사친회(1953년~1962년), 기성회(1963년~1970년), 육성회(1970년~1995년)로 이름이 바뀌기는 했지만 학부모를 물주 또는 노동력 동원의 대상으로 보는 기본적인 성격은 크게 달라지지 않았습니다. 1995년 학교운영위원회가 설치되며 최초로 학부모가 학교의 의사 결정에 참여하게 되었으나 다분히 형식적인 수준에 그쳤다는 평가를 받았습니다.

그러다 이명박 정부 시절인 2009년, 교육과학기술부에 '학부모 정책팀'이 만들어지면서 학부모 사업을 본격화했습니다. 경제학자로서 교육 시장화의 선봉에 선 이주호 교수를 교육과학기술부 장관으로 임명한 이명박 정부는 학부모를 '교육 상품'의 '수요자(소비자)'로서 중시했고, 수요자의 요구를 반영하기 위한 제도적 수단으로 학부모의 학교 참여에 주목했습니다. 이후 각종 문서를 '프로슈머(prosumer=producer+consumer, 생산에 참여하는 소비자)' 같은 외래어

■ 우리나라 학부모의 학교 참여 변천 과정

학교 참여 형식	운영 현황
후원회 (1946년~1952년)	해방 후 교육 재정 부족에 따른 재정 후원 조직 과중한 물질적 부담 강요
사친회 (1953년~1962년)	문교부 '사친회 규약 준칙'을 통해 정식 발족 전후 교육 시설 복구, 교원 후생에 공헌 학부모 부담 가중, 교사의 금전 징수 등의 문제로 폐지
기성회 (1963년~1970년)	문교부 '기성회 준칙'으로 조직 인구 증가에 따른 교실 부족 문제 해결에 기여 과다한 교원 후생비, 잡부금 등의 부작용으로 폐지
육성회 (1970년~1995년)	'학교교육 환경 정상화 지침'으로 발족 교사의 금전 징수 제외로 교권 확립에 기여 잡부금 부활, 찬조금 과다, 강제 징수 등의 문제 발생
학부모회 (1983년~)	학교별로 자율적 형태로 조직·운영 평생교육, 지역 봉사 등 다양한 활동
학교운영위원회 (1995년~)	초·중등교육법에 근거 설치·운영 학교 운영 의사 결정에 학부모 직접 참여 학부모의 대표성 부족 등 문제 노출

교과부, 학부모 정책 추진 방향(2009)

신조어로 치장하며 전국적으로 학부모지원센터를 만들었고, 각종 학부모 관련 공모 사업을 쏟아냈습니다. 여기에 학교교육 모니터링—학부모 대상 수업 공개, 교원능력개발평가 참여 등—같은 시장주의 관점의 만족도 조사 프로그램을 끼워 넣었고, 전통적 노동력 동원 프로그램도 교육 자원봉사(재능 기부)라는 이름으로 포장해서 진행했습니다.

물론 이러한 흐름이 교육 3주체(교사·학생·학부모) 가운데 하나인 학부모의 학교 참여를 정책화·제도화했다는 의의를 갖는다고 볼 수도 있습니다. 그러나 관념적 이상과 달리 현실적으로는 학부모가 학교에 참여하기 어려운 제한 조건이 있는 것이 사실입니다.

첫째, 전문성에 한계가 있어 형식화한 활동 말고는 실질적으로 참여하기가 어렵습니다. 큰 틀에서 학교교육의 방향성을 잡고 일부 행사에 의견 표명 정도가 가능할 뿐 교육과정 심의 자체는 현실적으로 쉽지 않습니다(이 점은 교무부 경력이 없는 교사들도 마찬가지입니다). 그런 까닭에 학부모들은 기존의 학교운영위원회에서도 사실상 거수기 역할 정도만 했으며, 현재에도 이러한 기능들이 교원 평가의 요식 절차로 왜곡되어 있는 실정입니다.

이렇다 보니 결국 남는 것은 시간을 들여야 하거나 단순 반복적인 성격의 급식 재료 검수, 수학여행지 사전 답사 등 '고역(苦役)'들뿐이었습니다. 그리고 이것이 학부모들의 학교 참여를 전반적으로 위축시킴으로써 학부모회가 친목회 수준으로 전락하여 소수만의 참여를 고착하는 요인이 됩니다. 흔히 학부모의 학교 참여에 대한 모범 사례로 제시되는 미국의 사친회(PTA, Parent-Teacher Association)도 일상적으로는 운동장 잡초 뽑기, 배식 및 행사 도우미, 기금 모금 활동이 대부분인데, 상당히 과장·미화되어 소개되는 감이 없지 않습니다.

둘째, 학부모라는 실존적 처지로 인해 공익적 감시자 역할을 기대하기 어려운 측면이 있습니다. 만일 학교 측에 맞서서 싸워야 하거나 견제할 일이 생겨도 아이가 인질(?)로 잡혀 있으니 여의치 않고, 학부모도 일종의 이해관계자라서 도리어 학교와 결탁해서 공익적 가치를 훼손할 위험성이 있습니다. 예전에 '학부모 참여'라는 말이 없던 시절에도 실상 학부모의 권력이 작은 것은 아니었습니다. 교사이자 집필가인 권재원의 말마따나 학부모들은 교장과 결탁해서 자신들의 이기적인 요구를 관철시켜온 바 있습니다. 공식 교육과정이 아무리 홍익인간, 전인교육을 표방해도 학교 현장에서 '닥치고 입시'가 한국 교육을 황폐화하는 데 일조했다는 것은 엄연한 사실입니다(《미디어오늘》 2012년 8월 6일자 칼럼).

그간의 우리나라 학부모들의 '교육열'은 정확히 말해 '성적열'이었고, 과밀 학급 같은 교육 여건이나 비정상적 국·영·수 몰입 교육에는 관심도 보이지 않은 채 그저 내 새끼 성적이 어떻게 되는가에 집착하는 '내새끼즘'에 매몰되어왔던 것이 현실입니다. 진보 교육감 등장이라는 사건을 통해 균열이 일어나고 있음을 감지하고는 있지만, 아직 새로운 흐름이 주류라고 보기는 힘듭니다. 일부 헌신적인 학부모 운동가의 모습을 마치 학부모 전체의 양상인 것처럼 상정하는 것도 위험합니다. 지금 상황에서 학부모의 학교 참여를 강조하는 것은 마치 예전에 '땅 투기'가 '재테크'로 둔갑해서 부작용을 낳은 것처럼, 자칫 '치맛바람'을 '학교 참여'로 둔갑시켜 의도하지 않은 결과를 야기할 가능성이 높습니다.

셋째, 학부모 사업이 학교 간 격차를 더욱 벌려놓을 위험이 있습니다. 먹고살기 바쁜 대부분의 평범한 학부모들(맞벌이 가정이라면 더욱)은 학교에 참여하기를 바라기보다 학교에서 부르지 않기를, 연락이 오지 않기를 바랍니다. 학부모의 학교 참여가 미국같이 법적·제도적으로 보장되어 있지 않은 상황에서 시간적·경제적으로 여유가 있는 중산층 학부모가 아닌 다음에야 부담스러운 것이 당연합니다. 저소득·저학력 등 취약 계층의 학부모는 경제적 부담과 학생에 대한 부정적 영향을 의식하여 학교 참여를 기피하는 경향까지 보입니다. 소위 '학군(지역의 사회적·경제적·문화적 여건)'에 따라 학부모의 학교 참여 역량이 천차만별인 현실에서 학부모의 참여를 단선적으로 강조하는 것은 오히려 기존의 극심한 교육 격차를 확대 재생산하는 원인으로 작용할 수 있습니다.

실제로 우리 교육부가 모델로 삼아 권장하는 코디네이터 활동, 멘토 활동, 재능 기부 활동 같은 유형의 학부모 학교 참여가 활발한 곳은 미국 동부의 고소득층 거주 지역의 학교들입니다. 열악한 지역에서는 학부모 참여는커녕 가정통신문 수합률이 5%대를 넘지 못하는 현실임을 감안할 때, 학부모 관련 정책 사업이 납득하기 어려운 것만은 분명합니다.

소비자로서 학부모 참여를 강조하고 제도화하려는 패러다임은 미국식 모델로서 원래 국가가 할 일을 봉사활동 등으로 학부모에게 전가해 비용을 절감하려는 목적이 숨어 있습니다. 권한 부여도 '지불'하는 '소비자'나 '투자'하는 '주주'로서의 위상에 맞추어 설계한 경우가 많습니다. 학부모 운동이 활발하던 1960~1970년대에 미국 사친회의 가장 중요한 임무 가운데 하나가 '기부금 조성'이었다는 점도 의미심장합니다.

따라서 우리는 학부모의 학교 참여를 부르짖기 이전에 학부모가 학교와 어떤 관계를 왜, 어떻게 맺어야 하는가, 나아가 '참여'의 본질이 무엇인가에 대해 생각해볼 필요가 있습니다. 학부모가 학교에 참여할 동인이 생기는 것은 학생 교육과 관련이 있고 이에 동참하기 위해서이지 교육부 문건에 나온 것처럼 무슨 사업에 참여해서 보람을 얻거나 자아를 실현할 기회를 얻기 위해서가 아닐 것입니다. 수업 공개와 교원 평가 참여율이 높게 나오고, 학부모와 함께하는 누적 봉사 시간이 얼마에 이른다는 등 수치 확대를 통해서는 더욱 아닐 것입니다.

그럼에도 불구하고 학부모의 학교 참여는 거의 대부분 사업화되고, 학부모들은 바라지도 않는 사업에 억지로 동원되며, 교사는 본연의 업무도 아닌 학부모회의 뒤치닥거리—예산 및 행정 지원 등—에 나서야 하는 부조리가 발생합니다. 학생 교육과 관련이 있는 경우도 드물고, 설사 관련이 있다 해도 내실이 없는 경우가 대다수입니다. 학부모와 교사를 모두 고통스럽게 하면서 일부 교육 관료들의 실적 외에는 의미를 찾기 힘든 각종 사업들을 되풀이하고 있는 현재 상황을 점검해야 합니다. 뿌리 깊은 교육계의 관료주의 극복은 학부모와 관련한 영역에서도 필요합니다.

이러한 편향을 극복하기 위해서는 먼저 학부모가 처한 부담스러운 상황들을 이해해야 합니다. 자꾸 사업을 벌이거나 학부모의 권능을 실제 이상으로 과장하는 편향에서 벗어나 학부모 학교 참여의 본질적 목표인 '학교와 더불어 학생들을 성장시키자'는 취지를 살릴 수 있도록 해야 합니다. 학부모들이 스스럼없이 학교에 오가며 내실 있는 상담과 교류가 이루어지도록 만들어가야 합니다. 법과 조례에서 규정한 학교운영위원회나 학부모회도 이를 돕기 위한 취지로 만든 것이지 부담을 주려고 만든 것은 아닐 테니까요.

또 조직을 만들고 사업을 펼치는 경우에도 스스로의 필요에 의해 자주성과 자발성을 살릴 수 있도록 해야 합니다. 특히 교사나 학교가 학부모 모임을 주도하고 학부모들에게는 '거수기' 역할만 강요하는 일은 반드시 없어져야 합니다. 서울형 혁신학교인 강명초등학교에서는 '자주성의 원리가 보장되지 않을 경우, 아예 학부모회 자체를 만들지 않기'도 했습니다(이부영, 〈서울형 혁신학교 이야기〉, 살림터).

학부모가 자주적으로 서야 서로 '갑질'하지 않고 존중하는 진정한 동반자 관계를 만들 수 있습니다. 그러기 위해서는 아직도 일부 교사가 가지고 있는 관존민비 의식을 버리고 더 친절해져야 합니다. 그렇다고 교육적 권위에 기반을 둔 당당함을 잃고 '고객'을 상대하는 저자세가 되라는 것은 아닙니다. 학부모를 동반자로 인식하며 학부모의 처지와 마음에 공감하되 할 말은 할 수 있어야 합니다. 학생의 문제 상황 해결을 위해 명확하게 협력할 필요가 있고(질책이나 책임 전가로 흘러가서는 곤란합니다), 선을 넘은 학부모의 개입에는 단호히 선을 그을 수 있어야 합니다.

학부모 사업과 관련한 부분에서 일개 교사, 더구나 경력이 얼마 안 되는 신규 교사가 학교에 영향력을 끼치기는 대단히 힘든 일일지도 모릅니다. 그러나 전반적 흐름을 꿰뚫고 있다면 교직원회의 등에서 의미 있는 문제 제기를 할 수 있을 것이고, 최소한 업무 담당자가 되었을 때 수치와 실적에 매몰되지 않을 수 있을 것입니다. 무엇보다 학부모를 대하는 태도를 명확하게 정립할 수 있을 것입니다.

다양한 가치와 배움이
살아 있어야 할 수업

정신없던 한 달이 지나갔습니다. 교사들에게 3월은 그야말로 하루가 한 달 같습니다. 그리고 한 달 같은 하루의 대부분을 잡무를 처리하는 데 보내지요. 이런 일들이 과연 가르치는 것과 무슨 상관이 있을까, 고민할 여유조차 없습니다. 겨우 한숨 돌리고, 봄 햇살이 드리우기 시작한 책상 앞에 앉아서 교과서를 들여다보는 시간이 조금씩 늘어갈 즈음, 한 가지 의문이 고개를 듭니다. 과연 이렇게 가르치는 게 맞나?

내가 알고 있는 것과 그걸 가르치는 일은 차이가 있습니다. 대학에서 배운 이론은 많지만 어느 시점에 적용해야 할지 감이 잡히지도 않고요. 주변을 둘러보아도 딱히 답이 보일 것 같지는 않네요. 선배 교사들에게 용기 내어 물어보고 싶어도 어디서부터 질문을 해야 할지 모르겠습니다.

교실 상황은 더합니다. 나름 교과서를 열심히 들여다보고 가르칠 내용을 정리해서 수업을 해보아도 학생들은 젊은 선생님의 등장에 잠깐 호응을 보낼 뿐 곧 잠들어버립니다. 더구나 봄 햇살이 이렇게 나른한데 말해 무엇하겠습니까. '무엇을'에 못지않게 '어떻게'가 문제라는 사실을 느끼지만 '어떻게'를 어떻게 접근해야 할지 난망합니다. 교사 연수에서는 학생을 수업에 참여하게 하고 배움이 일어나는 교실 환경을 구축해야 한다고 하는데, 이 교과서를 들고 어떻게 학생을 참여하게 하란 말인지요.

질문이 사라진 회색 교실. 오로지 교사의 목소리만 살아 있는 교실. 모두가 한곳만 바라보는 교실. 이런 교실과 수업을 '획일화되어 있다'고 표현하지요. 그리고 획일화의 원인이자 과정이고 결과가 곧 주입식 교육입니다.

주입식 교육의 탄생

수업을 살펴보기 전에 교실 환경부터 찬찬히 둘러볼까요? 3월에 '환경미화'를 마친 교실은 만족스럽지는 않아도 조금 정리가 된 모습입니다. 교실 앞 칠판과 교탁, 칠판과 교탁을 향해 나란히 놓인 책상과 의자들. 어쩐지 획일화란 표현에 잘 어울리는 배치입니다.

이 교실에서 학생들은 오로지 앞만 바라보고 앉아 있습니다. 교사도 앞만 보고 수업을 진행할 테지요. 아이들이 연신 뿜어내는 하품과 지루해하는 눈빛이 보이는 것 같습니다. 옆 반 베테랑 선생님은 아예 책상 배열을 시험 볼 때처럼 해놓았습니다. 삭막해 보이기는 하지만  그렇게 해놓으니 왠지 학생들이 딴짓을 못하고 공부를 열심히 할 것 같은 느낌이 드네요. 앞자리에 앉아 있는 '범생이'들은 언제나 그렇듯 든든한 우군입니다. 뒷자리 구석에 앉아 있는 어두컴컴한 녀석들의 표정은 적군 같고요. 그 중간 어디쯤에 방황하는 눈빛들이 있습니다. 이 눈빛들은 좀처럼 수업에도 잠에도 빠져들지 못합니다.

"쓸데없는 생각 말고 그냥 외워!"
"시험에 도움 되는 것만 하자."
"지금 그거 할 때가 아니잖아, 나중에 대학 가면 다 할 수 있어."

학창 시절에 이런 이야기 많이 들어보셨지요? 혹시 이 비슷한 이야기를 학생들에게 해본 적은 없으신가요? 야간자율학습 시간에 소설책을 읽다가 빼앗긴 기억은요? 친구들과 다른 내 생각을 이야기하고 싶은데 도저히 용기가 안 나서 포기한 적은요?

대체 우리에게 공부란 무엇일까요? 시험에 도움 되는 것만 하는 것을 공부라 말하기도 어렵고, 소설책 읽기를 공부가 아니라고 말하기도 어렵습니다. 학교는 공부하는 곳이라는데 이놈의 '공부'가 도대체 무언지, 이것부터 감을 좀 잡아야 될 것 같네요.

유럽인들은 시민혁명과 산업혁명을 통해 근대의 문을 열었습니다. 그리고 산업혁명은 공산품의 사양과 수치를 읽고, 쓰고, 셈할 수 있는(Reading, wRiting, aRithmetic의 3R) 노동자를 양성할 필요성을 야기했습니다. 그 전까지는 자연의 법칙을 따르는 삶을 살면서 필요한 물품은 대개 자급자족했으므로 일반인들에게 이런 지식은 별 쓸모가 없었습니다. 그런데 산업혁명 이후에는 이런 지식이 필요해짐에 따라 근대 공교육이 본격화됩니다. 새롭게 등장한 국민 또는 민족국가(nation-state)의 '국민 또는 민족 만들기(nation-building)' 차원에서도 필요한 일이었지요. 이른바 '학교'의 탄생이었습니다.

애당초 설립 목적이 경제적인 이유였기 때문일까요, 학교는 최소의

출처 : National Susan B. Anthony Museum & House 홈페이지

비용으로 최대의 효과를 낼 수 있도록 설계되었습니다. 교실은 교사 한 명이 최대한 많은 학생을 가르칠 수 있도록, 교과는 노동 시장에서 필요한 지식을 최대한 빠르게 전달할 수 있도록 분절적으로 추출해서 구성되었습니다. 그리하여 객관적이고도 표준화된 지식이 집약적이고도 효율적으로 '전수'되는 시스템—오늘날 '주입식 교육'이라 부르는—이 만들어졌습니다. 여기에는 기독교적 전통을 계승하는 일종의 '현대판 신학'이라 할 국가주의 또는 민족주의(nationalism)의 절대성이 크게 한몫을 했고요. 시간표에 맞춘 일과, 엄격한 규율과 질서에 기반을 둔 생활지도—부지런한 노동자와 순응적인 국민 양성을 위한 잠재적 교육과정—가 뒤따랐지요.

우리나라에는 이러한 '근대 교육'이 개화기 때 수입되어 일제강점기에 정착됩니다. 그 어떤 의문도 허락하지 않았던 '강론과 설교'라는 형식이 서구보다 훨씬 두드러진 형태로 말이지요. 나라를 빼앗긴 우리는 말할 것도 없고 일본도 사실은 후발 자본주의 국가로서 부족한 물적 토대를 '정신력'으로 극복하려 했거든요(자살 공격으로 유명한 가미카제 특공대가 그 극단적인 사례라고 할 수 있습니다). 사실 일제가 표방한 '황국신민화 교육'이나 그 반대편에서 노력한 '민족 교육'이나 개인의 목숨조차 초개같이 바쳐야 할 '절대 가치'이기는 마찬가지였습니다. 한쪽은 일본 천황, 한쪽은 한국 민족으로 방향은 전혀 달랐지만요.

근대 교육의 수용기에 도입된 주입식 교육은 해방 이후에 군사독재 정권의 긴 터널을 지나며 그 위력이 더 강해졌습니다. 서구 선진국들이 그 틀을 서서히 극복해갈 때에도 우리는 요지부동이었고, 심지어 21세기인 오늘날까지 달라질 기미가 보이지 않습니다. 시간이 흘러 포스트-모던 시대가 되었고, '절대적' 목표나 가치가 희미해졌는데도 말입니다. '멸공 북진 통일'이나 '민족중흥의 역사적 사명'이 '국가경쟁력 강화'로 바뀌었을 뿐입니다.

주입식 교육을 만드는 환경적 요인

교육이 시대의 변화를 따르지 못한 채 뒤처지고 있는 원인은 기본적으로 우리 교육이 처해 있는 환경에서 찾아야 합니다. 바로 과밀 학급 문제입니다. 우리의 압축적 산업화는 교육 참여 인구의 급작스런 폭증을 가져왔습니다. 한때 학급당 70~80명 수준까지 올라간 학생 수는 2부제, 즉 오전반과 오후반으로 나누어 수용해도 감당하기 힘들 정도였습니다. 콩나물시루같이 빡빡한 교실에서 교사와 학생이 인간적인 교류를 나누기는 불가능했고, 더러 일탈하거나 소외되는 학생이 생겨도 어쩔 수 없는 일이었습니다.

시간이 많이 흘러 학급당 학생 수는 어느 정도 줄었지만 도심 지역의 학생 수는 여전히 30명을 웃돌고 있습니다. 교육 당국은 흔히 OECD 평균과 비슷한 교사 1인당 학생 수를 말하지만 사실 이 수치에는 실제 수업에 참여하지 않는 교사도 포함하기 때문에 한 학급에 몇 명의 학생이 모여 있는가를 따지는 것이 더 정확한 환경 분석입니다. 2015년 OECD 교육 지표 조사 결과에 따르면 한국의 초등학교 교실에는 약 24명이, 중학교 교실에는 32.8명이 모여 있는 것으로 나

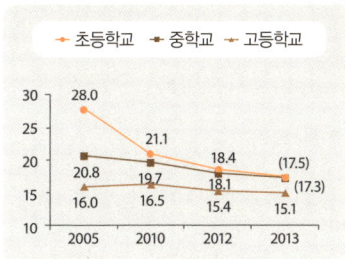
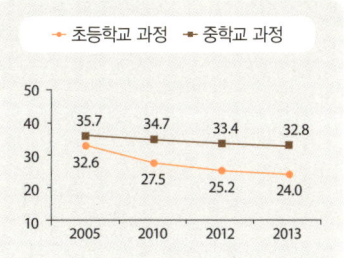

교육부, OECD 교육 지표 조사 결과(2015)

타났습니다. 이는 OECD 평균인 초등학교 21.2명, 중학교 23.6명보다 높은 수준입니다. 이 조사에 포함되지 않은 학급당 고등학생의 숫자는 훨씬 많을 것입니다.

이런 교실에서 전달 방식이 아닌 수업을 한다고 상상해보십시오. 좁아터진 교실에서 수업 시간마다 책상을 돌려 학생 참여형 배열을 만드는 일은 생각보다 힘듭니다. 토론이나 활동이 이뤄진다고 해도 교사가 일일이 개입하며 방향을 제시하려면 상당히 많은 시간을 소모해야 하고요. 순간순간 통제되지 않는 학생들의 수업 태도는 지도가 불가능해서 결국 '강의' 형식을 빌린 주입식 교육으로 돌아가는 것이 합리적인 선택이 됩니다.

주입식 교육의 구조를 형성하는 또 다른 큰 기둥은 선발 중심의 평가입니다. 교육은 학생의 성장을 목표로 해야 하지만 우리의 교육은 목표를 선발로 오해하고 있는 것 같으니까요. 좋은 고등학교, 좋은 대학교를 가기 위해 공부하는 학생과 학부모들은 목표로 하는 교육기관에 선발되기 위해 공정한 규칙을 요구합니다. 이것이 바로 시험입니다. 선발을 위한 시험에서 가장 중요한 관심사는 '누가 높은 순위를 획득했는가' 하는 것인데 다른 사람이 나보다 앞서 있다는 것을 인정하기 위해서지요. 그렇기에 누군가가 배우지 않은 내용이 시험에 출제된다면 그것은 곧 '부정'이 됩니다. 따라서 누구나 보편적으로 알아야 할 '표준화'된 지식을 모두 똑같이 배워야 하고, 모두 똑같이 풀어야 하며, 그 답은 '객관적'이어서 모두 수긍할 수 있어야 합니다.

그래서 교사들은 시험 기간만 되면 한자리에 둘러앉아 각자가 낸 시험문제에 다른 답을 낼 가능성은 없는지 서로 살핍니다. 시험문제가 학생들이 잘 배웠다는 표지가 될 수 있는지를 고민하는 일은 다음 순위로 밀리지요. 문제의 답이 명확하지 않으면 민원이 발생했을 때 학생과 학부모를 설득할 수 없으므로 교과협의회는 무엇을 어떻게 가르칠까를 고민하는 자리이기보다 무엇을 하면 안 되는지를 결정하는 자리가 됩니다. 교육 현장이 이렇게 '수업'이 아닌 '평가', 그것도 입시와 직결한 평가 중심으로 조직되다 보니 교사들은 주입식 교육 방법의 폐해를 알면서도 벗어나기 쉽지 않습니다.

물론 최근 들어 평가의 방식을 바꾸려는 흐름이 나타나고 있기는 합니다. 객관적 지식이란 어떤 것인지를 묻는 선택형 문항보다 학습의 과정을 평가하고 학습자의 견해를 묻고 답하는 수행평가나 서·논술형 평가의 비중이 나날이 확대되고 있는 것입니다. 이는 주입식 교육의 구조를 흔들기 위한 중요한 시도라고 할 수 있지만 아직은 주류의 위치로 등극하지 못하고 있는 실정입니다.

일그러진 삶, 기계장치 인간의 비극

주입식 교육 방법이 아직도 우리 교육의 발목을 잡고 있는 이유가 이러한 외부적 환경 요인에만 있는 것은 아닙니다. 주입식 교육을 만드는 내부 구조를 같이 살펴볼 필요가 있는데 바로 학교 안에 포진한 권위주의 풍토입니다. 앞서 말씀드렸듯이 현재 우리의 교실은 학생 수도 많은 데다 선발 중심의 평가가 옭죄고 있는 상황인지라 국가에서 정해준 가장 객관적인 지식을 가장 효율적으로 주입해야 합니다. 수많은 학생을 가르칠 때 학생 한 명 한 명이 자기 이야기를 하거나 의견을 제시하면 교실은 금방 난장판으로 변할 테니까요. 일부에서는 이런 학급 분위기를 무질서한 것으로 간주하고 이를 허용한 교사를 무능력하다고 판단하기도 하지요. 그런데 이게 다는 아닙니다.

우리의 학교 시스템은 식민지와 독재 시절을 거치며 공고한 권위주의가 자리를 잡으면서 순응적 태도와 엄숙한 분위기에 익숙한 문화를 낳았습니다. 교사도 국가나 관리자로부터 통제당하는 입장인데, 동시에 학생들에게 군림하려는 태도를 버리려 하지 않습니다. 심지어 '공포 분위기'를 조성하는 강압을 통해서라도 통제하고 장악하려 듭니다. 통제와 장악은 시간을 들여 설득할 필요가 없으니 편하기도 합니다. 어쩌면 교사들이 주입식 교육 방법을 완전히 포기하지 못하는 이유도 이런 '장악력'에 있을지 모릅니다. 하지만 '장악'이 한 인간에게 어떤 영향을 미치는가에 대해 성찰한다면 '강압-통제-암기-평가' 구조가 만든 주입식 교육 방법을 고집하기 힘들 것입니다.

1962년에 발표한 앤서니 버지스의 소설 〈시계태엽 오렌지〉는 지금 읽어도 문제적인 작품입니다. 영화로도 만들어진 이 소설은 가까운 미래 사회를 배경으로 잔인한 폭력 묘사, 인간 본성의 어두운 측면에 대한 고찰, 2차 세계대전 이후 유럽인들의 트라우마가 되어버린 전체주의적 망상 등을 풍자적으로 보여주고 있습니다. 주인공 알렉스는 온갖 악행을 저지르는 비행 청소년입니다. 온 사회를 경악시킨 범죄 행각으로 교도소에 수감된 알렉스는 일찍 출소하고 싶은 마음에 인간의 폭력성을 강제로 제거하는 '루도비코 프로그램'에 자원합니다. 사람을 의자에 묶은 뒤에 반복적인 영상으로 자극을 가하고, 폭력적이거나 자극적인 상황에서 무기력하게 반응하도록 조건화한 프로그램입니다. 알렉스는 끊임없이 주입되는 자극과 반응을 통해 프로그램의 의도대로 바뀌지만 결국 출옥 뒤에는 자살을 시도하지요.

'루도비코 프로그램'은 행동주의 심리학 실험을 연상시킵니다. 행동주의 심리학자들은 학습을 일종의 '조건화'라 여겼고, 조건화를 위한 자극의 철저한 주입을 강조했습니다. 알렉스에게 강제로 영상을 시청하도록 하면서 그것이 나쁘다는 사실을 주입하는 것처럼 말입니다. 그리고 영화에서 이런 행동주의 심리학에 기반을 둔 학습은 확실한 효과를 거둡니다. 우리의 악당 알렉스는 나쁜 행위로부터 멀어지게 되었으니까요! 하지만 알렉스에게 이 학습은 온전한 학습이 되지 못했습니다. 자유 의지를 잃어버린 채 일종의 '기계장치'로 변해버렸으니까요. 마치 태엽을 돌리면(자극) 움직이는(반응) 기계장치처럼.

알렉스가 겪은 비극은 우리의 현실과 상당 부분 일치합니다. 학교와 학원으로 향하는 아이들은 '종소리'에 맞춰서 살아가고, 상영되는 영화를 바라보듯 무심하게 교사의 설명과 필기, 교과서에 반응합니다. 교사의 질문은 간단하고 정확한 답을 요구하며, 아이들은 그 질문에 반사적으로 정답을 말하려고 애씁니다. 이른바 '답정너'의 비극입니다. '답은 정해졌으니 너는 대답만 하면 돼.'

이런 세상에서 아이들은 점점 기계가 되어갑니다. 태엽을 돌리면 답을 말하는 기계. 태엽을 돌렸는데 정확한 답을 말하지 못하면 잘못된 기계입니다. 이 교육의 핵심은 누가 더 오래, 한자리에 앉아 있으면서도 고통을 덜 느끼는가에 달려 있는 것입니다. 자유 의지를 잃은 아이들은 주입한 내용을 넘어서는 질문에는 답변할 수 없습니다. 그래서 아이들은 가끔 어처구니없는 질문을 던집니다. "선생님, 이거 버려도 돼요?", "선생님, 이번 수행평가는 어떻게 해야 돼요?", "선생님, 이번 시험 어려워요?" 얼핏 일상적인 것 같지만 자신의 선택과 결정을 믿지 못하고 다른 사람의 선택과 결정을 따르고 싶어 하는 질문들입니다. 선택과 결정의 자유로움을 잊어버린 불쌍한 우리의 알렉스들인 셈이지요.

알렉스를 비극으로 몰고 간 행동주의적 학습관은 주입식 교육의 구조를 지지합니다. 특히 학습 환경을 강압적인 분위기로 만들어놓고 반복되는 암기를 통해 배움이 이루어진다고 믿은 우리나라에서는 폐해가 더 심각합니다. 물론 행동주의가 교육에 긍정적인 영향을 전혀 끼치지 않았다고 말하는 것은 적절치 않습니다. 행동주의는 분명 학습의 환경과 조건이 중요하다는 전망을 주었으니까요. 행동주의는 복잡한 지적 환경에 놓인 학습자, 더 복잡하게 발달한 사회에 '덜' 유용하다고 말하는 것이 정확할 것 같네요.

행동주의를 넘어 구성주의로 그리고 역량 중심으로

우리의 교육 목표가 홍익인간(弘益人間)인 이상 행동주의를 기반으로 하는 주입식 교육의 구조가 구닥다리 취급을 받는 것은 당연합니다. 널리 인간을 이롭게 해야 할 사람을 길러야 하는데 왜 이것을 배우고 저것을 공부하는지 판단하지 못한 채 타인의 강요와 억압에 순응해야 한다면 누군가를 이롭게 하기 이전에 자신에게도 이롭지 않을 테니까요. 우리 아이들이 좁게는 자신과 가족의 일원, 넓게는 세계 시민으로 살면서 홍익인간의 이념을 실현하기 위해서는 주입식 교육의 구조에서 벗어나야 합니다.

그렇다면 주입식 교육의 구조를 극복하기 위해서는 어떻게 해야 할까요? 먼저 주입식 교육을 지지하고 있는 행동주의가 복잡한 지식을 구성하고 실천하는 구성주의로 극복되는 모습을 살펴보겠습니다.

구성주의(constructivism)는 상당히 방대하고 난해한 이론이라 단적으로 설명하기 어렵습니다. 일반적으로는 절대적인 지식이 존재한다고 보기보다 '지식을 개개인이 구성하여 새롭게 재편해나가는 것'이라고 할 수 있습니다. 자극과 반응의 연합을 통해 학습이 이루어진다고 주장하던 행동주의와 달리, 인간의 초인지적 능력, 즉 자기 조절과 반성을 통해 학습이 이루어진다고 봅니다. 자신이 알게 된 지식을 (사회적) 맥락에 적합하게 사용할 수 있도록 재구성할 때 학습이 이루어진다는 거지요. 지난 세기를 관통하며 지식과 교육관을 대표한 것이 객관주의라면 구성주의는 협업을 통한 개개인의 경험 재구성에 더 관심을 두는 상대적 지식관이라 하겠습니다. 현재 우리 주변에서 꽤 널리 실천하고 있는 사토 마나부 교수의 '배움의 공동체' 이론도 구성주의와 공공성을 이론적 기반으로 삼고 있습니다.

구성주의가 주목을 받는 이유는 이처럼 학습에 대한 기존의 인식을 바꾼 데 있습니다. 그리고 이에 따라 교사의 역할도 달라져야 한다는 것을 역설합니다. 이제 교사는 객관적 지식을 가르치는 자가 아니라 학습자에게 과제를 통해 사회적 맥락을 제공하고 학습자의 지식이 사회적 맥락에 적절하게 수정되거나 조절될 수 있도록 안내하고 조력하는 역할을 수행하는 자여야 한다는 것입니다. 즉, 학습자 각자가 주체적으로 학습의 의미를 만들어갈 수 있도록 도와주는 역할로의 변화를 의미합니다.

우리의 교육과정도 구성주의의 영향을 받아서 맥락적 지식 또는 절차적 지식을 중요하게 여기기 시작했습니다. 이런 노력은 7차 교육과정에서 모습을 드러냈는데 매우 중요한 전환점이라고 생각합니다. 아직까지 총론을 제외하고 각론에서는 미비한 점이 많지만 적어도 선언적으로나마 주입식 교육의 문제점을 인정하고 이를 극복해야 한다는 것을 공식화한 것으로 볼 수 있으니까요. 현재 우리의 교육 현장은 구성주의가 들어옴으로써 오랜 행동주의적 수업 관행에 균열을 내며 새로운 수업 패러다임의 정립을 위해 고민하고 실험하는 단계라고 할 수 있습니다. 특히 '배움의 공동체'는 행동주의에 입각한 주입식 교육을 어떻게 탈피하고, 구성주의의 원리를 어떤 식으로 수업에 적용할 수 있을지에 대한 대안으로 회자되고 있습니다.

또 하나, 주입식 교육을 넘어서기 위한 노력으로 '역량 중심 교육'이 거론되고 있습니다. 현장에서 느끼는 '역량'이란 단어는 무척 낯설 뿐만 아니라 모호합니다. 역량이란 대체 무엇이며, 과연 역량 중심 교육은 어떤 측면에서 주입식 교육을 넘어서는 수단이 될 수 있을까요?

역량(competency)이란 개념은 OECD의 DeSeCo 프로젝트(Definition and Selecting Key Competencies project)를 통해 제시되었습니다. 지식의 생산과 유통 속도가 엄청나게 빨라진 정보화 사회로 접어든 이래, 교육은 학교에서 가르치는 내용과 학생들이 성인이 된 이후 사회생활에 필요한 능력 간에 '심각한 차이(mis-match)'가 빚어진다는 근본적인 문제를 안고 있습니다. 학교에서 배운 지식과 경험이 효력을 잃어 쓸모없어지는 일이 많은데, 정작 기존의 지식 교육에 힘을 쏟느라 낯선 상황에서 새롭게 지식과 행동을 만들어낼 역량을 기르지 못하고 있다는 것입니다. 더욱이 사회가 네트워크화하면서 타인과의 협력(사회성)과 문제풀이에 더해 문제를 설정하는 능력(창의성)이 중요해졌습니다. 이러한 사회적 요구에 따라 경제적으로 필요한 수요를 교육이 채워주어야 한다는 논리가 결합해서 DeSeCo 프로젝트가 설계되었고, 그 결과로 나온 것이 바로 '미래 핵심 역량(Key Competencies)'입니다(표 참조).

■ 미래 역량 지표

도구의 지적 활용	사회적 상호작용	자율적 행동
언어, 상징(기호) 조작	대인 관계	메타 인지
지식, 정보 조작	협력	생애 계획
기술	갈등 관리	권리 주장 및 한계

OECD DeSeCo project

사실 핵심 역량이라는 말은 우리 언론에 자주 등장해온 '국제 학업성취도평가(PISA, The Programme for International Student Assessment)'를 통해 이미 널리 알려져 있습니다. 우리 언론들은 만 15세 아동들(우리나라로 따지면 중학교 과정을 마친 학생들)을 대상으로 2000년 이후 3년에 한 번씩 실시한 이 시험에서 우리나라가 늘 높은 순위를 차지했다고 호들갑을 떤 바 있지요. 그러나 테스트에서의 높은 순위가 주입식 교육의 성공을 의미한다고 볼 수는 없습니다.

단적으로 2009년에 국제교육협의회(IEA)가 조사한 '국제 시민 의식 교육 연구'에 따르면 우리나라 학생들은 민주 시민으로서의 지식에 해당하는 '갈등 관리' 영역에서는 좋은 점수를 얻은 반면, 실천 영역에 해당하는 '관계 지향성'이나 '사회적 협력' 분야에서는 꼴찌 수준의 점수를 받았습니다. 다시 말해 지식을 측정하는 문제풀이에서는 높은 성취를 보였지만 이를 실천하고 행동으로 옮기는 사회적 능력(역량)은 부족하다는 것, 알기는 하는데 할 줄은 모른다는 것입니다(《경향신문》 2011년 3월 28일자). 주입식 교육 방법이 개념의 설명이나 암기, '단순 반복' 또는 '기능적 지식' 분야에서는 상당히 도움이 되지만 이것만으로 현대 사회를 조직하고 만들 수는 없습니다.

뿐만 아닙니다. 주입식 교육이라는 순응적 시스템 속에서 자란 학생들은 성인이 되어서도 시스템을 혁신하기보다 그저 시스템에 충실하게 순응하는 모습을 보일 가능성이 높습니다. 더구나 주입식 교육에 경쟁이 결합할 경우, 결과는 재앙적일 것입니다. 주입식 교육의 승리자들은 윌리엄 데레저위츠의 말처럼 '똑똑한 양떼(excellent sheep)'가 되어 시스템 전체를 고민하기보다 '나'를 중심에 놓고 오로지 개인의 이득만 추구하는 행태를 당연하게 여길 위험성이 큽니다. 이것이 미래 사회가 요구하는 리더십과 거리가 있다는 것은 자명하고요.

이렇게 지금까지 우리 교육은 잠재력이나 역량보다 지식과 단순 기능이라는 말이 더 어울리는 주입식 교육에 안주해왔습니다. 그러나 세계는 이미 우리가 지금까지 경험한 것과 근본적으로 다른 방향으로 매우 빠르게 변화하고 있습니다. 가령, 얼마 전 한국 사회를 충격으로 몰아넣은 알파고(alpha-go)의 등장은 교육계에도 새로운 과제를 던져주었습니다. 학생들을 단순히 정보화 사회에 어떻게 적응시킬 것인가를 넘어 '과연 인간은 무엇을 할 수 있는가'라는 근본적인 질문을 제기했으니까요. 실제로 인공지능 시대가 도래하면 인간의 노동과 일자리는 새로 재편될 가능성이 높습니다. 이미 여러 분야에서 인간의 육체노동을 기계가 대신하는 것처럼 앞으로는 지식산업조차 인공지능이나 로봇이 담당하게 될 것입니다. 인간의 머릿속 지식은 인공지능의 무한함 앞에서 한없이 왜소해질 것이고요.

그래서 우리가 맞이해야 할 새로운 세계에서는 배우는 지식의 양을 줄이더라도 학습 경험의 질을 높이는 교육이 필요합니다. 그동안의 주입식 교육이 주로 많은 지식을 머릿속에 집어넣는 것을 목적으로 삼았다면, 미래 사회를 대비하는 역량 중심의 교육은 다양한 학습 경험을 중요시합니다. 마치 구성주의 학습관이 그랬던 것처럼 역량을 육성하기 위해서는 학습의 과정 자체가 중요하다고 역설하는 것이지요. 알파고 시대에는 주어진 문제를 풀기보다 상황과 환경에 적응해서 새로운 질문과 문제를 제기하는 것이 인간의 역할이 될 것입니다. 이제 지식의 양이 얼마나 많은가를 따지는 시대는 완전히 저물었습니다. 세계는 새로운 역량의 시대와 인사를 나누고 있습니다.

동료성을 통한 수업 개선과 환경의 변화

이번에는 주입식 교육을 탈피하기 위한 실천적 노력들을 살펴보겠습니다. 지금 교육 현장에서는 위에서 내려오는 지침에 의해서가 아니라 자생적 연구와 실천으로 수업을 개선하려는 시도들이 나타나고 있습니다. 여기에 동참하는 교사들은 학생의 순응과 무기력을 일종의 실패로 받아들이고, 교실의 침묵을 깨고 각자 다양한 목소리를 낼 수 있는 환경을 만들기 위하여 탐색하고 연구합니다. 이러한 시도는 시스템에 순응하는 주입식 교육이 만든 삶을 거부함으로써 한국 교육 전반에 새로운 생명력을 불어넣고 있다는 점에서 아주 중요합니다.

특히 학습자 중심의 수업 방식은 현장의 상당한 관심을 모으고 있습니다. 협동 학습, 하브루타, 거꾸로 수업, 배움의 공동체, 독서 토론 수업 등은 철학적 기반이 각기 다르고 수업의 진행 과정에도 약간씩 차이는 있지만 교사가 주도하는 일방적 수업과는 확실히 다릅니다. 다수의 혁신학교에서는 이런 학생 주도형 수업을 중심으로 학교 혁신을 이루어내고 있어 화제가 되고 있기도 합니다.

수업 혁신에 성공한 사례들은 여러 가지 의미에서 고무적입니다. 교단에 만연한 무력감 중 하나는 입시 중심의 교육 구조에서 수업이 변하기 어렵다는 인식에서 비롯합니다. 사실 입시 중심의 교육을 완벽하게 대체하는 것은 불가능에 가깝지만 입시 중심의 문제풀이식 교육의 틀에 조금씩 균열을 가하고 다양한 대안으로 그 균열을 메워나가는 일은 꼭 필요합니다. 그래야 급격한 변화가 초래할 수 있는 부작용을 줄일 수 있을 뿐만 아니라 자연스러운 교육 패러다임의 변화를 불러올 수 있기 때문입니다.

현장 교사들이 주도하는 수업의 변화는 무력감 극복에 더해 교육 혁신에 대한 방향도 제시하고 있습니다. 수업의 변화가 교사의 개인적 시도에 머무는 것이 아니라 교사들이 '함께 모여' 공동으로 변화를 추구한다는 특징을 가지기 때문입니다. 교사들의 공부 모임인 '전문적 학습 공동체'를 통해 수업의 미시적인 측면은 물론 주입식 수업을 규정하는 현행 학교의 조직 문화 및 거시적 교육 철학에 이르기까지 변화를 이끌어내고 있습니다. 물론 이것이 수업 개선을 포함한 교육 문제 해결의 만능열쇠일 수는 없겠지만 이론이나 정책의 변화가 아니라 현장의 실천적 변화라는 점에서 일시적인 유행으로 끝나지는 않을 것입니다.

전문적 학습 공동체를 주도하는 교사들은 개개인이 수업과 그 베이스가 되는 교육과정의 전문가로서 다양한 형태의 수업 참관을 시도하고 있습니다. 수업 비평의 형태를 빌리는 경우도 있고, 기존의 임장 장학에서 벗어나 수업에서 배움이 일어나는 방식을 관찰하는 경우도 있습니다. 이런 방식 아래서는 경력이 적은 교사도 두려움을 줄이고 수업을 공개할 수 있습니다.

어떤 수업이든 기존의 관행에서 탈피하려면 두렵기 마련입니다. 수업의 실패가 학생들에게 직접적인 영향을 끼칠 수 있으므로 교사들은 새로움을 추구하기보다 기존에 성공적이었다고 하는 방식을 따르거나 아예 전통적인 방식을 지켜서 '중간이라도' 가기를 바랍니다. 그러나 전문적 학습 공동체가 형성되면 수업 과정에서 어떤 가르침과 배움이 일어나는지 파악하기가 쉽습니다. 또 가장 효율적인 배움을 만들기 위해서는 무엇이 필요한지 교사들이 함께 협의할 수도 있습니다. 이를 통해 교사 개인의 성장 도모는 물론 주입식 교육의 구조에 순응하는 수동적이고 침묵하는 학교 문화를 바꾸는 계기를 만들 수도 있습니다.

주입식 교육의 구조에서 벗어나기 위한 과제들

지금까지 살펴본 대로 수업 개선과 혁신에 대한 바람이 폭넓게 번지고는 있지만 여전히 경계해야 할 부분은 남아 있습니다. 첫 번째는 이른바 '매뉴얼 중심주의'입니다. 교사들도 경직된 관료 문화에 길든 탓인지 수업 혁신을 표방하면서도 여전히 지침과 매뉴얼에 매달리는 경향이 없지 않습니다. 수업 혁신 연수 현장에서도 매뉴얼, 즉 수업의 순서와 방법 및 예시 등을 요구하는 교사가 꽤 많습니다. 하지만 각 학교와 학급이 놓여 있는 환경이 다르고 교사의 개성이 다른 현실에서 일괄적인 매뉴얼을 보급하고 매뉴얼대로 수업을 이끄는 것은 바람직하지 않습니다. 자유롭게 열린 사고를 권장하고 다양한 견해를 통해 비판하는 능력을 기르기 위해 필요한 것은 매뉴얼이 아니라 새로운 상상력과 교사 개개인의 명확한 교육철학입니다.

주입식 교육의 구조와 방법은 결국 닫힌 체계 및 결과에 집착하는 풍토에서 비롯한 것이므로 이를 극복하기 위한 방법론을 하나로 통일하기는 어렵습니다. 예를 들어 강의식 수업을 한다고 해서 주입식 교육을 하고 있는 것은 아닙니다. 강의식 수업이라도 무엇을 중시하느냐에 따라 충분히 학생들의 상상력을 자극하고 비판적인 인식 능력을 키울 수 있습니다. 우리가 비판하고자 하는 것은 주입식 교육의 구조입니다. 개념에 대한 이해와 해당 지식의 적용을 위한 설명 없이 학생들에게 주도적으로 활동하라고 요구하는 것은, 기본기와 규칙도 제시하지 않은 채 야구 방망이와 글러브를 던져주고 야구를 하라는 것과 같습니다. 개념을 설명하고, 그것이 우리 삶이나 세상에서 어떻게 적용되는지 알려주는 일은 벼농사에서 모내기처럼 중요한 일입니다.

주입식에서 벗어난다며 배움의 본질을 생각하지 않고 보이는 모습에만 신경을 쓰는 것도 큰 문제입니다. 일부에서이기는 하지만 다채로운 수업 모형이나 수업 기술, 또는 학생의 활동 자체에 지나치게 집착하여 정작 배움을 놓치는 편향적인 모습을 보이고 있습니다. 이른바 학생활동 지상주의라고 부를 만한 현상들은 앞서 말한 바처럼 지나치게 매뉴얼에 몰입할 때 나타나는 현상이기도 합니다. 이쯤 되면 매뉴얼을 중시하는 모습을 '교사판 주입식 교육'이라 할 수도 있을 것 같습니다. 배움에서 가장 중요한 것은 겉으로 보이는 수업 기술보다 교육 내용과 삶이 어우러질 때 발생하는 '의미'라는 점을 잊어서는 안 될 것입니다.

주입식 교육의 구조를 탈피하려는 우리가 수업에서 염두에 두어야 할 또 하나는 교과서'를' 가르치는 것이 아니라 교과서'로' 가르치는 일입니다. 사실 이것이 가장 실천하기 어려운 일일 수도 있는데 교과서를 가르치기 편하게 해주는 지도서들이 표준화되어 있어 활용하기에 좋기 때문입니다. 게다가 최첨단으로 눈을 현혹시키는 멀티미디어와 유비쿼터스까지 활용할 수 있으니 이런 지도서들을 활용해 교과서를 멋지게 가르치고 싶은 유혹에서 벗어나기가 쉽지 않습니다. 다른 한편으로는 오로지 교과서의 내용 파악과 해석에만 매달리는 경우도 있을 수 있습니다. 교과서가 교육과정을 구현한 하나의 '재료'라는 사실을 망각한 채 말이지요. 하지만 교과서는 경전이 아니기에 이를 신주단지 모시듯 따를 필요는 없습니다. 교과서를 신주단지로 모시는 교사는 진도의 노예가 되고 결국 주입식 교육의 망령을 다시 불러오는 주술에 빠지게 됩니다.

마지막으로 생각해볼 수 있는 것은 평가 방식의 변화입니다. 이미 말씀드렸듯이 주입식 교육의 구조를 흔들기 위해 수행평가가 도입되었고 서·논술형 평가의 비중이 정책적 차원에서 점차 늘고 있습니다. 혁신 교육을 선도하는 경기도의 경우 서·논술형 평가의 비중은 현재 총 배점의 35%에 달하고, 2016년부터는 아예 지필평가를 보지 않고 수행평가만으로 성적을 산출할 수 있게 되었습니다. 이렇게 되면 지식을 맥락적으로 구성하는 과정과 학생의 '역량'을 평가하는 일이 가능해집니다.

물론 여전히 혼란은 있습니다. 특히 중·고등학교의 경우 비슷한 시기에 여러 과목을 진행하는 수행평가 때문에 부담을 호소하는 학생이 많습니다. 또 판정 시비에서 자유롭지 못한 것도 사실입니다. 그러나 과정 중심의 평가는 지식을 사회적 맥락에 적용해보는 일종의 연습입니다. 기존에 배운 지식을 암기하는 것이 아니라 학습자 스스로 지식을 재구성함으로써 미래 사회가 요구하는 창의적 인재를 만드는 방법이기도 합니다. 수업 안에서 자연스럽게 평가가 이루어지는 평가 도구를 개발할 수 있으므로 수업과 평가의 과정이 자연스럽게 만날 수 있습니다. 미래 사회의 핵심 역량인 사회적 관계를 모둠 수업과 평가를 통해 실천적으로 학습하는 부수적 효과도 있을 것입니다. 판정 시비는 절대평가나 절대평가적 요소를 반영한 평가(예컨대 Pass-Fail의 누적)를 통해 상당 부분 줄일 수 있습니다.

여전히 가야 할 길은 멉니다. 주입식 교육과 평가에 익숙한 선배 교사들과 동료 교사들을 설득하는 지난한 과정도 겪어야 합니다. 또 순위와 선발을 중시하는 사회구조에 익숙한 학부모들의 민원도 감내해야 합니다. 결코 쉬운 길은 아닙니다. 그러나 미래 사회가 어떻게 변화하는지에 대한 전망을 가져야 한다고 믿는다면, 지식은 어떻게 구성되어야 하고 우리가 가르치는 아이들은 어떻게 성장하는 게 좋은지에 대한 비전을 세워야 한다고 생각한다면, 주입식 교육의 단단한 구조를 무너뜨릴 수 있을 것입니다.

질문하는 교사, 질문하는 교육

최근에 불거진 역사 교과서 국정화 논란은 교육을 여전히 주입이라고 주장하는 교육 관료들의 생각을 확인하게 해주었습니다. 지식은 다양한 견해와 이를 바탕으로 한 비판적 성찰을 통해 만들어지는데 이 과정을 무시한 채 어린 학생들에게 교과서라는 절대 지식을 주입해서 의도한 인간으로 만들겠다는 기획은 깊은 우려를 낳습니다. 그런가 하면 기초적인 기능 교육을 경시하고 학생들에게 많은 활동을 요구하거나 발표를 많이 시키는 것이 새로운 교육인 것처럼 여기는 주장도 걱정스럽기는 마찬가지입니다. 내용이 채워지지 않은 학생들의 활동이 과연 얼마나 효과적일 수 있을까요?

주입식 교육의 구조를 넘어서는 일은 단순히 기존의 틀을 바꾸는 데서 출발하지 않습니다. 교육이 무엇인지 성찰하는 데서 출발합니다. 교육은 해결책을 제시하기보다 질문을 던지는 것이어야 하기 때문입니다. 이런저런 일들에 대한 답변 자체는 알파고 같은 인공지능이 더 잘해줄지도 모릅니다. 교육은 질문에 대답하는 것이 아니라 어떤 세상이 좀 더 사람답게 살 수 있는 세상인지를 묻고 인간이 해야 할 일과 해서 안 되는 일은 무엇인지 끊임없이 질문할 수 있도록 만드는 것이어야 합니다. 아울러 교사는 문제의 정답을 알려주는 사람이 아니라 많은 질문을 기획하고 앞으로 세상을 향해 나아갈 학생들이 답변을 준비할 수 있도록 기회를 제공해주는 사람이어야 할 테고요.

  질문하지 못하는 사회, 억압과 부조리에 순응해야 하는 사회란 얼마나 암울한가요? 고민하지 않고 성찰하지 못하는 사회에서 질문하는 사회로 가기 위하여, 보다 인간적인 사회를 꿈꾸기 위하여 우리는 질문하는 학생들을 양성해야 합니다. 이것은 수업을 변화시켜 교육을 변화시키겠다는 것이자 교사 스스로도 질문하고 고민하는 철학적 인간으로 성장해나가겠다는 다짐입니다.

멋진 교사로 살아가기 위한 고민
교원 단체·교원 정책

계절의 여왕이라 불리는 5월에는 유독 행사가 많습니다. 어린이날이 지나면 곧 어버이날, 이어서 스승의 날이 찾아옵니다. 스승의 날은 1958년 충남 강경여고 청소년적십자(RCY) 단원들이 선생님, 특히 병중에 계시거나 퇴직한 선생님들을 위문한 것이 기원입니다. 애초에 9월에 하던 사은 행사가 세종대왕의 생일인 5월 15일로 바뀌었고, 1966년부터는 전국적으로 확산되었습니다. 유신 시대에 잠시 중단되었다가 1982년에 부활해서 오늘에 이르렀고요.

스승의 날이 되면 각종 풍선으로 치장한 교실 칠판에 감사의 글이 가득하고 '스승의 은혜'가 울려 퍼지곤 합니다. 교사라면 누구나 초임 시절에 학생들이 불러주는 이 노래를 듣고 가슴 뭉클해지는 감동을 느껴보았을 것입니다.

그런데 시간이 지날수록 스승의 날은 불편한 날이 되어갑니다. 3월에 만난 학생들에게 겨우 두어 달 만에 약속어음이라도 발행한 듯 '스승의 은혜'를 듣는 것이 겸연쩍습니다. 언론에서도 촌지 관련 기사가 부쩍 늘어나는 가운데 교육청에서 하달하는 이른바 '청렴 서한문'을 읽다 보면 모욕감까지 느낍니다. 그러다 정말로 선물을 들고 찾아오는 학보모라도 맞닥뜨리면 난감하기 그지없고요. 교사들 사이에서는 차라리 스승의 날을 학기 말인 2월로 옮기거나 아예 없애고, 노동절인 5월 1일에나 마음 편히 쉬게 해주면 좋겠다는 이야기가 나오기도 합니다.

안타깝게도 오늘날 스승의 날은 조용하고 차분한 가운데 옛 제자들을 만나 이야기를 나누면서 스스로를 성찰할 여유를 주지 않지만 그래도 교사로서 어떻게 살아갈 것인지 고민하고 자신을 돌아보게 하는 시기인 것만큼은 분명한 것 같습니다.

5월의 화두는 교사로서의 고민과 밀접한 관련을 맺고 있는 '교원 단체'와 '교원 정책'으로 잡아보았습니다. 교원 정책을 통해 교육 당국이 유도하려는 교사의 모습과 교원 단체를 통해 스스로 만들어가려는 교사의 모습에는 상당한 차이가 있을 것입니다. 당신이라면 이 둘 사이에서 어떤 선택을 하시겠습니까?

어떤 교사로 살아갈 것인가

10여 년 전만 해도 신규 교사가 학교에 발령을 받으면 교장선생님으로부터 아주 강력하게(?) 한국교원단체총연합회(약칭 교총)에 가입할 것을 권유받곤 했습니다. 매달 5천 원인 회비가 부담스럽지도 않거니와 학교장의 권유에 떠밀려 어떤 교원 단체가 있는지 확인도 하지 않은 채 그냥 가입하는 교사가 상당했습니다. 앞으로 승진을 준비하기 위해서는 필수적이라는 덕담 아닌 덕담을 들으면서 말이지요.

반대로 신규 교사가 전국교직원노동조합(약칭 전교조)에 가입하려하면 교장·교감으로부터 탈퇴 권유, 설득, 회유, 심지어 협박을 경험하게 되고, 전교조 조합원이 되면 보직교사(부장)를 못 맡는 경우도 많았습니다. 지금은 이런 관행이 거의 사라졌지만 왜 이런 일들이 발생했는지, 교총과 전교조의 역사와 활동 내용을 살펴보면 도움이 될 것 같습니다.

흔히 교원 단체 하면 교총과 전교조를 지칭합니다. 두 단체는 교원의 지위와 권익 향상을 위해 교육 당국과 협의·교섭한다는 공통점을 가지고 있습니다. 하지만 교원 단체와 교원 노조는 법적으로 또 실체적으로 성격이 다릅니다. 교원 단체는 '교육기본법'에 따라 조직하고, '교원의 지위 향상 및 교육 활동 보호를 위한 특별법'에 따라 활동 범위가 정해진 단체입니다. 이에 비해 전교조는 '교원의 노동조합 설립 및 운영 등에 관한 법률'에 따라 만든 노동조합입니다. 또 교원 노조의 경우, 교사만 가입이 가능하므로 승진한 사람이나 전문직으로 전직한 사람은 가입할 수 없게 되어 있습니다.

대표적인 교원 단체인 교총의 뿌리를 1910년 조선총독부가 만든 어용 단체 '조선교육회'라고 주장하는 학자도 있고, 1946년 미군정이 만든 '조선교육연합회'라고 주장하는 학자도 있습니다. 교총 쪽에서는 조선교육연합회를 출발점으로 내세우고 있는데 1948년 대한민국 정부 수립 이후 '대한교육연합회'로 명칭을 바꾸었고, 민주화 이후인 1989년에 현재의 이름인 '한국교원단체총연합회'로 이름을 다시 바꾸어 지금에 이르고 있습니다.

교총의 공식적 제1대 회장인 최규동은 2015년 교육부가 '이달의 스승'으로 뽑아 홍보를 하다가 1942년 일제 관변 교육 잡지인 〈문교의 조선〉 6월호에 '죽음으로써 천황의 은혜에 보답하다'라는 제목의 글을 게재한 사실이 밝혀져 선정을 취소하는 등 논란이 일었던 인물입니다. 교총은 초·중등 교원뿐만 아니라 대학교수도 회원이 될 수 있으며, 역대 교총 회장은 단 1명만 빼고는 모두 대학교수 출신이었습니다. 2016년 현재 16개 시·도 교총 회장은 교수 출신이 5명, 교장 출신이 10명, 교사 출신이 1명입니다.

교총은 한국에서 가장 큰 교원 단체로서 각종 교육 관련 정책이나 현안에 적극적으로 의견을 표명하고 있습니다. 대표적인 예로 2015년에 사회적으로 큰 논란이 일었던 한국사 교과서 국정화에 대한 내용을 살펴보겠습니다. 당시 교총은 회원을 대상으로 설문조사를 한 결과 4599명의 응답자 중 62.4%가 찬성했다고 밝혔습니다. 그리고 이를 바탕으로 전국 시·도 교총 회장 회의를 통해 다음과 같은 입장을 발표했습니다.

미래 세대와 현 세대의 올바른 역사관을 함양하기 위해 '역사학'

교원 단체의 새로운 흐름

교원 단체에는 물론 교총과 전교조만 있는 것은 아닙니다. 이미 전교조 비합법 시절부터 교과의 전문성을 추구하는 각 교과교사모임이 전교조의 외곽 단체로 있었고, 특히 '국어교사모임'이나 '역사교사모임'은 지금도 활발한 활동을 펼치고 있습니다. 1995년에는 기독교적 교사 운동을 표방한 '좋은교사운동'이 결성되었고, 1997년에 교사 공동체 운동을 표방하며 탄생한 '교컴(교실밖교사커뮤니티)'도 활발히 활동하고 있습니다. 가히 1세대 교원 단체들이라 할 수 있겠습니다.

2000년대 들어서면서 교원 단체는 매우 다양하게 변화했습니다. 이념이나 조직 면에서 경직되지 않은 젊은 교사들을 중심으로 자신들의 필요와 흥미에 부합하며 교육적 실천을 나누고 함께할 수 있는 다양한 모임이 전국 단위, 지역 단위로 생기고 있습니다. 전국적인 단체로는 새로운학교네트워크(약칭 새학교넷), 작은학교교육연대, 인디스쿨, 실천교육교사모임, 참여소통교육모임, 참쌤스쿨 등이 있고, 지역 단위로는 경기교육연구소 같은 단체가 생겨났습니다. 교원 단체를 표로 정리해보면 다음과 같습니다.

대표적 교원 단체인 교총과 전교조의 회원 수는 전성기에 비해 크게 줄었지만 각종 단체에 가입해서 활동하는 교사의 수는 오히려 늘었습니다. 이러한 흐름은 시대의 변화, 인터넷의 발달과 무관해 보이지 않습니다. 점차 다원화해가는 교사들의 욕구와 정보·인터넷의 발달이 공을 뛰어넘어 교류·소통·연결을 가능케 함으로써 비슷한 생각을

> 적 관점이 아닌 '역사 교육'적 관점에서 볼 때 한국사 교과서의 국정화 과정을 통해 올바른 역사 교육 내용을 정립할 필요가 있다고 판단하며 한국사 교과서 국정화에 찬성 입장을 천명한다.
> (교총 보도자료, 2015년 10월 11일자)

교총의 이런 입장은 교총 내에서도 큰 반발을 불러일으켜 결국 내부적으로 교총개혁위원회를 결성하는 계기가 되었습니다. 교총개혁위원회는 교총의 '민주적 운영', '정치적 중립', '교육적 대처'를 주장하며 최근에도 교총의 교육감 직선제 폐지 주장에 반박 성명을 발표하는 등 지속적인 활동을 펼치고 있습니다.

교원 노조의 역사는 1960년 4·19혁명으로 거슬러 올라갑니다. 이승만 정권은 교육을 정권 연장의 수단으로 활용했고, 교사들을 부정선거로까지 내몰았습니다. 이러한 치욕적인 역사를 청산하고 민주적인 질서 창출에 동참하며 4·19혁명 과정에서 목숨을 아끼지 않은 제자들에게 부끄럽지 않은 스승이 되고자 '한국교원노동조합총연맹'을 건설했다고 합니다. 하지만 1961년 군사 쿠데타로 정권을 잡은 박정희 정권은 한국교원노동조합총연맹을 강제 해산하고 활동가들을 투옥시켰습니다.

이후 교사들은 한국 사회의 민주화 과정에서 각종 활동을 통해 지속적으로 교육 민주화 운동을 시도했고, 1986년 '교육 민주화 선언'을 계기로 1987년에 '전국교사협의회'를, 1989년에는 '전국교직원노동조합(전교조, 초대 위원장 윤영규)'을 결성하게 됩니다. 당시 교육 당국

이 교육 민주화 운동을 주도하던 교사들을 어떻게 생각했는지, 〈신동아〉 1986년 7월호에 수록된 글을 보면 알 수 있을 것 같아서 소개합니다.

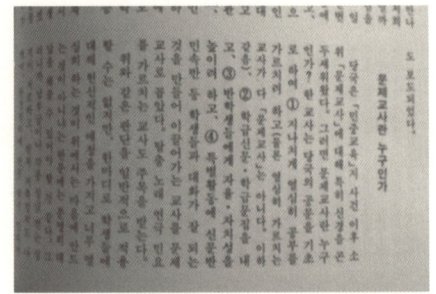

〈신동아〉, 문제 교사란 누구인가, 1986년 7월호

- 지나치게 열심히 공부를 가르치려 하는 교사
- 학급신문·학급문집을 내는 교사
- 반 학생들에게 자율·자치성을 높이려는 교사
- 특별활동에 신문반, 민속반 등 학생이 원하는 것을 만들어 이끌어가는 교사

지금 기준으로 보아도 매우 훌륭한 교사를 당국은 '문제 교사'로 간주했습니다. 위에서 하라는 대로 하지 않고 열정적으로 학생들을 대하고 끊임없이 소통하기 위해 노력하는 교사를 위험하다고 판단한 것입니다. 이런 까닭에 군사정권과 문교부는 전교조를 탄압하였고, 학교장이 전교조 교사를 찾아내 '빨갱이'라며 경찰에 신고하는 등 황당한 일들이 벌어졌습니다. 끝내 전교조 탈퇴를 거부한 교사 1515명은 해직을 당하는 시련을 겪어야 했습니다. 하지만 전교조가 내건 가치와 열정은 사회적으로 큰 지지를 얻었고, 국제적으로도 주목을 받아 우리나라가 OECD에 가입하는 조건으로 제시되기도 했습니다. 이에 따라 1999년, 전교조는 합법화될 수 있었습니다.

이후 전교조는 2000년대 초반 조합원이 한때 10만 명에 이르며 '교육 실천'을 왕성하게 하는 등 전성기를 맞이했으나 네이스(NEIS, 육행정정보시스템)와 교원평가제 도입을 둘러싸고 노무현 정권과 대립을 벌이면서 조합원이 점차 감소하여 지금은 5만 명 수준을 하고 있습니다. 최근 들어 전교조는 진보 교육감 시대를 여는 역할을 했다고 평가받고 있지만 동시에 정치적 활동이나 노동에 치우치고 있다는 비판도 받고 있습니다.

노무현 정권 이후, 이명박―박근혜 보수 정권과 더욱 강하하던 전교조는 해직 교사 9명을 계속 조합원으로 인정한다는 노동부로부터 법외노조 처분을 받아 17년 만에 합법 노동조위를 잃게 되었습니다. 게다가 노조 전임자로 근무하던 35가 학교 복귀를 거부하다 1989년 이후 가장 많은 인원이 당하는 사태를 겪기도 했습니다.

이 과정에서 강경 투쟁 노선과 이를 결정하는 의사 결정발한 교사들이 지역별·교과별 노조를 만들었고, 이들이 성하는 방식으로 새로운 제2 노조를 모색하는 일이 벌어니다. 이들은 '전교조가 오늘날 대중성, 민주성, 진보성을 다'고 비판하고, '전교조의 초심을 되살려 교사·학생·학로 소통하고 모두가 성공하는 교육을 이뤄내기 위해 학걸음으로 2016년 12월 서울교사노동조합을 출범시켰적 관점이 아닌 '역사 교육'적 관점에서 볼 때 한국사 교과서의 국정화 과정을 통해 올바른 역사 교육 내용을 정립할 필요가 있다고 판단하며 한국사 교과서 국정화에 찬성 입장을 천명한다.

(교총 보도자료, 2015년 10월 11일자)

교총의 이런 입장은 교총 내에서도 큰 반발을 불러일으켜 결국 내부적으로 교총개혁위원회를 결성하는 계기가 되었습니다. 교총개혁위원회는 교총의 '민주적 운영', '정치적 중립', '교육적 대처'를 주장하며 최근에도 교총의 교육감 직선제 폐지 주장에 반박 성명을 발표하는 등 지속적인 활동을 펼치고 있습니다.

교원 노조의 역사는 1960년 4·19혁명으로 거슬러 올라갑니다. 이승만 정권은 교육을 정권 연장의 수단으로 활용했고, 교사들을 부정선거로까지 내몰았습니다. 이러한 치욕적인 역사를 청산하고 민주적인 질서 창출에 동참하며 4·19혁명 과정에서 목숨을 아끼지 않은 제자들에게 부끄럽지 않은 스승이 되고자 '한국교원노동조합총연맹'을 건설했다고 합니다. 하지만 1961년 군사 쿠데타로 정권을 잡은 박정희 정권은 한국교원노동조합총연맹을 강제 해산하고 활동가들을 투옥시켰습니다.

이후 교사들은 한국 사회의 민주화 과정에서 각종 활동을 통해 지속적으로 교육 민주화 운동을 시도했고, 1986년 '교육 민주화 선언'을 계기로 1987년에 '전국교사협의회'를, 1989년에는 '전국교직원노동조합(전교조, 초대 위원장 윤영규)'을 결성하게 됩니다. 당시 교육 당국이 교육 민주화 운동을 주도하던 교사들을 어떻게 생각했는지, 〈신동아〉 1986년 7월호에 수록된 글을 보면 알 수 있을 것 같아서 소개합니다.

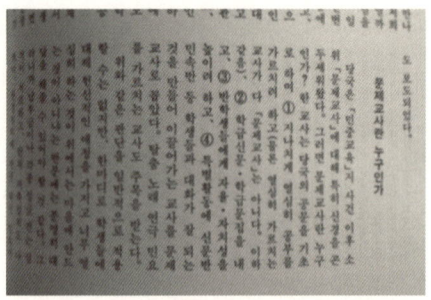

〈신동아〉, 문제 교사란 누구인가, 1986년 7월호

- 지나치게 열심히 공부를 가르치려 하는 교사
- 학급신문·학급문집을 내는 교사
- 반 학생들에게 자율·자치성을 높이려는 교사
- 특별활동에 신문반, 민속반 등 학생이 원하는 것을 만들어 이끌어가는 교사

지금 기준으로 보아도 매우 훌륭한 교사를 당국은 '문제 교사'로 간주했습니다. 위에서 하라는 대로 하지 않고 열정적으로 학생들을 대하고 끊임없이 소통하기 위해 노력하는 교사를 위험하다고 판단한 것입니다. 이런 까닭에 군사정권과 문교부는 전교조를 탄압하였고, 학교장이 전교조 교사를 찾아내 '빨갱이'라며 경찰에 신고하는 등 황당한 일들이 벌어졌습니다. 끝내 전교조 탈퇴를 거부한 교사 1515명은 해직을 당하는 시련을 겪어야 했습니다. 하지만 전교조가 내건 가치와 열정은 사회적으로 큰 지지를 얻었고, 국제적으로도 주목을 받아 우리나라가 OECD에 가입하는 조건으로 제시되기도 했습니다. 이에 따

라 1999년, 전교조는 합법화될 수 있었습니다.

이후 전교조는 2000년대 초반 조합원이 한때 10만 명에 이르며 '참교육 실천'을 왕성하게 하는 등 전성기를 맞이했으나 네이스(NEIS, 교육행정정보시스템)와 교원평가제 도입을 둘러싸고 노무현 정권과 극한 대립을 벌이면서 조합원이 점차 감소하여 지금은 5만 명 수준을 유지하고 있습니다. 최근 들어 전교조는 진보 교육감 시대를 여는 데 큰 역할을 했다고 평가받고 있지만 동시에 정치적 활동이나 노동운동에 치우치고 있다는 비판도 받고 있습니다.

노무현 정권 이후, 이명박―박근혜 보수 정권과 더욱 강하게 대립하던 전교조는 해직 교사 9명을 계속 조합원으로 인정한다는 이유로 노동부로부터 법외노조 처분을 받아 17년 만에 합법 노동조합의 지위를 잃게 되었습니다. 게다가 노조 전임자로 근무하던 35명의 교사가 학교 복귀를 거부하다 1989년 이후 가장 많은 인원이 직권면직을 당하는 사태를 겪기도 했습니다.

이 과정에서 강경 투쟁 노선과 이를 결정하는 의사 결정 구조에 반발한 교사들이 지역별·교과별 노조를 만들었고, 이들이 연대체를 구성하는 방식으로 새로운 제2 노조를 모색하는 일이 벌어지기도 했습니다. 이들은 '전교조가 오늘날 대중성, 민주성, 진보성을 상실하고 있다'고 비판하고, '전교조의 초심을 되살려 교사·학생·학부모와 진정으로 소통하고 모두가 성공하는 교육을 이뤄내기 위해 헌신하겠다'며 첫 걸음으로 2016년 12월 서울교사노동조합을 출범시켰습니다.

교원 단체의 새로운 흐름

교원 단체에는 물론 교총과 전교조만 있는 것은 아닙니다. 이미 전교조 비합법 시절부터 교과의 전문성을 추구하는 각 교과교사모임이 전교조의 외곽 단체로 있었고, 특히 '국어교사모임'이나 '역사교사모임'은 지금도 활발한 활동을 펼치고 있습니다. 1995년에는 기독교적 교사 운동을 표방한 '좋은교사운동'이 결성되었고, 1997년에 교사 공동체 운동을 표방하며 탄생한 '교컴(교실밖교사커뮤니티)'도 활발히 활동하고 있습니다. 가히 1세대 교원 단체들이라 할 수 있겠습니다.

2000년대 들어서면서 교원 단체는 매우 다양하게 변화했습니다. 이념이나 조직 면에서 경직되지 않은 젊은 교사들을 중심으로 자신들의 필요와 흥미에 부합하며 교육적 실천을 나누고 함께할 수 있는 다양한 모임이 전국 단위, 지역 단위로 생기고 있습니다. 전국적인 단체로는 새로운학교네트워크(약칭 새학교넷), 작은학교교육연대, 인디스쿨, 실천교육교사모임, 참여소통교육모임, 참쌤스쿨 등이 있고, 지역 단위로는 경기교육연구소 같은 단체가 생겨났습니다. 교원 단체를 표로 정리해보면 다음과 같습니다.

대표적 교원 단체인 교총과 전교조의 회원 수는 전성기에 비해 크게 줄었지만 각종 단체에 가입해서 활동하는 교사의 수는 오히려 늘었습니다. 이러한 흐름은 시대의 변화, 인터넷의 발달과 무관해 보이지 않습니다. 점차 다원화해가는 교사들의 욕구와 정보·인터넷의 발달이 시공을 뛰어넘어 교류·소통·연결을 가능케 함으로써 비슷한 생각을

■ 교원 단체와 활동 내용

교원 단체	중점 활동
새로운학교네트워크	남한산초에서 시작한 혁신학교 운동의 뿌리가 되는 단체
작은학교교육연대	작은 학교를 살리고 혁신학교로 만들기 위한 연대체
인디스쿨	교육 자료와 교육 정보를 생산하고 나누는 초등 교사 온라인 네트워크
참여소통교육모임	배움으로 성장하고 나눔으로 행복한 학교 만들기, 돌봄과 치유를 통해 아이들 성장을 돕는 교사들의 모임
한국배움의공동체연구회	한 명의 아이도 배움에서 소외되지 않는 질 높은 배움을 보장하는 '배움의 공동체'
미래교실네트워크	'거꾸로교실' 경험을 바탕으로 교육 혁신에 공감하는 전문가들이 모여 21세기에 적합한 인재 양성
실천교육교사모임	실천 교육학을 공유하고 함께 성장하는 전국 단위 전문적 네트워크
참쌤스쿨	교사 스스로 디지털 교육 콘텐츠를 제작하고 기업과도 협업하는 콘텐츠 스쿨 그룹
경기교육연구소	경기 교육의 정책과 대안을 현장 친화적으로 만들고자 하는 교사 중심의 연구소

가진 사람들이 모이기 쉬워진 것이 요인이 아닐까 싶습니다.

교원 단체의 변화를 넓은 시각으로 바라볼 필요가 있습니다. 과거 춘추전국시대에 중국은 수많은 나라로 갈라져 천하통일을 위해 자웅을 겨뤘습니다. 이 과정에서 '제자백가(諸子百家)'라 불리는 동양사상과 문화의 튼튼한 토대가 만들어져 오늘날까지 이어지고 있지요. 근래 한국 교원 단체의 양상이 과거 춘추전국시대와 비슷한 것 같습니다. 많은 단체가 만들어져 치열한 교육적 성찰과 논의와 실천이 이루어지고, 이를 통해 한국 교육의 사상과 문화의 기반을 확고하게 다져나가고 있는 중입니다.

교직이 온전한 전문직이 되려면

전통적으로 교직의 성격을 둘러싸고 많은 논쟁이 있어왔습니다. 한 영혼을 인도하는 숭고한 '성직(聖職)'이라는 표현부터 교사 역시 '노동직(勞動職)'으로 보는 관점에 이르기까지 말이지요. 오늘날 지지를 얻는 것은 '전문직(專門職)'으로 보는 흐름이고, 이것이 대세를 이루는 것 같아 보입니다. 흔히 말하는 '사'자 돌림에 포함해서 의사, 변호사와 같은 반열에 놓기도 하고요. 그래서인지 '임용고사'라는 정식 명칭을 두고 '임용고시'라 부르기도 합니다.

일반적으로 '전문직'이라는 개념은 고도의 전문화된 교육과정을 이수하고 매우 까다로운 자격 과정을 거쳐 사회로부터 전문성을 인정받았을 때 쓰는 말입니다. 다시 말해 고도의 지식과 기술 체계를 갖춰

수혜자가 의존하는 권능을 획득한다는 것을 뜻하지요. 그런데 교원이 정말 전문가로 인정을 받고 있는지는 더 살펴볼 필요가 있을 것 같습니다.

교직이 전문직이려면 우선 교육부는 교원에게 수업과 교육과정에 대한 자율권을 부여해야 합니다. 교사가 교과서에 얽매이지 않고 수업을 운영하고 평가할 수 있어야 하며, 이를 온전히 인정받아야 합니다. 또 학생의 정신적·정서적 상태에 대한 교원의 의견을 인정해주어야 하는데, 예컨대 미국의 경우 교사는 학생을 낙제시킬 수도 있고 상급반(advanced class)에 추천할 수도 있습니다. 뿐만 아니라 카운슬러 진단 요청권이 있어서 학생에게 정신적·육체적 또는 가정적 문제가 있다고 생각하면 교내나 외부 전문가에게 진단을 요청할 수 있고, 이 결과에 따라 학생과 학부모는 특수교육이나 정신과 전문의의 치료를 받아야 합니다. 이것은 필리핀 같은 제3세계 나라에서도 마찬가지입니다.

하지만 우리의 현실은 어떤가요? 교사에게 주어진 교육과정 운영의 자율성은 지극히 일부일 뿐이며, 시의성이 생명인 계기 수업조차 학교장의 허락(결재)을 받아야 합니다. 상담을 넘어 정신과 진료를 받을 필요가 있다고 판단한 학생에게도 학부모가 어떻게 받아들일지 염려스러워서 말을 꺼내기도 힘든 실정입니다.

물론 문제가 외부에만 있는 것은 아닙니다. 교사에게도 전문직으로서 갖추어야 할 역량과 사명감이 부족한 경우가 많습니다. 단적으로 교사가 학생을 지도하면서 진짜로 화를 내는 일이 있는데, 학생이 교사의 권위에 눌려 가만히 있으면 지도를 하는 것처럼 보일 수도 있겠지만 학생이 대드는 순간 '지도'가 아닌 '싸움'이 되어버립니다. '교사역할훈련(TET)'이 잘 되어 있지 않기 때문입니다. 그런데 잘 생각해보면 교사 양성 과정에서 반항적인 학생, 학교 부적응 학생, 학부모 상담 등 학교 현장에서 자주 일어나는 활동에 대해 전문적으로 배우지 못했고, 이것은 임용고사 과정에서도 마찬가지입니다. 단순히 성적 높이는 일에만 신경을 쓰느라 진정 공교육이 가야 할 방향과 책무를 잊는 일이 많습니다.

왜 이런 상황이 바뀌지 않을까요? 먼저 교육과정 운영의 자율권 측면에서 생각해보면 교사를 대하는 교육부의 태도가 어찌 보면 일제 강점기 식민 당국의 태도와 크게 달라지지 않았기 때문일 것입니다. 교사는 감시와 통제의 대상이고, 국가에서 정해준 교과서의 내용을 전달하는 단순 전달자이며(그래서 국정 교과서에 그리 목을 매는 거겠지요), 현 체제를 유지하기 위한 수단인 각종 평가를 무탈하게 수행하면 되는 존재인 것입니다. 그리고 이러한 교원 정책은 교사의 사명감과 책임감을 떨어뜨리고 '하위직 마인드'를 갖게 합니다.

학생과 교사, 교사와 학부모의 관계 측면에서 생각해보면 교원 양성 기관인 교육대학과 사범대학의 교육과정과 임용고사에 부족함이 많기 때문일 것입니다. 교사 양성 기관의 교육과정은 대부분 전공 교과와 교육학(교육철학, 교육심리, 교육행정 등)에 대한 내용으로 채워져 있습니다. 임용고사의 내용도 크게 다르지 않아서 1차 시험에서 교과지식과 교육학 지식을 묻고, 2차(또는 3차) 시험에서도 수업과 간단한 면접만 볼 뿐입니다. 그러니 교사는 수업과 교육과정 등 교과 지식에 대한 전문가라고는 할 수 있을지 몰라도 드러나지 않는 곳에서 크게 작용하는 관계성에 대한 지식을 아우르는 교육 전반에 대한 전문가라고 보기에는 무리가 있다고 할 수 있습니다.

이런 문제를 해결하려면 사회적·제도적으로 교사의 전문성이 존중받을 수 있도록 양성 과정에서 교육 전반에 대한 체계를 갖추어야 합니다. 그리고 그 이전에 교사 개개인이 전문적 역량과 사명감을 갖추려고 노력해야 합니다. 그러지 않으면 사회는 공교육 교사와 사교육 강사의 차이를 인정하려 들지 않을 것입니다. 임용고사 통과 여부를 빼면 공교육 교사가 사교육 학원 강사와 차별화되는 지점이 명확하지 않고, 국가 역시 이를 빌미로 교사의 자율성을 존중하는 정책을 펼치지 않을 수 있기 때문입니다.

교원 임용 제도와 변화의 움직임

교원 정책은 크게 임용, 처우, 인사(승진) 등으로 나누어볼 수 있습니다. 승진은 '8월' 꼭지에서 자세히 다룰 것이므로 여기서는 임용과 처우와 인사를 중심으로 살펴보겠습니다.

'교육의 질은 교사를 넘지 못한다'는 말이 있는 것처럼 교원의 선발·임용은 양성과 더불어 교육의 질과 장래를 좌우하는 중요한 요소입니다. 본디 우리나라의 교원 선발은 국공립 교·사대 졸업자 자동 임용 방식을 근간으로 해왔습니다. 국가가 국공립 교·사대에서 교원을 양성하여 국공립 학교에 배치하는 형태입니다. 1973년 공·사립 교원 평준화를 위해 사립학교와 국공립 학교의 벽은 허물었지만(사립대 출신 자격증 소지자에 대한 임용 순위고사), 그렇다고 근간이 바뀐 건 아니었습니다. 그러다 1990년 10월 헌법재판소가 국공립대 졸업자 우선 임용 조항은 위헌이라는 판결을 내린 뒤 1994년부터 지금과 같은 형태의 임용고사가 이루어지고 있습니다.

임용고사는 이후 몇 차례의 개편을 통해 교과 교육학이 포함되거나 면접과 수업 시연이 추가되는 등 일부 변화가 있었으나 여전히 대규모 인원을 한꺼번에 채용하기 위한 지필고사가 주를 이루고 있습니다. 또 각 교육청별로 시험 요강을 발표해서 실시하고 있으나 당락의 핵심을 가르는 1차 교육학과 전공(교육과정) 시험은 각 시·도 교육청의 요청에 따라 교육과정평가원에 위탁해서 출제합니다. 근래에는 2차, 3차 면접 문항까지 연합으로 출제하는 경향이 강해 전국의 교원 임용고사 형태는 대동소이한 실정입니다.

그러나 교육자로서의 자질과 능력을 갖춘 적격자 선발과 예비 교사 직능 개발에 중대한 영향을 미치는 시험임에도 대다수 학부모와 현장 교사, 심지어 교·사대생들까지 회의적인 평가를 내리고 있습니다. 형식상 1차 시험에서 교육학과 담당 교과에 대한 전문 지식과 교수법을, 2·3차 시험에서 교사로서의 자질을 측정한다고 하지만 당락의 결정적 요소인 1차 시험이 높은 경쟁률 속에서 공정성과 변별력을 확보한다는 명분 아래 단편적이고 지엽적인 교과 지식을 측정하는 데 치우쳐 있기 때문입니다. 면접과 수업 시연 등으로 구성한 2·3차 시험 역시 형식적으로 진행하는 경우가 많아서 학생 이해와 인성 교육은 물론이고 새로운 시대에 걸맞은 미래 역량을 측정하는 데도 한계가 있다는 목소리가 높습니다.

경제 위기와 취업난 속에서 현재 교·사대 입학생이 중산층 이상에 국한되는 현상이 나타나고, 임용고사에 응시하는 동기도 안정성과 처우 등 외재적 요인이 70%를 넘는 상황이라고 합니다. 이런 가운데 임용고사 전형이 예비 교사들로 하여금 위기에 빠진 교육을 고민하고 성찰하기보다 도서관에 틀어박혀 사설 학원의 수험 교재를 보며 밑줄, 별표, 암기, 시나공(시험에 나오는 것만 공부) 같은 20세기형 학습 부조리를 수반하는 시험공부에 매진하게 만들고 있습니다. 이는 다양한 계층의 학생들을 포용하고 미래형 학습을 펼쳐야 할 교사로서의 조건을 스스로 허무는 것입니다. 교사 수급상 필요한 인원을 무난하게 선발한다는 기존의 행정편의주의 논리에서 벗어나 미래형 혁신 교육에 걸맞은 교사를 양성하고 선발할 수 있는 새로운 형태의 임용고사 전형 모색이 절실합니다.

최근 경기도 교육청에서는 교사 임용고사 2차 시험을 바꾸어 기존 평가의 한계를 극복하려는 시도를 하고 있습니다. 기본적인 교과 지식을 측정해야 할 필요성과 높은 경쟁률로 인한 어느 정도의 객관성을 담보할 필요성에 따라 1차 시험은 현행과 같이 치르지만 기존의 단편적 임기응변식 면접 평가의 한계를 극복하고자 2차 심층 면접에 집단토의 면접을 도입하였고, 획일적 수업 실연 평가 방식에 변별력을 확보하고자 수업 실연에 수업 나눔을 추가하였습니다. 또 지역 구분 모집을 통해 교사 유출이 심각한 특정 지역에 일정 기간 동안 의무적으로 복무하도록 하는 지역 임용 트랙제를 도입하였습니다. 이러한 변화는 기존 교원 임용 패러다임의 한계를 극복하고 성적에 치우치지 않는 다양한 배경의 교사 선발, 나아가 교·사대 교육과정 운영의 정상화까지 유도해낼 것으로 기대하고 있습니다.

교원에 대한 처우와 인사

현재 교원은 국가직 국가공무원입니다(교육 자치의 취지를 살리려면 지방직이어야 한다는 주장도 있지요). 그래서 신분과 정년이 보장됩니다. 사립학교에서 일하는 교원도 이에 준하는 처우를 받고 있습니다. 대신 복무 철저, 신의 성실, 품위 유지, 공공성과 책무성, 정치적 중립 등을 요구받으며 지역별 교육 수준의 균등화 목적 아래 시행하는 전보 순환 근무도 받아들여야 합니다.

■ 유치원·초등학교·중학교·고등학교 교원 등의 봉급 표(2016년 1월 8일 개정)

호봉	월 지급액(원)	호봉	월 지급액(원)
1	1,473,800	21	2,808,900
2	1,518,500	22	2,912,600
3	1,563,800	23	3,015,500
4	1,608,900	24	3,118,500
5	1,654,400	25	3,221,600

6	1,699,800	26	3,324,900
7	1,744,600	27	3,432,700
8	1,789,400	28	3,540,300
9	1,834,900	29	3,652,800
10	1,884,500	30	3,765,700
11	1,933,200	31	3,878,300
12	1,982,800	32	3,990,500
13	2,073,200	33	4,104,700
14	2,163,900	34	4,218,500
15	2,254,400	35	4,332,500
16	2,345,100	36	4,446,000
17	2,434,900	37	4,544,800
18	2,528,800	38	4,643,800
19	2,622,300	39	4,742,900
20	2,715,600	40	4,841,300

교사 처우의 핵심이라 할 교원의 급여 수준은 높은 편입니다. '2016 OECD 교육 지표'에 따르면 초임 교사의 급여는 OECD 평균보다 낮지만 15년차 교사의 급여는 OECD 평균을 넘어 최상위권입니다(급여표 참고). 시기적으로 약간의 차이는 있지만 2014년 한국 근로 소득자 평균 연봉이 세전 기준 3172만 원(월평균 264만 원)이었고, 전체 근로자의 63%(1022만 5454명)가 평균치보다 낮은 급여를 받으며(《중앙일보》 2015년 9월 8일자), 더구나 교원은 퇴직 후에 연금을 수령할 수 있다는

점을 감안하면 선배 교사들이 흔히 말하는 '박봉'은 20~30년 전에나 통용되던 잘못된 이야기입니다.

그렇다고 교사의 업무 강도가 낮은 것은 아닙니다. 교직의 업무 특성은 심신을 소진하기(burn-out) 쉽다는 점입니다. 수업에 행정 업무에 학생들에게 시달리다 보면 하루가 어떻게 지나갔는지 모를 정도로 바쁜 것이 교사의 일상입니다. 심지어 점심시간도 근무시간에 해당하는데 교사가 일반 직종보다 1시간 일찍 끝나는 것처럼 보이는 이유가 바로 이거지요. '교원 업무 경감을 위한 교원 행정 업무 처리 모형 개발 연구(정영수 외, 2010)'에 따르면 우리나라 교사의 업무 가동률은 95.2%라고 합니다. 8시간을 근무하면서 95.2%를 실제 업무를 수행하는 데 쓴다는 의미인데 대단히 업무 강도가 센 것입니다. 교사가 일종의 '감정 노동'에 종사하고 있다는 점을 감안하면 더 그렇습니다.

일반적으로 자기 개발과 연구가 필요한 전문 직종에서 업무 가동률이 67%를 넘으면 업무의 효율성이 저하된다고 합니다. 교사에게는 지친 몸과 마음을 달랠 방학이 있다고 하지만 그 대신 평소에는 연가 사용을 규제받습니다. 대부분의 교사는 입원할 정도로 크게 아프지 않으면 병가도 쓰지 않고 수업을 합니다. 교사 생활을 한 해, 두 해 거듭하다 보면 초임 교사 시절에 가슴에 품었던 열정이 식어가는 것을 느낄 수밖에 없습니다. 그런데 교사의 이직률이 실질적으로 '0'인 것을 보면 열정과 의욕을 소진한 교사가 정년 또는 명예퇴직을 할 때까지 계속 일하는 것은 커다란 문제입니다. 이 때문에 공교육이 불신 받는 것도 일정 부분 사실이고요.

이 문제를 극복하고자 교육부는 성과급이나 승진 같은 당근을 제공하는 한편 각종 평가 및 보고 등 감시나 통제 장치를 통해 채찍을 휘두릅니다. 하지만 이런 교원 정책은 우리가 이미 목도하듯이 그다지 효과적이지 않고, 도리어 부작용만 유발해서 현장의 평가는 싸늘하기만 합니다. 눈에 보이는 매출액 집계와 달리 교육의 성과는 장기적·지속적인 것이고, 협업에 바탕을 두는 업무의 특성상 교육 분야에 적용하기에는 무리가 따르기 때문입니다. 더욱이 꾸준한 처우 개선으로 현재 교직에 들어오는 인력의 수준이 최상위임을 감안할 때, 과거에 교원 부족으로 '속성 양성소'에서 교사를 배출하던 시절의 교원 정책의 패러다임을 그대로 유지한다는 것은 분명 문제가 있습니다.

지금 교육부가 펼치고 있는 정책들은 사회 변동에 민감한 최신 경영학의 성과에도 부응하지 못하는 낡은 시스템입니다. 세계적인 경영 자문 회사 맥킨지앤컴퍼니는 기업의 현행 성과 평가제에 대해 '직원 성과를 향상시키는 데 거의 기여하는 바가 없는 것은 물론, 직원들로 하여금 등급 평점과 보수에 대해 전전긍긍하고 평가 결과를 납득하지 못하게 함으로써 도리어 업무 수행을 해칠 수도 있다'고 이미 사망 선고를 내린 바 있습니다(《연합뉴스》 2016년 5월 17일자). 제너럴 일렉트릭(GE)이나 마이크로 소프트(MS) 같은 굴지의 글로벌 기업들도 벌써 몇 년 전에 이런 제도를 버렸습니다.

인사 제도도 마찬가지입니다. 교장이 '수석교사(head teacher)'라 불리며 수업을 하는 사례가 많은 유럽 나라들을 들먹이지 않더라도 우리나라에서도 교직은 단일 호봉 체제로 설계되어 있습니다. 부장교사든 수석교사든 교감이든 교장이든 모두 '선생님'이라는 깊은 뜻을 내포하고 있는 것입니다. 그런데 교육부는 종종 '교사의 승진 욕구를 채워줄 필요가 있으며, 이를 위한 제도가 필요하다'는 주장을 펼치며 교사를 계층화하여 관료제 질서 속으로 편입하고자 합니다. 수석교사제 역시 이런 맥락에서 만들었다는 평가가 많은데 현장의 싸늘한 반응으로 인해 2016년 현재 선발 인원이 전국 32명으로 급감했으며, 17개 시·도 교육청 중에서 12곳에 신규 임용이 없을 만큼 존폐 위기에 처했습니다. 세계 어느 나라에도 교사의 승진 제도를 우리나라처럼 촘촘하게 해놓은 경우는 없습니다. 교감 없이 교사와 교장으로만 나누는 나라가 대부분입니다.

지금 교사가 소진되지 않고 열정을 지속할 수 있도록 돕는 교원 정책은 얼마 전에 궁여지책으로 내놓은 교사무급휴직제도(재직 기간 10년 이상인 교사에게 재직 기간 중 한 차례에 한해 1년 이내로 교원자율연수 휴직이 가능하게 한 것) 말고는 거의 없습니다. 전문직으로서의 자긍심을 살리기 위한(흔히 공문서상 용어로 '사기 진작'이라고 하지요) 정책은 수당 인상과 같은 외재적 동기 유발 대책 외에는 전무한 실정입니다. 아니, 교육에 대한 국가 통제 유지라는 정치적 의도 아래 도리어 역행하고 있다고 보아도 무리가 없을 듯합니다. 단적으로 교사의 교과서 선택권까지 빼앗는 국정 교과서 파동이나 종교 활동은 버젓이 허용하면서 교사 개인의 정당 후원은 막는 과도한 정치적 권리 제한(물론 수업 시간에 정치적 중립을 지켜야 함은 당연하지만요) 등을 보면 말입니다. 이것이야말로 최우수 인재들을 모아놓고도 '교육에 대한 국민의 만족도'

를 높이지 못하는 근본적인 원인이 아닐까 생각합니다.

학교 안의 교사를 넘어서

요즘 교사들을 바라보는 사회의 시선은 곱지 못한 걸 넘어 따가운 감도 없지 않습니다. 한때 학교 현장에 만연해 있던 무지막지한 체벌과 차별, 촌지의 기억을 가지고 있는 일반인들의 차가운 인식에 더해(그렇기에 체벌과 차별을 금지한 학생인권조례는 장기적 교권 상승책이라 볼 수 있지요) 방학과 고용 안정에 대한 선망 섞인 질시의 목소리가 높기 때문입니다. 교권 침해 사례도 부쩍 늘어가고 있는 실정입니다. 물론 이런 불신을 불식시키기 위해 교사들이 헌신하고 노력해서 높은 처우 수준에 걸맞은 전문성과 공공성, 책무성을 발휘하려고 분발할 필요가 있습니다.

앞으로 신규 교사들이 주축이 될 미래 사회에서 교사의 권위를 유지하려면 교과 지식만으로 인정받던 과거와 달리 다양한 능력을 요구받게 될 것입니다. 때로는 가정에서보다 더 긴 시간을 보내기에 학생들의 학교생활과 사회적 성장에 큰 영향을 미치는 학급 운영 능력, 한부모 가정 및 다문화 가정이 증가하고 심리적 상처나 주의력 결핍 같은 상담과 조치가 필요한 학생이 크게 늘어남에 따라 필요해지는 상담 능력, 개인의 능력만으로 감당하기 힘든 점점 복잡해지고 다원화하는 사회에서 필요한 동료 교사와의 협업(협력) 능력 등은 필수적일 것입니다. 나아가 일종의 메타 인지라 할 '교육에 대한 사유 능력'을 갖추고 심화하기 위한 노력의 필요성도 더욱 커질 것입니다.

물론 이 모든 것을 교사 개인의 노력으로 돌리기엔 무리가 있습니다. 교사의 열정이 식지 않게 하거나 식은 열정에 다시 불을 지피는 제도적 교원 정책이 절실한 이유입니다. 또 교사를 그저 관리와 통제의 대상으로 보는 현행 교원 정책에 관심을 가지고 이를 바꾸기 위한 노력도 지속해야 합니다. 단적으로 각종 법령과 규정을 개편할 때 의견을 묻는 공문이 일선 학교로 내려오면 능동적으로 의견을 개진하는 교사가 손에 꼽을 정도로 적은데 앞으로는 적극적으로 의견을 표현해주실 것을 부탁드립니다. '권리 위에서 잠자는 자의 권리는 보호되지 않는다'는 격언을 상기했으면 합니다. 아직 제도적 기반이 미비한 상태에서는 먼저 교사들이 서로를 의지하고 힘을 모아야 합니다. 교육에 대한 열정을 유지하고 있는 숱한 선배 교사의 경우를 보더라도 열정은 혼자 품겠다고 해서 품어지는 게 아닙니다. 뜻을 같이하는 동료와 교원 단체에 참가해서 함께 노력하고 실천하다 보면 교육에 대한 열정이 뜨겁게 타오르는 계기를 만날 수도 유지할 수도 있게 됩니다. 연결 고리를 놓지 않는 한 교직 생활을 마감한 뒤에도 좋은 관계를 유지할 수 있을 테고요.

지금까지 살펴본 것처럼 각자의 필요와 욕구를 충족할 만한 교원 단체들은 이미 많고, 앞으로도 계속 생겨날 것입니다. 교원 단체에 관심을 가지고 적극적으로 참여하는 것은 교사의 성장과 더불어 사회의 성숙에도 큰 힘이 된다는 것을 잊지 말았으면 합니다. 교사에게는 학생만을 위해서가 아니라 사회의 성숙에 보탬이 되는 '사회의 교사'

로서 성장하려는 자세도 필요합니다. 실존적 속성상 보수적이면서도 (인류의 문화적 유산을 전수하는 존재이기에) 진보적인(미래를 열어갈 새 세대를 기르는 존재이기에) 묵직한 존재감과 사명감이 급변하는 사회에서 안정감을 주는 균형추 역할을 할 수 있을 거라고 믿습니다. 그 길목마다에서 우리가 함께 만나 끊임없이 성장해간다는 기쁜 상상을 해봅니다.

불편하지만 성찰해야 할
차별과 낙인

체험학습과 체육대회를 마친 6월은 슬슬 더워지는 날씨 못지않게 수행평가와 '열전'을 벌여야 하는 시기입니다. 각 과목마다 기말고사 전에 완료하려고 박차를 가하다 보니 학생들은 정신없이 쏟아지는 수행평가로 즐겁기만 했던 5월을 떠올릴 여유조차 없습니다. 교사는 이제 학생들에 대한 성적은 물론이고 수업 태도, 성격, 교우 관계, 집안 사정 등을 어느 정도 파악한 시기이기도 합니다. 하지만 조금 알았다고 생각하는 이때야말로 학생들에 대한 편견을 가지기 쉽습니다. 차별과 낙인은 편견에서 비롯하는 일이 많은데 이런 때일수록 교사로서 스스로를 성찰하려는 자세가 필요하지요.

성적은 학생의 한 측면일 뿐

가장 대표적인 편견(그리고 이에 따르는 차별)은 성적에 대한 것입니다. 우리는 성적이 우수한 학생이 사고를 치면 '설마' 하면서도 성적이 낮은 학생이 사고를 치면 '그러면 그렇지' 하는 반응을 보이곤 합니다. 성적이 우수한 학생이 인성도 바를 것이라는 생각이 편견이라는 것을 알면서도 자기도 모르는 사이에 그렇게 되는 것을 어쩔 수 없습니다.

정선주의 〈학력 파괴자들〉이라는 책에는 샬리니 발(Shalini Bahl) 박사가 2008년 미국의 금융 위기를 초래한 10대 기업의 CEO와 미국에서 가장 책임 있는 기업으로 존경받는 10대 기업 CEO의 학력을 조사해서 비교한 내용이 나옵니다. 금융 위기를 초래한 기업의 CEO는 모두 하버드나 뉴욕대 같은 이른바 명문대 출신이었고, 이에 비해 가장 책임 있는 기업의 CEO 중에서는 단 2명만 명문대 출신이었을 뿐 5명은 학교 중퇴자였습니다. 이 조사 결과는 성적이 우수한 학생이 반드시 사업에 대한 책임과 윤리의식까지 뛰어난 것은 아니라는 사실을 뒷받침해줍니다. 또 다른 사례를 보겠습니다. 다음은 2015년에 독일의 한 소녀가 트위터에 남긴 글입니다.

> 나는 곧 18세가 된다. 세금, 집세, 보험 등에 대해서는 아는 바가 없다. 그러나 시를 분석하는 데는 능하다. 그것도 4개국어로…

학교교육에 대한 고민을 담은 소녀의 글은 5일 동안 1만 5천 번 리트윗되며 화제에 올랐습니다. 그리고 급기야 독일의 연방 교육장관과 주 교육장관이 일상생활에 대한 교육을 늘리겠다는 발표를 하게 만듭니다. 다소 도발적인 소녀의 문제제기는 현행 학교교육이 완전무결하지 않다는 점을 시사해주고 있습니다. 그럼에도 불구하고 우리 사회는 학교 성적이 우수하다는 것에 지나치게 큰 의미를 부여하고 있는 것이 현실입니다.

이러한 사례는 비단 외국뿐만 아니라 우리 주변에서도 얼마든지 찾아볼 수 있습니다. 학창 시절에 이른바 '문제아'였던 친구가 사업에 성공해서 부모님께 효도하며 잘산다는 이야기, 반면에 성적이 우수하고 똑똑했던 친구는 집안의 돈을 다 끌어다 유학을 갔다 왔지만 제 한 몸 건사하기도 바쁘다는 이야기 말입니다. 결국 성적이란 학생의 한 측면을 보여주는 데 불과할 뿐이라는 것을 확인할 수 있습니다.

당송 팔대가 가운데 하나로 추앙받는 명문장가 한유(韓愈, 흔히 호인 '한퇴지'로 알려져 있지요)의 〈잡설(雜說)〉에 수록된 '마설(馬說)'이라는 글에는 다음과 같은 구절이 나옵니다.

世有伯樂	세상에 백락(중국 주나라 때 사람으로 말의 좋고 나쁨을 잘 알고 병을 잘 고쳤다 함)이 있고
然後有千里馬	그다음에 천리마가 있다.
千里馬常有	천리마는 항상 있으나
而伯樂不常有	백락은 항상 있는 것이 아니다.

(중간 생략)

策之不以其道　　바른 방법으로 채찍질하지 않고
食之不能盡其才　재능을 다할 수 있도록 먹이지 않고
鳴之不能通其意　울어도 그 뜻을 통하지 못하면서
執策而臨之曰　　채찍을 잡고 임하여 말하기를
天下無良馬　　　천하에 좋은 말이 없다고 하니,

嗚呼　　　　　　오호라!
其眞無馬耶　　　정말로 말이 없는 것인가?
其眞不識馬耶　　말을 알아보지 못하는 것인가?

'세상에 백락이 있고 그다음에 천리마가 있다'는 말은 교사인 우리에게 무겁고 엄중하게 들립니다. 나의 단편적인 시각 또는 관심 부족으로 모르고 지나간 수많은 천리마가 없는지 돌이켜보고, 나로 인해 세상에 재능을 발휘하지 못하는 학생이 있을 수도 있다는 사실을 언제나 염두에 두어야 할 것입니다.

학생을 이해 못하는 교사, 그런 교사를 이해 못하는 학생

학교에 성적에 따른 차별만 있는 것은 아닙니다. 말 잘 듣고 순응하는 학생에게는 호의적이지만 상대적으로 비판적인 성향을 가진 학생은 불편해하는 문화가 깊숙이 자리 잡고 있습니다. '교사도 사람이라서…' 라는 말로 넘기기에는 교육적으로도 사회적으로도 가벼운 문제가 아닙니다. 교육의 목적이 학생을 '말 잘 듣는 사람'이나 '순응하는 사람' 으로 키우는 데 있지 않다는 것은 명백하기 때문입니다. 순응만으로는 세상을 나아지게 할 수 없습니다.

공적 의료보험 시스템이 유명무실하던 미국이 '오바마 케어'를 도입하는 데는 마이클 무어 감독의 영화 〈식코(SiCKO)〉가 큰 역할을 했다고 합니다. 무어 감독은 학창 시절에 지독한 말썽꾸러기였는데 성직자가 되고 싶어서 신학 중학교에 입학했지만 '믿음'을 중심으로 삼는 신학교에서 질문이 너무 많다는 이유로 전학을 가야 했습니다. 고등학교에 진학해서도 학교생활에 잘 적응하지 못했다고 합니다.

비판적 글쓰기를 좋아했던 무어는 우연히 18세부터 선거에 출마할 수 있다는 것을 알고 고등학교를 졸업하자마자 지역 교육위원 선거에 출마합니다. 유일한 선거공약은 '교장을 해고시키자!'였는데 18~25세 유권자들로부터 압도적인 지지를 받으며 최연소 선출직 당선자가 됩니다. 무어는 교장들이 새로운 아이디어를 장려하지 않는다고 목소리를 높였고, 결국 지역의 상당수 교장들로부터 사표를 받아냄으로써 자신의 공약을 이행했습니다.

학교교육에 지극히 반항적이며 비순응적이었던 무어 감독은 GM 자동차의 플린트 공장 폐쇄를 비판하는 〈로저와 나〉라는 영화로 벤쿠버영화제 및 토론토국제영화제에서 상을 받았고, 〈볼링 포 콜럼바인〉 에서는 미국의 어두운 이면을 신랄하게 풍자하여 장편 다큐멘터리 부문 아카데미상을 수상했습니다. 그의 비판적 인식과 날카로운 시선은 미국 사회가 건강해지는 데 큰 도움을 주었을 것입니다.

생각해보면 교사들이 말 잘 듣는 학생에게 호의적인 것은 교원 임용 제도 자체의 문제이기도 합니다. 교사가 되려는 분들은 대개 학창 시절에 성적이 매우 높았고, 학교 시스템에 적응을 잘했으며, 시험 경쟁에서 패배한 경험이 거의 없습니다. 다른 나라에서는 성적이 우수한 사람들이 교사가 되는 대한민국을 부러워한다지만 뭐든지 과유불급인지라 명암이 있습니다.

학교에서 교사들이 "저 XX는 뭐든지 삐딱해…", "이렇게 자세하고 쉽게 설명해주는데 어떻게 이해를 못할 수 있지?" 하는 말들을 어렵지 않게 듣습니다. 현실에 분명히 존재하는 부조리를 용납하지 못하는 비판적인 학생들이나 아무리 가르쳐도 이해를 못하는 학생들을 이해 못하는 교사 그리고 이런 교사를 또 이해 못하는 학생들이 뒤엉켜 살아가는 곳이 바로 지금의 우리 학교입니다.

사람은 기본적으로 자신이 가지고 있는 인식의 틀로 다른 것을 볼 수밖에 없습니다. 그렇기에 다른 시선과 입장에 대한 열린 자세는 모든 시민이 갖추어야 할 덕성이지만 특히 교사에게 더 필요합니다. 학생을 쉽게 재단하고 규정함으로써 돌이킬 수 없는 상처를 줄 수도 있으니까요. 편견 그리고 여기서 비롯되는 차별은 어쩌면 상대에 대한 깊은 이해가 부족한 데서 생기는 일일 수도 있습니다.

최고의 차별은 무관심

성적이나 순응 여부에 따른 차별과 달리 우리가 명확하게 인식하지 못하고 자행하는 차별이 있는데 바로 무관심입니다. 교실에는 있기는 하되 잘 보이지 않는 '투명인간' 학생이 존재합니다. 정신없이 바쁜 학교의 일과 때문이겠지만 촉수를 예민하게 세우지 않으면 특출 나거나 무언가 문제를 일으키는 학생이 아니면 교사의 레이더에 포착되지 않아 방치될 가능성이 매우 높습니다.

사실 교실에는 시쳇말로 '멍 때리는' 학생이 꽤 있습니다. 특히 학습의 난이도가 급격히 높아지고 범위가 늘어나는 고등학교에 많습니다. 그런데 아이들이 모든 것에 의욕을 잃어버린 듯 멍한 표정으로 앉아 있는 것은 어쩌면 '나에게 관심을 가져 달라, 도와 달라'는 사인일 수도 있습니다. 그런데 교사는 이런 학생들이 문제를 안 일으키고 정숙을 유지하고 있으면 관심을 주지 않고 눈길을 다른 곳으로 돌리지요.

밤새 게임을 하고 학교에 와서 엎드려 잠만 청하는 학생도 마찬가지입니다. 그 학생은 자신이 올릴 수 없는 성적 대신 게임 레벨을 올리며 유능감과 관심 받고 싶은 욕구를 채우고 있는 건지도 모릅니다. 짙은 화장에 짧은 치마를 입고 하루 종일 거울만 들여다보는 학생도 그렇고요. 오직 공부만 강조하며 공부를 잘해야만 인정받는 풍토에서 그렇게라도 해서 주목받고 싶은 심리를 드러내는 것인데 말입니다. 교사는 이런 학생들을 안쓰럽게 생각하면서도 한심하게 여기는 편이지요.

물론 학교가 이렇게 된 것이 교사 개인만의 책임은 아닙니다. 교육과정의 적정화 문제도 있고, 앞에서 말했듯 교원업무정상화 문제도 있습니다. 또 학생 개개인이 노력해야 할 부분도 분명히 있습니다. 학생이 학교에서 배우는 것은 그들이 미래에 건전한 시민으로 살아가기 위해 꼭 필요한 덕목들이니까 참고 노력하는 것의 가치, 노력 없는 성취도 없다는 교훈은 교사가 학생들에게 꼭 심어주어야 할 내용입니다.

하지만 이 글에서 강조하고 싶은 것은 교사의 세심한 관찰력과 너그러운 아량입니다. 특히 학생의 전체적 면모—오랜 기간 학생이 겪어온 경험이나 환경을 아우르는—를 파악하기 어려운 상황에서 몇 가지 특정한 모습으로 평가하여 낙인찍거나 포기하지 말아야 한다는 것입니다. 학생들이 무기력과 자포자기에 빠지는 주요 원인 가운데 하나는 가정환경에서 기인한다는 분석이 많습니다. 빈곤 등의 이유로 가정에서 제대로 관심과 돌봄을 받지 못하면 학습 결손이 누적되기 쉽고, 자기 관리 능력이나 감정 조절 역량을 배울 기회가 부족합니다. 그래서 주눅이 들고 위축되어 학교생활에 소극적이게 됩니다.

교사인 우리가 조금만 노력해서 그런 학생들에게 조심스럽게 다가가보면 어떨까요? 처음에는 아이도 귀찮다는 듯 교사의 관심을 뿌리칠지 모릅니다. 지금까지 학교와 가정에서 형성되어온 습관이나 태도가 한꺼번에 획기적으로 변할 가능성은 별로 없을 테니까요. 그래도 사소한 말 한 마디라도 건네면서 꾸준히, 적절한 방법으로 접근한다면 조금씩 달라지는 아이의 모습을 발견하게 될 거라고 확신합니다. 적어도 '선생님이 나를 놓지 않았다'는 믿음은 아이가 더 힘든 상황에 빠졌을 때 극단적인 길을 선택하지 않도록 하는 버팀목이 되어줄 것입니다. 자신을 합리화하려는 맥락에서 그런 거겠지만 희대의 탈옥수 신창원이 남긴 말은 우리에게 많은 생각거리를 제공해줍니다.

> 지금 나를 잡으려고 군대까지 동원하고 엄청난 돈을 쓰는데 나 같은 놈이 태어나지 않는 방법이 있다. 내가 국민학교(초등학교) 때 선생님이 "너 착한 놈이다"라고 머리 한번만 쓸어주었다면 여기까지 오지 않았을 것이다. 5학년 때 선생님이 "이 새끼야, 돈도 안 가져 왔는데 뭐 하러 학교에 왔어, 빨리 꺼져" 하고 소리쳤는데 그때부터 내 마음에 악마가 생겼다.
>
> (엄상익, 《신창원, 907일의 고백》, 랜덤하우스코리아)

제도화된 차별

차별은 교사 개인에 의한 것도 있지만 제도화된 것도 있습니다. 그리고 제도화된 차별은 일부 학교에서 공공연하게 이루어지고 있습니다.

지난 2008년 충북 청주의 세광고등학교에서는 이른바 '우수반' 학생에게는 일반미로 급식을 하고, 일반 학생들에게는 이보다 품질이 떨어지는 정부미로 급식을 시행해오다 물의를 빚었습니다(《서울신문》 2008년 4월 11일자). 비슷한 시기에 성남의 낙생고등학교에서는 성적순으로 배식을 해서 역시 사회적으로 큰 파장을 일으켰습니다(《한국일보》 2008년 4월 9일자). 기사에 따르면 이 학교 교사들은 식당 앞에서 등수를 확인하고 아이들을 찾아내는 일을 맡았다고 합니다. 직무상

알게 된 학생의 개인 정보를 잘못 활용한 대표적 사례라고 할 수 있겠지요.

비단 과거에만 이런 일들이 있었던 것은 아닙니다. 2015년에도 울산(《헤럴드경제》 2015년 10월 15일자)과 경기 안양(《연합뉴스》 2015년 10월 13일자) 지역에서 소위 '전교 등수' 안에 드는 학생들에게만 급식실과 자습실 등 특권적 환경을 제공하는 일이 있었다고 합니다.

성적을 '기본적 생존'과 관련한 급식과 연동시킨 극단적인 경우는 아니더라도 성적에 따라 각종 추천, 자리 배치, 자습실 제공 등 차별을 한다는 것은 정도의 차이는 있을지언정 공공연한 비밀입니다. 전국의 거의 모든 고등학교에 사실상 성적 우수자들만 가입할 수 있는 '비전반'이니 '꿈이룸반'이니 하는 정체불명의 방과후 특별 클럽이 버젓이 존재하는 실정이고요.

제도적 차별은 심지어 교사 배치에까지 나타납니다. 한때 영어, 수학 과목의 경우 '수준별 이동 수업'이라는 이름으로 성적에 따른 우열반 편성이 대대적으로 이루어진 적이 있지요. 이때 이른바 '열반'에는 신규나 기간제 교사, 때로는 시간 강사를 배치하는 일이 많았습니다. 물론 신규나 기간제 교사, 시간 강사를 폄훼하려는 것이 아닙니다. 학습 의욕과 성적이 낮은 반에 오히려 경험이 풍부한 교사를 배치해야 할 텐데 그 반대로 했다는 것이 문제고 차별이라는 것입니다. 이렇게 하는 것은 학교에서 상대적 약자인 신규 교사, 기간제 교사, 시간 강사에 대한 차별에도 해당하는 복합적 차별입니다.

참담한 상황은 객관적인 데이터로도 드러납니다. 2014년 '인권친화

적학교+너머 운동본부'의 설문조사에서 학교에서 겪는 가장 빈번한 차별이 '공부 잘하는 학생에게만 잘해주는 것'이라는 사실이 확인되었습니다. 2015년에 있었던 한국청소년정책연구원의 조사에서도 '공부를 못한다는 이유로 차별받은 적이 있는가'라는 항목에 초등학생 13.7%, 중학생 30.3%, 고등학생 43.8%가 '그렇다'고 응답했습니다.

더 안타까운 일은 성적에 따른 차별을 당연시하는 분위기입니다. 이러한 상황을 고발하는 기사에 달린 댓글에는 '실력이 없으면 눈칫밥 먹는다는 걸 배워야 한다'거나 '목표 의식을 제고하는 수단으로 학생들과 합의했다면 문제될 게 없다'는 의견이 적지 않게 올라와 있습니다. 너무 자주 일어나는 일이라 학생들이 이를 당연하게 여기고 있고, 심지어 교사들마저 '안타깝긴 하지만 성적순으로 대학을 가는 현실에서 어쩔 수 없다'는 반응을 보이는 상황이 참담할 뿐입니다.

시야를 좀 넓혀보면 제도화된 차별에는 학교 자체를 대상으로 하는 것도 있습니다. 특목고와 자사고 그리고 일반고 간의 차별이 대표적입니다. 학교운영지원비와는 별도로 지원하는 금액이 과학고의 경우 10억~40억 원, 외국어고의 경우 4억~6억 원이며, 이런 지원비를 통해 학생에게 해외 연수를 포함한 각종 지원이 일반고와 비교도 되지 않을 만큼 이루어지고 있습니다. 그런가 하면 예전에 공고와 상고로 불렸던 특성화고의 경우, 몇몇 마이스터고를 제외하면 '부정적인 인식'과 '낮은 기대감'이라는 차별을 겪고 있습니다. 시쳇말로 낙인이 찍히는 것이지요. 이런 시선은 각 학교에서 열정을 가지고 열심히 하려는 학생들에게 부정적인 영향을 미치고, 그 학교를 지망하려는 예비생들에게도 좋지 않은 영향을 미치는 악순환의 고리를 형성합니다.

학교가 '잠재적 교육과정'을 통해 가르치는 차별과 낙인, 여기서 비롯하는 열등감과 소외감 그리고 다른 한편에서 길러지는 특권 의식이 우리 사회의 발전과 통합에 부정적인 영향을 끼칠 거라는 사실은 명약관화하지 않은가요? 이것이 과연 우리가 추구하는 교육의 본질에 부합하는 일인지 심각하게 고민해볼 필요가 있습니다.

학교를 배회하는 사회적 차별의 유령들

이번에는 학교 안에까지 영향을 미치고 있는 사회적 차별을 살펴보겠습니다. 일단 학벌입니다. 우리 사회에는 좋은 대학을 나온 사람만이 유능할 것이라는 편견이 강고합니다. 이렇다 보니 학생들은 소위 명문대에 입학하기 위해 높은 성적만 추구할 뿐 자신의 소질과 적성, 꿈과 희망을 고민하지 않은 채로 학창 시절을 보내게 됩니다. 하지만 '명문대 졸업=유능'이라는 등식의 사실 관계 여부도 의심스럽거니와 〈구글은 SKY를 모른다〉 같은 책이 잇따라 출간되는 데서도 알 수 있듯이 세상은 이미 학벌이나 학위가 무의미한 곳으로 변해가고 있습니다. 좋은 학벌이 대기업 취업의 보증수표가 되지 못하며 학위 없는 젊은 인재들이 스타트업을 창업해 경제를 주도하고 있는 시대입니다.

그럼에도 여전히 많은 사람이—교사도 마찬가지입니다. 아니, 입시 배치를 맡는 업무의 특성상 더 집착하는지도 모르겠습니다—학벌과 학위 신화에 매몰되어 있습니다. 세상은 변하는데 인식은 과거에 고착되어 있는 거지요. 가령, 지방에 있는 대학에 다니는 학생들을 은연중에 실력이 없을 거라고 무시하거나 편견을 가지고 바라보는 시선이 있습니다. 일부 부모들은 자녀가 지방대학에 가면 연애를 자유롭게 하거나 심지어 '동거'할 것을 염려해서 '절대 보내지 않겠다'고 말한다고 합니다. 그러나 지방대학을 졸업하고도 자신만의 실력을 키워서 세계 3대 광고제는 물론 뉴욕, 런던, 파리의 유수한 광고상을 휩쓸었고, 공익적 예술 활동을 다양하게 펼치고 있는 '광고 천재 이제석'의 사례에서 엿볼 수 있듯이 '명문대 졸업=유능'이라는 도식이 반드시 성립하는 것은 아닙니다. 대학생들의 동거율도 정작 수도권에서 더 높게 나온다고 하고요.

학벌과 학위에 따른 차별과 편견은 구시대적일 뿐만 아니라 비효율적일 수도 있다는 것을 잊지 말아야 합니다. 미래를 살아갈 학생들에게 어른들의 편견으로 무의미한 일에 집착하도록 하는 것은 아닌지 진지하게 생각해보아야 하고요. 우리 교사들은 현장에서 이런 왜곡된 시각을 바로잡고 학벌과 학위에 기대기보다 공정한 사회에서 자신의 역량을 발휘할 수 있도록 학생들을 독려하고 학부모나 사회의 편견을 다독여 극복할 수 있도록 도와야 합니다. 그렇게 할 때 비로소 공교육이 정상화될 수 있습니다.

두 번째, 저소득층에 대한 차별입니다. 전국적으로 무상급식이 정착해서(경남 제외) 이제는 적어도 눈칫밥을 먹는 학생은 없습니다. 급식 외에도 저소득층에 대한 각종 복지망이 어느 정도 정비된 상황이고요. 예전처럼 부모의 배경을 보고 학생을 차별하는 사례도 거의 사라진 듯합니다. 그렇다고 학교 현장에서 저소득층에 대한 차별이 완전히 사라진 것은 아닙니다.

아직까지 학교에 남아 있는 대표적인 저소득층에 대한 차별과 낙인 사례는 바로 학군(특히 임대 아파트)에 대한 편견입니다. 우리는 학교가 신설되면 임대 아파트가 같이 들어선다는 이유로 학교 설립을 반대하는 모습을 심심치 않게 보아왔습니다. 저소득층이 밀집한 임대 단지를 학군으로 하는 학교에 자녀를 보내지 않으려고 위장 전입을 하는 사례도 흔히 볼 수 있고요. 자신의 아이에게 임대 아파트에 거주하는 아이와는 친하게 지내지 말라고 당부하는 부모도 있습니다. 물론 임대 아파트 단지에는 부모의 돌봄을 제대로 받지 못해서 상대적으로 거친 면모를 지닌 아이들이 있는 것은 사실입니다. 그러나 문제는 이런 현상이 미치는 교육적 영향입니다.

얼마 전에 학생들 사이에서 토지주택공사(LH)의 임대 아파트 브랜드인 '휴먼시아'와 '거지'를 합성한 '휴거'라는 말이 급속도로 퍼지면서 사회에 큰 충격을 주었습니다(《조선일보》 2016년 3월 11일자). 부모님이 무의식적으로 하는 이야기 속에서 어느 순간 아이들도 어른을 따라 차별과 편견에 익숙해져가는 것입니다. 예전에는 고학생들의 자존감을 지탱했던 '가난은 부끄러움이 아니다'라는 말이, 이제는 역사책 속에서나 찾아볼 수 있는 단어가 되어가는 듯합니다. 어른들의 그릇된 차별을 보고 배운 아이들이 만들어낼 다음 세대의 차별은 또 어디까지일지 걱정이 앞섭니다. 우리는 이런 교육적 과제에 적극적으로 대응해야 합니다. 학생에 대한 교육은 물론이고 학부모 교육을 통해서도 차별을 예방할 수 있도록 움직여야 합니다. 소위 '학군이 나쁜 지역'을 피해 다니는 일부 교사의 비윤리적 관행을 없애려는 자정 노력도 기울여야 되고요.

세 번째로 말씀 드리고 싶은 것은 다문화 학생에 대한 차별과 편견입니다. 사실과 부합하지 않는 '단일 민족'이라는 신화(과학적으로 DNA를 분석해보면 한국인은 북방 몽골계와 남방 말레이계의 혼혈이라고 하지요. 사실 단군의 자손, 단일 민족이라는 말이 처음 나온 것은 일제강점기 때라고 합니다)에 얽매인 우리 문화에서 다문화 가정에 대한 차별과 편견은 정말 강력합니다. 다른 나라에 있는 코리아타운은 자랑스러워하면서도 정작 대한민국에는 베트남타운, 몽골타운, 방글라데시타운이 존재할 수 없게 합니다. 이런 사회적 분위기는 학교교육에도 그대로 이어져서 교육 프로그램 역시 각 다문화 가정의 고유한 정체성을 무시하고 한국인으로의 동화 자체를 목적으로 하는 것이 대부분입니다.

외국인 며느리들을 맞이한 농산어촌 지역은 그 비율이 훨씬 높겠지만 현재 우리나라의 다문화 인구는 총인구의 3.4%에 해당합니다. 최근 경제 불황으로 외국인 노동자 유입이 줄어들며 증가율은 다소 감소 추세에 있지만 저출산으로 인한 노동력 부족 현상으로 다시 늘어날 가능성이 높다고 합니다. 다양한 인종 및 문화와 더불어 살아가는 지혜가 필요한 이유입니다. 더구나 우리 사회가 가지고 있는 다문화 가정에 대한 편견은 백인이 아닌 유색 인종, 부국이 아닌 빈국 출신만을 대상으로 한다는 측면에서 사실상 인종주의적 편견이기도 합니다. 세계 시민으로서 성장해가는 과정에서도 꼭 고쳐야 할 태도입니다.

현재 다문화 가정의 학생들은 크게 국제결혼 가정과 외국인 가정 학생으로, 국제결혼 가정의 경우 국내 출생 학생과 중도 입국 학생으로 구분해볼 수 있습니다. 국내에서 출생한 학생들은 한국인으로서 정체성이 일반 학생과 비슷한데도 혼혈이라는 외모의 특성상 차별과 편견에 시달리고 있습니다. 중도 입국 학생이나 외국인 가정의 학생은 외모도 그렇지만 언어나 예절, 습관 등 생활적인 측면에서도 차이가 있고, 한국어가 서투를 수밖에 없어서 자기표현을 잘 못하고 학습에도 지장을 받고 있습니다.

교사들은 이러한 학생들의 특성을 잘 파악하고 배려할 의무가 있습니다. 학습 성취가 가능하도록 최대한 보충 설명과 이중 언어 교육을 수행하되 일반 학생과 같은 기준으로 대해야 합니다(낮은 성취를 고착시키는 '봐주기'는 배려가 아니라고 합니다). 일반 학생들이 다문화 학생과 잘 어울릴 수 있도록 차이와 차별을 구별하는 힘을 길러주어야 하는 것은 물론이고 다문화 학생들에게도 현실적으로 존재하는 편견과 차별에 저항할 수 있는 힘을 길러주어야 합니다. 유럽 등지에서 벌어지는 각종 테러나 증오 범죄가 결국 이민자를 포용하지 못한 데서 비롯했다는 점을 잊지 말아야 하겠습니다.

교직원 간 차별 문화

학교를 둘러싼 사회적 차별에 학생에 대한 차별만 있는 것은 아닙니다. 교직원 간에도 뿌리 깊은 차별 문화가 있지요. 교사 집단의 문화는 학생들에게 곧바로 전달될 가능성이 높다는 점과 교사 역시 노동자라는 측면에서 정당한 처우를 받을 권리가 있습니다.

교직원 간에 벌어지는 대표적인 차별은 바로 여성에 대한 성차별입니다. 학교에 여교사가 압도적으로 많다고 해서 차별이 없는 것은 아닙니다. 우리는 새로 전입해오는 교사가 '따지지도 묻지도 않고' 공공연히 남교사이기를 원하는 교장을 쉽게 목격합니다. 교사들이 가장 싫어하는 교장 3위가 솔로(미혼), 2위가 전문직 출신, 1위가 여성이라는 말도 있고요. 이유를 불문하고 성별이 1위에 놓여 있다는 것 자체가 문제라고 생각합니다. 남교사에 대한 선호는 학생들 교육상 학교 구성원의 남녀 성비가 비슷한 것이 좋다는 맥락과는 별개의 문제입니다.

사실 학교 시스템도 우리 사회의 다른 부문과 마찬가지로 여성 친화적이지 않고 남성 중심적입니다. 단적으로 교장, 교감도 남녀 비율에 비해 남성이 월등히 높으며 교육청 내 상위 직급 비율도 남성이 훨씬 높습니다. 여성이 남성과 비교해서 능력이 부족하기 때문은 아닐 것입니다. 이는 여성이 가정에서 수행해야 하는 육아 및 가사 노동의 비중, 사회적 인식 등에 아직까지 뿌리 깊은 차별이 존재하기 때문입니다. 일부라고는 해도 회식 자리에서 젊은 여교사를 교장 옆자리에 앉혀 술을 따르게 하는 일이 아직도 벌어지고, 여교사의 치마 길이 등 옷 입는 것까지 지적하는 경우가 있으니까요. 학교 행사가 있을 때마다 여교사들에게 한복 입기를 강요하는 것이나 '꽃'이니 '미모' 운운하는 가십성 농담 문화도 여전합니다. LPGA 데뷔와 동시에 우승을 차지한 박인비 선수는 우리나라의 성차별적 외모지상주의로 인해 무려 5년간이나 메인 스폰서 없이 경기를 치러야 했다고 합니다. 우리 사회가 여성을 바라보는 시각이 아직도 미성숙하다는 것을 보여주는 대표적인 사례일 것입니다.

잘못된 젠더(gender) 문화는 사회 어느 분야에나 숨어 있습니다. '여자(여교사)의 적은 여자(여교사)'라고 말하는 것도 들어보셨을 테고요. 우리가 주고받는 말 한 마디에도 성차별적 내용이 담겨 있지 않은지 늘 살펴보고, 가치관과 행동을 성찰하며, 잘못된 관행은 개선하기 위해 노력하는 것만이 문제 해결의 지름길일 것입니다.

우리가 간과해서는 안 될 또 하나의 교직원 간 차별 문화는 바로 비정규직인 기간제 교사에 대한 문제입니다. 정부는 교사 정원을 공무원총정원제와 총액인건비제로 옭아매어 학교에서 정규직 발령을 내야 할 자리에까지 비정규직으로 채워(정원 내 기간제 교사), 현재 학교에는 많은 기간제 교사가 일하고 있습니다. 2016년 학교알리미 공시 정보에

의하면 기간제 교사의 비율은 초등학교 4.3%, 중학교 17.3%, 고등학교 15.9%입니다. 수가 이렇게 많은데도 2000년대 초반까지는 호봉이 제한되어 경력이 아무리 많아도 12~15호봉 이상 받을 수 없었고(현재는 퇴직자이자 연금 수령자만 14호봉으로 제한되어 있습니다), 불과 몇 해 전까지만 해도 똑같은 일을 하고도 성과급을 받을 수 없었습니다.

게다가 겉으로 확연히 드러나는 차별 말고도 보이지 않는 차별이 있습니다. 업무분장에서 기피 보직을 부여하거나 일부 관리자는 재계약을 빌미로 인사, 즉 촌지와 선물을 요구하는 것입니다(《오마이뉴스》 2016년 1월 8일자). 사정이 이렇다 보니 학부모들은 물론 학생들 중에서도 "선생님, 기간제라면서요?" 하고 무시하는 발언을 하는 경우가 있다고 합니다.

기간제 교사가 느끼는 차별을 "우리는 그렇게 생각하지 않는데 스스로 그러는 거 아냐?" 하고 가볍게 치부할 일은 아닙니다. 교원 임용고사를 통과했다는 사실이 더 우월하고 훌륭한 교사임을 보증하지 않습니다. 시험 성적이 학생의 한 측면에 불관한 것처럼 임용고사 역시 교사의 특정 측면을 나타내는 것일 뿐이라는 사실을 잊지 말아야 합니다.

일반적으로 좋은 학교는 구성원 간에 벽이 없습니다. 사람 사이에 벽이 없으면 소통이 잘 이루어지고 어려운 일이 생겼을 때 집단 지성을 발휘해서 해결할 수 있습니다. 그러면 실수와 시행착오를 줄일 수 있고요. 남교사 대 여교사, 정교사 대 기간제 교사, 교사 대 일반직, 정규직 대 비정규직, 관리자 대 직원… 이런 구분을 넘어서 화합할 수 있도록, 자신도 모르게 가지고 있을 우월감을 내려놓고 학교에 넘치는 차별 요인들을 하나씩 살피고 고쳐나가야 합니다. 그러면 자긍심으로 가득한 학교 문화를 정착시킬 수 있을 것입니다.

불편하지만 넘어야 할 산, 차별과 편견

지난 2012년, 학교폭력 문제가 불거지면서 이에 대한 학교생활기록부 기재 여부를 놓고 논란이 벌어졌습니다. 교육부는 학교폭력을 줄이기 위해 가해 사실을 학교생활기록부에 기재해야 한다고 주장한 반면, 경기도 교육청은 가해 사실에 대한 학교생활기록부 기재가 학생에게 낙인으로 작용하는 인권 침해적 요소가 있다고 보았습니다. 결국 경기도 교육청은 학교폭력 관련 기록에 대한 졸업 전 삭제심의제도나 중간삭제제도 도입 등 낙인 효과를 막을 수 있는 보완책이 나올 때까지 보류하라는 방침을 관내 학교에 전달했습니다. 그런 뒤 교육부의 방침을 따르지 않았다는 이유로 꽤 오래 특별 감사를 받아야 했고, 관련 공무원이 징계를 받을 위기에 처하기도 했습니다. 그럼에도 경기도 교육청이 졸업 전 삭제심의제도나 중간삭제제도가 도입될 때까지 버틸 수 있었던 이유는 학생에 대한 낙인이 얼마나 비교육적인 것인가를 절감한 현장 교사들의 지지가 있었기 때문입니다.

학교 안에서도 학교 밖에서도 교사들은 학생에 대한 이야기를 참 많이 합니다. 삶 자체가 학생들과의 만남에 닿아 있기 때문이겠지요. 그런데 대화의 내용을 잘 들어보면 학생을 규정하는 말들이 참 많습니다. "○○이는 착하긴 한데 너무 소극적이야", "열심히 하기는 하는데 성적이 오르지 않아", "머리는 좋은데 성실함이 부족해", "반듯하긴 한데 의뭉스러운 데가 있어"…. 매일같이 학생들을 만나고 이야기를 나누고 교육하는 사람들이니까 척 보면 알 법도 합니다. 하지만 그렇다고 교사가 학생의 모든 것을 다 아는 것은 아닐 텐데, 그리고 사람마다 성장과 발달의 속도가 다를 수밖에 없는데 너무 쉽게 규정하는 것은 아닐까요? '○○이는 어떻다'고 규정하는 것은 사람에 대해 씻을 수 없는 낙인을 찍는 일이 될 수도 있기에 정말 조심하고 또 조심해야 합니다.

눈에 보이는 사실로 학생을 낙인찍기는 쉽습니다. 하지만 사실은 진실의 일부에 지나지 않고, 진실이 진심을 다 담아내지 못한다는 것도 명심했으면 좋겠습니다. 교사로서 학생들에 대한 평가에 신중에 신중을 기해서 나쁠 것은 하나도 없습니다. 조금만 더 여유를 가지고 교사라는 역할이 주는 굴레―학생 생활지도를 맡으면 학교의 요주의 인물들만 눈에 들어온다든가 담임을 맡으면 학급 분위기를 해치는 학생들만 눈에 들어온다든가 하는―에 속박되지 말았으면 합니다. 머리끝부터 발끝까지 잘못을 찾으려는 교사의 눈에는 잘못만 보이겠지만 사랑스런 눈빛으로 바라보려는 교사의 눈에는 학생들이 사랑스러워 보입니다. 그리고 이런 교사들을 학생들 또한 본능적으로 알아봅니다.

누구나 자신이 처해 있는 상황에 대한 성찰과 반성 없이 삶을 제대로 살아갈 수는 없습니다. 교사가 학교를 둘러싸고 있는 차별과 편견을 직시하지 못한다면 자기도 모르는 사이에 누군가를 차별하고 있는 스스로를 발견하게 될 테고요. 어쩌면 알아차리지 못한 채 계속 학생들과 동료들을 차별하며 교직 생활을 이어갈 수도 있습니다. 순간순간 내가 그럴지도 모른다는 것을 섬뜩하게 느끼는 그 감각을 잃지 말아야 할 것입니다. 팍팍한 학교 현실에서 쉽지는 않겠지만 환경만 탓하고 노력하지 않는다면 현실은 하나도 바뀌지 않습니다.

 글을 맺으려니 초임 시절에 같이 근무했던 한 선생님이 떠오릅니다. 선생님은 연세가 있으셔서 담임을 맡지 않으셔도 됐는데 언제나 담임교사를 자청하셨지요. 새 학년이 되어 언제나처럼 학생 명단을 보며 '누구는 어쩌고 누구는 저쩌고' 하며 신구 담임이 학생에 대한 인수인계(?)를 하던 때였습니다. 제가 당연하다는 듯 전년도 성적 자료를 드리자, 선생님은 이렇게 말씀하셨습니다.

 "나는 안 볼래. 이런 거 보면 학생에 대한 선입관이 생겨. 내가 직접 부딪혀서 하나하나 알아 가면 되거든."

 교사로 지내면서 이런저런 일로 상처를 받기도 하지만 그래도 열린 마음으로 아이들에게 다가가 그 마음을 물들일 수 있다는 것, 그래서 감동을 느낄 수 있는 행복이 교사에게 있다는 것을 고맙게 받아들여야 한다고 믿습니다.

지속 가능한 교육을 위해 극복해야 할 사교육

7월 중순이면 기말고사도 끝나고 곧 방학입니다. 아이들도 긴장을 풀고 약간은 설레는 모습입니다. 하지만 한편으론 시무룩한 기색을 엿볼 수 있습니다. 방학 날 환호성을 지르며 운동장을 가로질러 교문 밖으로 달음질치는 아이들은 더 이상 보기 힘듭니다. 오늘날, 방학은 대부분의 학생에게 학기 중보다 더 바쁜 기간입니다. 어른들이 끊임없이 부추기는 경쟁 교육, 학원으로 상징되는 사교육 때문이지요.

제가 다니는 경기도 분당 지역의 한 중학교 3학년 학생들의 경우에도 방학인데도 아침 9시부터 저녁 6시까지 매일 학원에 가야 한다는 아이들이 전체의 3분의 2에 이릅니다. 과학고나 외고 등 특목고에 가고자 하는 아이들은 심지어 밤 10시까지 학원에 있어야 한다지요. 고등학생들은 더 말할 것도 없습니다. 아이들은 매일 학원과 학교라는 이중의 압박을 받고 있습니다.

2010년 학생인권조례가 제정된 이후 강제성이 사라지고 밤 11시에서 10시로 1시간 단축되기는 했지만 대부분의 학교에서 방학 중에도 여전히 보충수업과 야간자율학습을 진행하고 있습니다. 한 가지만 해도 좋으련만 학생부종합전형 실시 이후 학생부에 한 줄이라도 더 '스펙'을 써넣고자 학교와 학원, 두 탕을 뛰는 사례가 눈에 띄게 늘었습니다.

사교육에서 자유롭지 못하기는 초등학생도 마찬가지입니다. 학원 버스에 따라 '스케줄'이 정해지는 '승합차 인생'은 초등학교 때부터 시작되니까요. 저학년 때는 사회적으로 부족한 돌봄 기능으로 인해 학원에 다녀야 하고(예컨대 피아노와 태권도 학원), 4~5학쯤 되면 중등 학생과 똑같이 공부하느라 학원 '뺑뺑이'를 돌아야 합니다. '학문을 잠시 내려놓는 기간'에 해당하는 '방학(放學)'이라는 말이 무색할 지경입니다.

'방학 특수'를 노리고 어지럽게 붙여놓은 학원 광고지를 보며 섬뜩함을 느끼기도 합니다. '예비 중1은 입시의 시작—첫 단추를 잘 꿰는 것이 중요합니다', '소수 정예 온종일 프로그램(아침 9시~밤 10시)', '머릿속에 잡념이 스며들지 않도록 하는 분 단위 몰이식 관리, 관리의 끝을 보여드리겠습니다!', '격한 운동으로 머리를 단순하고 맑게 포맷시킵니다.' 심지어 이름이 '수학 병원'인 학원까지 있습니다. 수학을 못하는 학생은 '치료'를 받아야 하는 '환자'라는 의미일까요? 인터넷 여기저기 떠돌아다니는 사진을 보면 어떤 기숙 학원에서는 학생들이 감히 '탈출'하지 못하도록 죄수복 같은 유니폼을 입혀놓은 곳까지 있습니다. 수용소가 따로 없습니다.

그래서인지 벌써 몇 년째 이어지는 불경기에도 아랑곳없이 각종 입시 학원은 여전히 불야성을 이루고 있습니다. 정보화 시대에 걸맞게 시간과 공간의 제약을 가볍게 뛰어넘는 각종 인터넷 강의도 성황리에 운영되고 있고요. 사실 학원 열풍이나 사교육 현상이 학기 중이라고 해서 다를 것은 없는데 왠지 방학을 계기로 한바탕씩 회오리가 불고는 하지요.

출처 : 사구블로그(http://blog.naver.com/guts249), 스파르타 기숙 학원 감금기

사교육이 지나온 길

1980년 전두환의 신군부 세력이 단행한 이른바 '7·30 과외금지조치'가 위헌판결을 받은 2000년 4월 이후, 고삐가 풀리기 시작한 사교육 시장은 오늘날에 이르러 엄청난 규모로 성장했습니다. 2014년 현재 연간 사교육 시장의 규모는 국가 총예산의 8.8% 수준인 33조 원에 달하며(KDI 추정분, 〈연합뉴스〉 2015년 7월 22일자), 사교육 산업에서 일하는 종사자 수는 51만 8천 명이 넘어(한국직업능력개발원, 2008 사교육 공급자 실태 조사 연구 I) 약 44만 명인 전국의 초·중·고 전체 교사 수

를 훌쩍 넘어섰습니다.

　사실 사교육 시장의 정확한 규모는 파악하기가 힘듭니다. 개인 또는 그룹 과외처럼 주로 현금 거래가 이루어져 통계에 잡히지 않는 지하경제의 규모가 천문학적인 데다가(2015년 박광온 의원이 발표한 자료에 따르면 한 해 20조에 달합니다), 통계 작성 기관에 따라 온라인 강의나 방문 학습지 등이 포함되는 경우도 있고, 빠지는 경우도 있어서입니다. 그리고 무엇보다 해마다 '사교육비를 감축했다'는 호들갑을 떨기 위해 통계 자료를 '마사지하는(구간이나 조건 등을 변경해서 통계치를 조작하는 행위)' 정부와 교육 당국의 직무 유기 탓이 큽니다. 단적인 예로 좀 전에 언급한 KDI 추정분 사교육비 수치인 33조 원은 교육부와 통계청이 발표한 같은 기간 사교육비 총액 약 18조 원과 상당한 차이를 보이는데(《노컷뉴스》 2015년 2월 26일자), 이는 정부기관의 산출값에 최근 들어 가파르게 증가 추세를 보이는 영·유아 대상의 사교육비와 방과후 학교 비용, EBS 교재비, 어학연수비 등이 빠졌기 때문입니다.

　'입시 산업'이 하나의 분야로 성장하다 보니 상당수 사교육 업체가 기업형으로 발전하여 주식시장에 상장해 있는 실정입니다. 한때는 외국인 투자까지 유치한 적도 있고요. 메가스터디, 웅진씽크빅, 청담러닝 등 대형 사교육 업체들은 지금도 새로운 시장을 찾아서 전국 각지로 지점을 확장해나가고 있는 상황입니다. 심지어 공영방송인 교육방송(EBS)마저 교재 판매를 통해 900억 원이 넘는 수익을 올려 빈축을 산 바 있고(《조선일보》 2010년 10월 18일자), 최근에는 '교재 끼워 팔기'를 시도하다 공정거래위원회로부터 3억 5천만 원의 과징금을 부과받기도 했습니다(《서울경제》 2015년 12월 16일자). 사교육비 절감을 빌미로 사교육을 대행하며 수익 극대화를 꾀한 것이지요.

최근 들어 출산율 저하로 인한 학생 수 감소에 더해 진보 교육감들의 특목고 입시 규제 강화, 입학사정관제의 변형인 학생부종합전형의 대세화 등으로 기존의 영세한 문제풀이식 보습 학원은 위축되는 경향을 보이고 있습니다. 그러나 자기주도 학습을 위주로 하는 '공부방'이나 스펙 축적을 관리해주는 '컨설팅' 같은 새로운 유형의 사교육 기관이 생기면서 성적 향상을 위한 단순 지식 교육을 넘어 학생의 생활 전체(스펙)를 지배하는 양상으로 흘러가고 있습니다. 학생 개개인에게 미치는 사교육의 영향력 자체는 더 확대되고 있는 셈이지요. 심지어 학생부를 관리할 목적에서 1970년대에나 있던 입주 과외가 부활하는 일까지 생기고 있습니다(《서울신문》 2015년 7월 15일자).

사교육은 고스란히 가정의 부담으로 이어져 가계경제를 위축하는 주요 요인이 되고 있습니다. 사교육으로 인한 소비 위축과 저축률 감소는 우리 사회의 주요 현안인 출산율 저하의 한 원인이 되는 한편으로 부모 세대의 노후 생활 기반까지 위협하고 있는 것입니다. 진보 교육감이 등장한 2009년 이후 감소세로 돌아섰다고는 하지만 가구당 월평균 경상소득에서 사교육비가 차지하는 비중은 2014년에도 여전히 9.2%에 달하는 실정입니다(교육부, 2014년 사교육비 및 사교육 의식조사 결과 분석 연구).

또 사교육은 빈부 격차와 지역 간 격차를 고착해 위화감을 조성하고 계층 이동을 어렵게 만들어 사회적 활력을 약화시키는 문제를 야기합니다. 단적인 예로 월 소득 700만 원 이상인 가구의 학생 1인당 사교육비는 48만 원이고 사교육 참여율이 89%인데 반해, 월 소득 100~200만 원인 가구는 10만 원에 50.7%입니다. 또 서울 등 대도시 지역이 32만 원에 77.5%인데 비해, 읍·면 지역은 16만 원에 65.4%였습니다(현대경제연구원, 사교육 시장의 현황과 대책, 2010).

아울러 사교육은 고학력 인재들을 사교육 산업에 머무르게 해 인력의 생산적 배분도 저해합니다. 사교육 산업은 새로운 부가가치를 창출하는 부문이 아닌 데다 대표적인 '고고용—저생산' 산업이기 때문입니다. 물론 최근의 고용 절벽 상황에서 일부 완충 역할을 한다고 볼 수도 있겠지만 이를 바람직한 인력 활용이라고 말하기 어려울뿐더러 고용의 질 또한 높지 않아서(일부 스타 강사를 빼면 사교육 종사자 대부분이 열악한 환경에서 일합니다) 긍정적으로 평가하기는 어렵습니다.

사교육의 교육적 폐해

흔히 사교육 하면 지금까지 언급한 대로 사회적 측면을 부각하는 경우가 많습니다. 그러나 사교육의 가장 큰 문제점은 무엇보다 학생들을 극한 상황으로 내몰고 학습 습관을 망쳐놓는다는 데 있습니다.

일단 학원을 다니면 거기에 시간을 빼앗겨 다른 일을 할 여유가 없습니다. 사교육은 우리나라를 세계에서 학습 시간이 가장 긴 나라로 만드는 데 중요한 요인 하나를 제공했습니다. 심지어 잠자는 시간까지 빼앗아 학생들을 '좀비'로 만듭니다. 통계청의 '2014 생활시간 조사 :

초·중·고 학생의 평균 학습 시간'에 따르면 우리나라 고등학생의 학습 시간은 법정 최장 노동시간에 육박하는 주당 60시간에 이르며, 하루 평균 수면 시간은 5시간 50분에 불과합니다. 이는 OECD 최악의 수준으로, OECD 국가 중 노동시간이 가장 긴 어른들 못지않게 아이들의 삶이 피곤하다는 것을 증명합니다. 오죽하면 '시간 빈곤층'이란 신조어가 학생들에게도 적용될까요(《한겨레》 2015년 8월 26일자).

장시간 '학습 노동'은 학생들에게 새로운 것을 창조하는 데 필요한 여유나 주위에 대한 관심을 갖지 못하게 할뿐더러 마지막 한 방울의 에너지까지 쥐어짜게 만들어서 말 그대로 진을 빼놓습니다. 인간으로서 최소한의 품위마저 지키기 힘든 피폐한 삶을 살게 하지요. 모든 것을 사교육 탓으로 돌릴 수만은 없겠지만 책임의 큰 비중을 사교육이 차지하고 있다는 것만은 부인할 수 없습니다.

■ 자살하고 싶었던 주된 이유는?

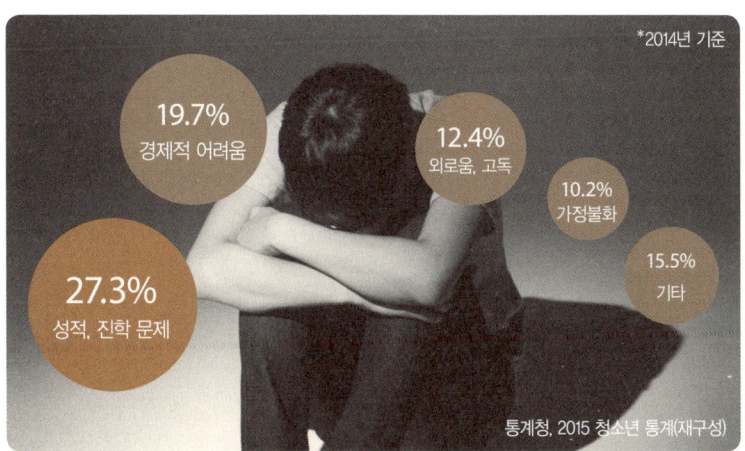

우리나라 아동·청소년들의 삶에 대한 만족도는 벌써 몇 년째 OECD 국가 중 꼴찌를 차지하고 있습니다. 아동·청소년층의 사망 원인 1위가 '자살'이 된 지도 오래고, 아이들에게 자살을 고민하게 만드는 가장 큰 요인이 학업 스트레스라는 것도 이미 잘 알려져 있습니다(도표 참조).

2013년 기준 한국 청소년의 학업 스트레스 지수는 50.5%로 유엔아동기금(UNICEF)이 조사한 30개 나라 가운데 가장 높아서 전체 평균인 33.3%을 17.2%나 웃돌았습니다(한국보건사회연구원, 2015년 발표 자료). 우리 청소년들의 고통은 공부를 잘하고 못하고를 가리지 않습니다. 상위권 학생은 상위권대로 무지막지한 양의 공부와 극심한 점수 경쟁에 시달리고, 하위권 학생은 하위권대로 열패감에 자존감을 잃고 자포자기하고 있습니다. 자녀의 성적 때문에 가정에서 불화가 생기는 일이 다반사고요.

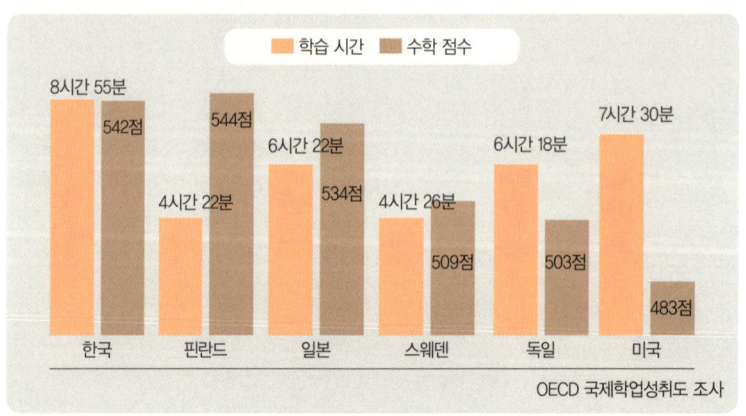

■ 15세 청소년 나라별 학습 시간과 수학 점수

게다가 학습 시간이 긴데 비해서 학습 효율성은 바닥권입니다. 비워야 또 채울 수 있는 법인데 물량 공세에만 집중하니까 그렇겠지요. 몇 년 전에 있었던 OCED 국제학업성취도평가 결과에 따르면 핀란드 학생들이 4시간 22분에 이루는 학업 성취를 한국 학생들은 무려 8시간 55분을 들여서야 이룰 수 있었습니다(도표 참조). 세계 최장의 학습 시간이 세계 최저의 학습 효율을 낳은 것이지요.

사교육은 질적인 측면에서도 문제를 야기합니다. 시험에 나오는 내용에만 한정한 공부, 문제 유형 익히기, 단순 암기 위주 학습 같은 주입식 '점수 따기 교육'은 학생들에게 '공부의 진정 한 맛(특정한 현상에 대한 폭넓은 분석과 탐구, 그 과정에서 얻을 수 있는 발견과 성취감)'을 느끼지 못하도록 제약합니다. 학원에 다니기 시작하면 보통 '선행학습 → 학교 수업 → 진도 따라가기 수업 → 시험 기간 복습'으로 적어도 3~4회에 걸쳐서 반복적인 수동 학습을 경험하게 되는데 이 과정을 거치면서 당연히 집중력이 떨어지고 호기심이나 창의성이 사라지게 됩니다.

게다가 학원에 의존하다 보면 공부하다 잘 모르는 것이 생겼을 때 자신에게 적합한 방법으로 해결할 기회를 얻지 못하거나 학습 과정을 통제하는 '자기주도 학습 능력'을 원천적으로 습득하지 못하게 될 가능성이 높습니다. 그래서 만성적인 학원 수강생들은 학원에 더 의존하는 악순환을 반복하게 되고, 그렇게 '학원발'로 성적을 유지하던 학생들은 공부할 분량이 폭증하고 난이도가 높아지는 고교 진학 이후 한계를 맞는 경우가 많습니다. 교육개발원이 발간한 〈선행학습 효과에 관한 연구(2002)〉를 보면 학원에서 선행학습을 해서 수학 실력을 유지해온 상위권 학생들의 성적이 고2 때 하락하는 것이 실제로 입증되었습니다. 사교육의 효과는 사교육을 아주 전략적으로 이용하는 극소수를 빼고는 설사 효과를 본다 하더라도 일시적일 뿐입니다. 사교육으로 효과를 보았다고 느끼는 것도 사실은 사교육 덕분이 아니라 사교육이 아니어도 공부를 잘할 수 있는 소질과 적성을 갖고 있는 학생이었을 가능성이 높지요.

사교육에 대한 의존은 특히 학교 수업의 부실화를 야기할 위험성이 큽니다. 선행이나 속성으로 배워서 개념과 원리를 제대로 이해하지 못했을 가능성이 높은데도 '다 배웠다', '다 안다'는 기분이 들게 하여 학생의 수업 참여를 소홀하게 만들기 때문입니다. 또 빡빡한 학원 일정은 기억을 머릿속에 정착시키는 데 핵심적인 역할을 하는 복습 시간을 부족하게 만듭니다. 발달 단계에 맞지 않는 어려운 내용의 선행학습을 함으로써 공부에 자신감과 흥미를 잃고 지치게도 되고요.

사교육은 학생뿐만 아니라 교사에게도 부정적인 영향을 끼칩니다. 학생들이 이미 호기심과 흥미를 잃은 채 수업에 들어온 상황에서 교사는 자신의 의지대로 수업을 이끌어가기가 쉽지 않을뿐더러 선행학습을 한 학생이 많다는 판단은 교사의 책무성을 약화시킵니다. 만약 교사가 이러한 분위기에 편승해서 수업 시간에 '적당히 넘어갈' 경우(이것이 교사의 직무 유기임은 물론입니다), 경제적인 이유나 소신 등으로 사교육에 참여하지 못하거나 참여하지 않는 학생들에게 '학습 결손'이라는 직격탄을 내리는 결과를 초래하지요.

사교육이 만연해진 원인

한국 사회에 이렇게 사교육이 만연하게 된 이유는 극심한 경쟁 교육 체제 때문입니다. 한국 사회는 전통적 유교 문화의 영향으로 숭문(崇文) 풍조와 여기서 비롯한 '사농공상'이라는 직업에 대한 서열화가 강고하게 남아서 교육에 대한 열망이 매우 강합니다. 이에 더해 해방 직후 농지개혁으로 형성된 사회적 평준화, 이로 인해 촉발된 '열심히 노력하면 누구나 성공할 수 있다'는 사회적 분위기는 폭발적인 교육열로 이어지며 지난 시절 초고속 성장의 견인차 역할을 했습니다. 그러나 비뚤어진 성장 의식은 식민지 시대 이래로 '되는 놈 밀어주기'식의 불균등한 발전을 낳았고(예컨대 재벌 육성), 교육 역시 대학 서열화와 줄 세우기에 바탕을 두었다는 한계를 드러냈습니다. 이런 이유로 30년 전에 이미 비인간적인 경쟁 교육 체제에서 소외된 청소년들의 자살을 그린 〈행복은 성적순이 아니잖아요〉 같은 영화가 나왔던 거겠지요. 사실 경쟁에서 패배한 수험생의 자살은 우리나라에 근대 교육 체제가 이식된 일제강점기 때부터 신문 지면을 장식한 뿌리 깊은 기원을 가지고 있습니다.

게다가 1997년 이른바 IMF 경제 위기 이후로 경쟁 교육은 더욱 심화되었습니다. 정규직―비정규직 간 격차로 상징되는 양극화 현상으로 사회적 분배·보상 체제가 왜곡됨에 따라 소수의 정규직 일자리를 둘러싸고 극심한 생존경쟁이 벌어졌고, 입직 수단인 교육 분야에서도 경쟁이 극단화되었습니다. 기실 사교육은 이러한 상황에서 불안과 공포 마케팅을 통해 거대한 규모로 급성장했다고 할 수 있습니다. 이런 가운데 등장한 이명박 정부는 학교별 수능 성적 공개, 전국적 일제고사 실시 등 신자유주의적 경쟁 부추기기 교육정책을 노골화함으로써 사교육의 영향력과 학생들의 고통은 정점을 찍었습니다.

그러나 사교육 등을 통해 공부의 양을 무한대로 한다고 해도 '기적'을 일으키기는 쉽지 않습니다. 서열만이 의미 있는 줄 세우기식 경쟁 교육 체제에서는 '다 같이 미친 듯이 공부를 해서' 성적 상승이 쉽지 않기 때문입니다. 이를 흔히 '붉은 여왕 효과(red queen effect, 붉은 여왕의 세계에서는 내가 아무리 뛰어도 주변이 함께 움직이므로 늘 제자리라는)'라고 하지요. 함께 회자되곤 하는 '죄수의 딜레마(prisoner's dilemma, 모두 자백하지 않으면 되는데 서로를 믿지 못하고 모두 자백해서 모두 벌을 받는다는)'나 '구성의 모순(fallacy of composition, 잘 보려고 자리에서 일어났더니 남들도 다 일어나더라는)'도 사교육의 원인이 실은 경쟁에서 이기기 위한 것, 즉 우리나라의 무한 경쟁 교육 체제로부터 비롯된 것임을 시사해줍니다.

이는 사교육에 참여하는 원인에 대한 조사 결과를 통해서도 다시 한 번 확인할 수 있습니다. 현대경제연구원의 조사(2010)에 따르면 사교육을 하는 이유 가운데 '학교교육 부실'은 23%로 낮은 편입니다. 이는 교육부가 발간한 '2014년 사교육비 및 사교육 의식조사 결과 분석 연구'에서도 비슷하게 나타났습니다. 사교육 증가의 주된 원인은 경쟁 위주의 입시, 대학 서열화와 학력주의 등이었고, 초등 예체능 항목 이외의 모든 학교 요인은 5점 척도에서 3.5점 이하로 낮았습니다. 특히 '학교의 학습 분위기 등이 좋지 않아서' 항목은 모든 응답 가운데 가장 낮은 점수를 보였습니다(도표 참조). 흔히 말하는 것처럼 사교육의 원인이 학교교육에 대한 불만에 있지 않다는 것입니다.

■ 사교육의 요인

구분	사교육 증가 요인	초	중	고
학교 요인	학습 관리를 개별적으로 잘 해주지 못해서	3.15	3.29	3.21
	수준별 수업이 제대로 이루어지지 않아서	3.12	3.16	3.03
	시험이 배우는 내용보다 어렵게 출제되어서	2.67	3.05	3.18
	예체능 특기 적성을 살릴 수 없어서	3.7	3.34	3.32
	진학 준비, 상담, 정보 제공이 부족해서	3.14	3.13	3.13
	학교의 학습 분위기 등이 좋지 않아서	2.45	2.73	2.81
사회 문화 풍토	과거에 비해 국민경제 수준이 높아져서	3.52	3.35	3.3
	저출산 등으로 자녀에 대한 기대치가 높아져서	4.01	3.76	3.67
	사교육 보편화로 불참할 경우 불안해서	3.69	3.52	3.44
	대학 서열화 구조가 심각하기 때문에	4.01	3.93	3.97
	취업 등에 있어 출신 대학이 중요해서	4.06	4.03	4.03
	특목고, 대학 등이 점수 위주로 학생을 선발해서	4.08	4.01	3.96

교육부, 2014년 사교육비 및 사교육 의식조사 결과 분석 연구 74~75쪽 재구성(단위 : %)

경쟁력을 떨어뜨리는 경쟁 교육

사교육과 과잉 학습으로 상징되는 무한 경쟁 교육의 사회적 결과는 자못 심각합니다. 첫째, 학생들로 하여금 무언가를 배우는 데 진저리를 치게 만듭니다. 비교 속에서만 의미를 찾는, 즉 100점을 맞아도 모두가 100점이면 기쁘지 않은 경쟁 교육은 항구적인 긴장과 피로, 학습에 대한 염오감을 낳습니다. 지속 가능한 학습을 위한 주요 요건인 동기와 흥미를 잃어버리면 학습과 친해질 기회를 다시 얻기 힘들어집니다.

이러한 정의적인 면에서의 손상은 당연히 대학 교육은 물론 평생교육에까지 연쇄적으로 부정적인 영향을 끼칩니다. 실제로 경쟁 교육이 극단화한 최근 들어 대학교수들이 수동적이고 무기력한 강의실 분위기를 한탄하는 일이 부쩍 잦아졌다고 합니다. 대다수 대학생이 강의 시간에 엎드려 자거나 어려운 강의를 버거워하고 인터넷으로 짜깁기 한 수준 낮은 리포트를 제출한다는 거지요. 예전에 비해 학생들의 학습량은 더할 수 없이 많아졌음에도 도리어 학력 저하 현상이 나타나고, 이에 따라 대학 교육까지 부실해지고 있는 것입니다. 어렵게 미국 명문대에 진학한 한국 학생의 44%가 중도에 탈락하고 있다는 사실은(아이비리그 14대 통계) 이러한 상황을 여실히 증명합니다. 우리나라의 평생교육이 그다지 훌륭하지 못하고 성인들의 독서율이 매우 낮은 이유도(대신 술과 드라마 등에 탐닉하지요) 공부에 너무 질려서 아예 공부를 끊어버린 사람이 많기 때문일 것입니다.

둘째, 성취보다 승리가 주요 목적이 되다 보니 인간성 파괴 현상이 벌어집니다. 얼마 전에 환자를 보호해야 할 의사가 마취가 덜 깬 환자를 성추행한 사건이 있었고, 범죄를 단죄해야 할 현직 검사장이 100억 넘는 비리 사건에 연루되어 구속당하기도 했습니다. 서울대에서는 '지균충', '기균충'으로 비하당하는 지역균형선발과 기회균형선발 학생들의 '정서적 지원'을 위해 TF를 꾸리기로 했다는 소식이 들렸고요(《서울신문》 2016년 9월 26일자). 하나같이 '미래를 개척하고 세상을 구할' 비전을 주기보다 '성적 향상, 일류대 진학' 같은 눈앞의 목표만 바라보게 하고, 주위를 둘러볼 여유 없이 그저 공부에만 매진하게 한 결과가 아닐까 싶습니다.

우리나라 엘리트들이 노블레스 오블리주는커녕 특권 의식과 이기적 심성으로 똘똘 뭉친 데다 공감 능력이 부족한 배경에는 극심한 경쟁에서 승리했다는 우월감과 고생한 만큼 누려야 한다는 보상 심리가 깔려 있기 때문일 것입니다. 엘리트가 아닌 일반인들에게도 이러한 해악은 마찬가지로 나타납니다. 경쟁에서 이기기 위해 수단과 방법을 가리지 않는 '모로 가도 서울만 가면 된다'는 식의 풍토를 이미 학교에서부터 배우다 보니 사회 전체가 저신뢰의 덫에 빠지게 되었습니다. 한국은 현재 '거짓말 범죄'인 사기·무고·위증 사범 발생률이 이웃 일본보다 수십 배에서 수천 배까지 높게 나오는 나라입니다.

셋째, 이러한 경쟁의 스트레스와 중압감을 이기지 못하거나 경쟁에서 패배한 사람들을 들러리나 낙오자로 만듭니다. 열등감과 패배감에서 비롯된 수치심과 억울함, 분노는 교사에 대한 반항이나 폭행, 따돌림 같은 학교폭력으로 불거져 나오고, 더 심각하게는 가출이나 범죄 같은 반사회적 일탈 행위로 치닫기도 합니다. 만일 그 표출의 방향이 자신에게 향할 경우 자살에 이르게 되고요.

설령 일탈에 이르지 않는다 하더라도 극한의 경쟁에 내몰리고 좌절하는 부정적 경험이 누적되면 결국 '무기력'을 몸에 익히게 됩니다. '학습된 무기력(learned helplessness)'의 결과는 체념과 순응, 회피라고 하지요. 무기력한 상태에서 되는 대로 살면서도 경쟁 시스템에서 익힌 인정과 칭찬을 갈구하게 됨으로써 우울함과 상실감을 메우고자 자극적이고 말초적인 만족에 탐닉하게 됩니다. 실제로 우리는 하루 종일 화장만 고치는 여학생이나 게임으로 밤을 지새우고 학교에 와서는 온종일 잠만 자는 학생들을 흔히 만납니다. 간혹 패륜적 게시 글로 실제 삶에서는 느끼지 못하는 희열을 인터넷에서 얻는 '일베' 같은 '어그로(인터넷상에서 사람들의 관심을 끌기 위한 목적으로 거슬리는 글이나 사진을 올리는 사람)'도 목격하지 않나요.

사회의 구성원들이 '화난 원숭이(angry monkey experiment, 원숭이가 바나나를 따먹으려 할 때마다 찬물 세례를 퍼붓자 급기야 고참들의 제지에 의해 신참 원숭이까지 바나나를 금기의 대상으로 삼아버렸다는)'가 되어 '해 봐야 소용없다'며 주저앉고, 나아가 다른 사람들의 진취적인 도전까지 주저앉힌다면 이는 개개인의 비극일 뿐만 아니라 사회 전체의 미래를 어둡게 만드는 일일 것입니다.

부나 명예 같은 사회적 선호 자원의 희소성으로 인해 우리 사회에서 경쟁 자체가 사라지기는 힘들지도 모릅니다. 또 경쟁이 갖는 긍정적인 요소가 전혀 없는 것도 아니고요. 그러나 적어도 교육 부문에서의 경쟁은 득보다 실이 압도적으로 많습니다. 더구나 현재와 같은 무한 경쟁 교육은 인격 도야와 사회정의, 공동선 같은 교육 본연의 목적을 사라지게 만듭니다. 배우는 내용과 자아에 대한 고민과 탐구를 등한시하며 앞서는 것에만 신경을 쓰는 근시안적 시야를 조장합니다. 그래서 시험을 없애고 평등과 협력의 철학으로 주목받은 핀란드 교육 개혁의 산파 에르끼 아호(Erkki Aho)는 '학교는 좋은 시민이 되기 위한 교양을 쌓는 과정이며 경쟁은 좋은 시민이 되고 난 다음의 일이다. 학교는 경기장이 아니다'라고 단언했을 것입니다(《새교육》 2015년 8월호).

경쟁 교육 체제는 소수의 승리자를 빼면 다수를 패배자로 만들어서 사회 한편에는 우월감과 멸시를, 다른 한편에는 불만과 억울함이 만연하게 하는 심성의 양극화를 초래합니다(원래 우월감과 열등감은 한 뿌리에서 나온 것입니다). 불안감은 사람의 심성을 거칠어지게 하고 사회 전반에 갈등을 심화시켜 결국 공동체를 위협에 빠뜨릴 수 있습니다. 사교육과 과잉 학습으로 상징되는 지금의 무한 경쟁 교육은 결과적으로 사회 전체의 경쟁력을 갉아먹습니다.

그렇다면 교사는 '무엇을 할 것인가?'

사교육과 과잉 학습으로 상징되는 현재의 경쟁 교육 체제는 그 뿌리가 사회 전반에 걸쳐 있으므로 해결책 또한 요원합니다. 궁극적인 해결책은 어느 정도의 '사회적 평등 실현'이라는 거대 과제일 터인데 일개 교사나 학교 차원에서 개별적으로 해결할 수 있는 범위를 넘어섭니다. 그래도 교사가 할 수 있는 일이 전혀 없지는 않습니다. 일단 자신의 교실에서 지나치게 경쟁을 부추기지 않을 수 있고(예컨대 비교하지 않고 격려하기), 협력의 가치를 몸소 체감할 수 있도록 교육 활동을 펼칠 수도 있습니다(예컨대 모둠별 협력 학습). 교사나 학교가 경쟁이라는 사회적 파고를 모두 막아내지는 못하겠지만 적어도 학생들에게 작은 방파제 역할을 해줄 수는 있을 것입니다.

또 학생에 대한 훈화나 학부모들과의 만남의 시간을 통해 물량 공세식 경쟁 중심의 학습 패러다임이 한계를 맞이하고 있다는 것, 협력이 경쟁 못지않게 큰 성과를 낼 수 있다는 것, 과도한 경쟁은 의욕을 북돋는 것이 아니라 정신을 황폐화시킨다는 사실을 전하는 것도 중요합니다. 이미 날조된 사실이라는 게 밝혀졌음에도 천적인 메기가 있어야 기르는 미꾸라지들이 생존 경쟁으로 훨씬 더 강해진다는 '메기 효과' 이야기(《한겨레》 2012년 6월 15일자)가 여기저기서 확대 재생산되고 있는 실정입니다. 이런 가운데 담임교사의 한마디는 학생과 학부모에게 성찰의 기회를 제공하여 적어도 브레이크 역할을 할 수는 있습니다. 물론 '한마디'가 막연하고 낭만적인 '감성팔이'식 접근이 되어서는 설득력을 가질 수 없을 것입니다. 잠과 쉼, 동기와 흥미를 가능케 하는 '자유 시간'이 학생의 행복은 물론 학습 효율성 면에서 얼마나 중요한지를 알리는 이성적인 설득이 되어야 할 것입니다. 최근 경기도에서 시작해 전국으로 확산하며 성공적으로 정착하고 있는 '9시 등교'는 교사의 '한마디'를 뒷받침하는 주요 근거가 되어줄 것입니다.

그리고 무엇보다 교사와 학교는 '학교의 학원화'가 일어나지 않도록 노력할 수 있습니다. 기존에 사교육 대체 프로그램으로 제기되어온 야간자율학습이나 방과후학교, 한때 유행한 우열반 편성이나 기숙학교는 기실 학원 따라잡기 프로그램으로서 학교를 학원화하고, 심지어 사교육 강사를 끌어들여 경쟁을 격화시키는, 본말이 전도된 정책이었습니다.

교사가 학원을 욕하면서 이율배반적으로 교무실에서 자녀의 사교육 정보를 나누거나 학원식 문제풀이 또는 주입식 교육을 펼치는 모습은 없는지도 성찰해야 합니다. 사실 교사들도 사교육을 받은 경험이 있을 테니 은연중에 그 굴레를 벗어나지 못하고 있을 가능성이 있습니다. 그렇기에 학생들이 탄탄한 기초학력에 더해(기초학습 능력의 습득을 경시해서는 안 됩니다) 비판적 사고, 협력, 창의성, 자기주도성 등 21세기 미래 사회에 필요한 '참된 실력'을 기를 수 있도록 부단히 수업 혁신을 고민해야 합니다. 학생들이 '배움의 맛'을 경험할 수 있도록 '질문이 있는 교실'을 만들어가는 것이 중요합니다. 물론 이것이 학생의 말초적 흥미나 교수 기법에 매몰되라는 의미는 아닙니다. 수업이 늘 재미있을 수만은 없는 것이며 학생들은 재미보다 의미에 더 움직입니

다. 그리고 의미는 배움이 자신의 삶과 연결될 때 비로소 나타나지요.

수업과 평가는 하나로 이어지는 과정이므로 평가를 혁신하는 것도 중요합니다. 수행평가나 서·논술형 평가 같은 미래형 평가가 내실 있게 운영되도록 노력해야 하며, 동시에 이것이 학부모에게 숙제가 되거나 한꺼번에 몰리지 않도록 세심하게 살펴야 합니다. 이미 법으로 금지되어 있기도 한 선행 출제를 지양하고 적절한 난이도를 유지하여 불필요한 사교육과 과잉 학습을 야기하지 않도록 애써야 함은 물론이고요.

또 학교는 공교육 기관이니 만큼 '구매력'이 없어서 '소비자'가 되기 힘든 저소득층 가정의 학생들에게도 관심을 가져야 합니다. 사실 사교육을 통해 과잉 공부에 시달리며 무한 경쟁의 압박에 내몰리는 것은 대개 중산층 이상 가정의 아이들입니다. 부각되지 않아서 그렇지 그 이하 계층의 아이들은 공부를 너무 안 해서 문제인 경우가 많습니다. 이런 아이들은 관심의 사각지대에서 밤새 알바를 하거나 그 돈으로 유흥을 즐기다 학교에 와서 자고, 게임에 중독되어 폐인처럼 지내기도 하고, 끝내는 이런저런 사건들에 휩쓸려 학교를 그만두는 경우가 많습니다. 이런 아이들이 자기 통제력을 갖추고 스스로 설 수 있도록 문·예·체 교육과 독서·인문 교육 등에 더 많은 신경을 써야 합니다. 교도소의 재소자들에게 '시민의 양식'을 가르침으로써 자립할 심리적 기반을 닦아주어 재수감률을 극적으로 낮췄다는 미국 '클레멘트 코스(clemente course)'의 사례는 우리에게도 생각의 실마리를 제공합니다. 비록 단기간에 쉽게 해결할 문제는 아니지만 끈을 놓지 말고 부단히 대안을 모색해야 합니다. 이러한 노력들이야말로 시민의 세금으로 운영하는 공교육이 사교육과 명확히 차별되는 지점일 것입니다.

나아가 학원을 단순히 악마로 여기는 관점을 넘어서 공교육이 부족한 부분—개별화, 연습 훈련, 책무성, 친절함 등—을 냉철히 분석해서 보완하는 일도 필요합니다. 그렇다고 학교가 개별 학생을 위한 특정 특기 적성(예컨대 입시 미술)을 전문적으로 심화해주는 기관이 되어야 한다는 의미는 아닙니다. 지금의 예산과 인력 수준으로는 현실적으로 불가능할뿐더러 일반교양, 기초 소양을 폭넓게 가르치는 곳이라는 학교의 위상에도 맞지 않습니다. 다만, 여러 이유로 학습 결손이 누적되어 몇 년씩 뒤처진 학생들에게 도움을 주려는 시도는 해야 합니다. 학교 수업만으로는 부족한 연습이나 훈련 과정도 학교에서 소화할 수 있도록 고민해야 합니다. 공부를 잘하기 위해서는 배우는 '학(學)'과 더불어 반복 훈련을 통해 배운 것을 익숙하게 하는 '습(習)'이 다 필요하기 때문입니다.

무엇보다 교사가 직업적 안정감 속에서 매너리즘에 빠져 교육 활동을 소홀히 하는 일이 없어야 합니다. 본인에게는 수많은 수업 가운데 하나일지 몰라도 학생에게는 그 내용이 처음이자 마지막으로 배우는 것이 될 수도 있다는 사실을 한시도 잊어서는 안 됩니다. 아직도 전근대적 관존민비 의식에 사로잡힌 교사가 있는데 교육적 권위는 학교의 문턱을 높이거나 군림하는 자세에서 나오는 게 아닙니다. 사교육에 참여하는 주된 원인이 학교에 대한 불만에서 나온 것은 아니라지만 그렇다고 설문조사에서 나온 23%라는 수치가 작은 것은 아닙니다.

끝으로 교실과 학교를 넘어서 사회 현실—적어도 교육적 현안—에 관심을 가지고 문제 해결에 참여하는 자세를 가졌으면 합니다. 교육을 황폐화시킨 사교육과 경쟁 교육의 원인이 사회적인 압력에서 비롯한 것이라면 사회적 차원에서 해결 방법을 모색해야 할 것이기 때문입니다. 이미 많은 교원 단체나 시민사회 단체가 움직이고 있지만 힘이 달립니다. 단적으로 공부와 쉼의 균형을 회복하기 위한 '학원휴일휴무제' 도입 논의는 학원총연합회 등의 압박과 로비로 토론회조차 무산된 바 있습니다(《한겨레》 2015년 7월 30일자). 지난 2008년부터 2010년에 걸쳐 어렵게 만들어낸 밤 10시로 학원 교습 시간을 제한하자는 조례도 2016년 현재 사교육 업체들이 꾸린 이익 단체들의 집요한 공격에 의해 무력화될 위기에 빠졌습니다(이른바 '영업시간탄력운영제', 《연합뉴스》 2016년 5월 24일자). 적용 대상에서 학원들이 빠져나가 선행학습 금지법이 실효성이 없는, 도리어 선행학습을 학원의 독점물로 만드는 결과를 초래한 것도 얼마 전의 일입니다. 꾸준히 관심을 갖지 않으면 사교육 업체들이 꾸린 이익 단체들에 포섭되어 법과 정책이 자꾸만 산으로 가게 될 것입니다.

교육에 가장 민감할 수밖에 없는 교사들이 이러한 문제에 보다 많은 관심을 가지고 파수꾼 역할을 해야 합니다. 비단 사교육 관련 문제뿐만 아니라 경쟁 교육의 근원인 입시와 관련해서도 그렇습니다. 옆자리 친구를 경쟁자로 만드는 상대평가를 없애고 고등학교까지 절대평가를 완전 도입하는 문제라든가, 불필요한 학벌 취득 경쟁과 이에 따르는 학력 인플레이션을 방지하는 '학력·학벌차별금지법' 제정이라든가, 국공립 대학을 중심으로 대학 서열화를 완화하려는 '국공립대평준화('국공립대통합네트워크'라는 이름으로 이미 정책화된 바 있지요.)' 정책 등은 어느 정도 현실성 검증과 사회적 공감대가 형성되었지만 워낙 강력한 기득권의 힘에 밀려 앞으로 나가지 못하고 있는 사안들입니다. 교사들이 여기에 관심을 가지고 현장에 적합한 형태로 다듬어서 실현 가능한 길을 모색하기 위해 움직인다면 교실을 숨 막히게 하는 여러 교육계 현안들의 해결에 획기적인 전기를 마련할 수 있을 것입니다.

교사를 살리고 학교를 바꾸어야 할
승진

매미 울음소리가 아이들의 재잘거림을 압도하며 밤낮으로 맹위를 떨칠 때 교사들은 정든 교실을 떠나 잠시 휴식을 취하며 재정비하는 시간을 갖습니다. 교사에게 방학은 일반 직장인들의 '휴가' 개념과는 상당한 차이가 있어서 업무의 연장선으로 보아야 할 이유가 충분합니다. 아이들을 잘 가르치기 위한 체력적, 심리적 그리고 전문적 재무장의 시간이기 때문입니다. 각종 연수도 이 시기에 집중됩니다. 특히 4년차 교사는 '1급 정교사 연수(줄여서 1정 연수)'를 가야 하는데 방학을 통째로 반납해야 하는 연수가 기껍지는 않아도 초심을 다잡는 계기로는 제격이지요.

계속되는 연수로 피로감이 누적될 무렵 동료 교사들의 격려 방문은 반갑고 위로가 됩니다. 동시에 선배들의 애정 어린 조언이 새내기

교사의 심사를 휘젓기도 합니다. "1정 연수 점수 잘 따놔, 나중에 승진할 때 효자 노릇 해", "나이 먹어봐, 수업하기 힘들어." 이런 말을 들으면 미처 생각지 못했던 실존적 갈등과 고민에 빠지게 됩니다. 선배 교사들이 이구동성으로 교직의 고단함을 호소하는 걸 보면 내키지는 않아도 왠지 승진을 준비해야 할 것 같은 기분이 스멀스멀 드니까요. 학교에서 세칭 '환자'라 불릴 만큼 승진에 눈먼 몇몇 교사들에 대한 기억도 떠오릅니다. 그 정도로 하지도 않았으면서 꼬박꼬박 '학교폭력 점수'만은 챙겨가는 비담임 교사, 학생들 자습시키고 장학사 시험을 준비하던 선배 교사, 젊은 교사의 순수한 교육 활동 실적을 가로챈 보고서로 상을 받은 철면피 부장교사….

잠시 생각을 가다듬어보면 이런 고민을 한다는 것 자체가 지금의 승진 제도에 문제가 있다는 사실을 반증합니다. '승진이 뭐지?' 답은 간단합니다. '교장 되는 거.' 사실 승진이라는 것은 어느 조직에서나 긍정적인 기제일 텐데 교사의 승진만은 왜 그런지 교육의 대척점에 서 있는 것 같은 느낌을 줍니다. 도대체 왜 그런 걸까요?

8월에는 승진을 '하면 악'이고 '안 하면 선'이라는 식의 이분법적 사고를 경계하면서도 교사로서의 양심을 저버리게 만드는 경우가 많은 교원 승진 제도를 비판적인 시각으로 점검해보고자 합니다.

모든 길은 교장으로 통한다

말씀드린 것처럼 교육계에서 승진이란 교장이 되는 것입니다. 그런데

'교장' 하면 어떤 생각이 떠오르는지요? 혹시 교장실 문 앞에서 결재 서류를 들고 길게 심호흡을 해본 경험이 있으신지요? 복도에서 교장 선생님과 마주치면 편안하게 인사는 나누시나요? 새내기 교사 입장에서 교장은 무척 어려운 분입니다. 연배로나, 직위로나 그야말로 학교의 '최고 존엄'입니다. 사실 교사의 학교 내 모든 활동이 이분의 허락(결재) 아래 이뤄지기도 하고요. 개인적 복무 관련 사항이든 학생 지도와 관련한 일이든 학교의 모든 것은 교장으로 통하고 거기서 끝납니다. 법적으로도 그렇습니다. 초·중등교육법 제20조 제1항에는 '교장은 교무를 통할(統轄)하고 소속 교직원을 지도·감독하며 학생을 교육한다'고 규정되어 있습니다.

더 자세히 살펴볼까요. 교장은 우선 학사 운영 전반에 독점적인 권한을 행사합니다. 이를테면 고사 원안지 결재, 교내 수상에 대한 전권, 체험학습이나 공결 등 학생 출결 사항 그리고 교육과정 등 거의 모든 것이 학교장의 손에 달려 있습니다. 담임이 소신을 가지고 학생들과 의미 있는 활동을 펼치고자 해도 학교장의 보신주의('사고 난다', '튀지 마라' 등)에 막히면 추진하기 힘들어집니다. 결재를 얻지 않고 몰래 하면 활동 내역을 생활기록부에 올리지 못할뿐더러 탄로가 날까 봐 쉬쉬해야 합니다. 학생들과 협의해서 현장 체험학습(소풍) 계획을 세워 기안을 올려도 학교장이 수정을 지시하면 고집부리기 힘들고요. 그러다 보니 학생이 원하는 것과 거리가 먼 교장 취향의 체험학습이 이루어지곤 하지요. 교사의 재량권은 교장실 문 앞에서 산산조각이 날 수 있습니다.

■ **법령상 규정에 따른 교장의 권한과 임무**

영역	권한과 임무
학교 기획	- 학교 운영 계획 입안, 실행 - 내부 조직 구성 및 업무분장 - 학교 규칙 제정 - 학교운영위원회의 설치, 운영
교수·학습의 지원	- 교육과정 편성 및 운영 - 교과용 도서의 선정 - 교내 장학 - 연구·시범학교 운영 - 학생의 입학·진급·졸업 관리 - 학생 평가 자료의 작성·관리 - 학생 자치 활동의 보장 및 지원 - 학생 학습권의 보호
교직원 관리	- 교직원 인사 관리 - 교직원 복무 관리 - 사무 분장 및 교직원 조직 관리 - 교직원의 능력 발전 지원
사무·재무·시설 관리	- 사무 효율화 및 기록 관리 - 학사 사무 관리 - 재무 관리 - 학교 시설·설비 관리 - 학교 안전 관리 - 구성원의 안전 및 보건 유지
대외 협력	- 관할청에 대한 보고 및 협조 - 학교 시설의 개방 및 안내 - 학부모 및 자원 인사 협력 - 학교 홍보

이차영, 직무 명료화에 기초한 교장 평가 제도의 설계, 교육행정학 연구(2006)

둘째로, 회계권도 학교장에게 집중되어 있습니다. 수업과 관련한 교재나 보조 교구를 장만하는 일 하나에도 복잡한 절차와 교장의 최종 결정에 따라야 합니다. 혹서기나 혹한기 때 냉·난방기 가동 여부도 오직 학교장의 말 한 마디에 달려 있고요. 빠듯한 예산 운영에 애로가 있다는 걸 이해 못하는 바는 아니지만 기본적인 교육 활동에 필요한 예산 집행에도 교사와 학생의 목소리를 좀처럼 반영하지 못하는 실정입니다. 사정이 이렇다 보니 과거에는 부패가 많이 발생했습니다. 이를테면 불필요한 공사판을 벌인다든가 급식이나 수학여행, 방과후학교 등과 관련해서 불미스러운 사건들이 일어났지요. 서울 지역 초등학교 교장의 4분의 1이 비리에 연루되어 수사를 받은 적도 있습니다(《한겨레신문》 2010년 3월 29일자). 지금도 잊을 만하면 한 번씩 사건이 터지곤 하지요. 최근에도 경남의 한 초등학교와 중학교 교장이 공금횡령과 비정상적인 예산 집행으로 해당 교육청이 직위 해제를 검토 중이라는 보도가 있었습니다(《경남도민일보》 2016년 12월 15일자). 물론 진보 교육감 등장 이후 회계의 투명성을 위한 제도들이 도입된 데 이어 최근 발효한 '김영란법(부정 청탁 및 금품 등 수수 금지에 관한 법률)' 덕분에 업체와 교장 간의 불법적인 관행은 많이 사라졌고, 앞으로는 더 투명해지리라 봅니다.

셋째로, 교원 인사에 대한 권한인데요. 교사의 1년 삶을 쥐락펴락하는 업무분장권도 교장에게 있습니다. 제도적으로는 교원인사자문위원회를 두어 공정성을 확보한다고 하지만 말 그대로 '자문'일 뿐 도리어 교장의 결정을 정당화하는 거수기 역할을 하는 경우가 많습니다. 어떤 교장은 업무분장 시에 교사의 업무 능력이 아닌 개인감정을 개입시키기도 하는데 이를테면 '충성맨'은 능력에 상관없이 요직에 임명하고, 눈 밖에 난 교사는 본인 의사와 무관하게 엉뚱한 자리에 앉히는 일이 있습니다. 심지어 기간제 교사 채용 시에는 신분상의 약점을 이용하여 '인사(봉투)'를 요구하거나(《오마이뉴스》 2016년 1월 18일자) 뒷돈을 받고 채용하여(《경향신문》 2016년 1월 14일자) 사회적으로 물의를 일으키기도 했습니다. 교장의 권한이 막강하다 보니 교사들은 업무분장에서 채용 결정에 이르기까지 눈치를 보지 않을 수 없고요.

아시다시피 우리나라는 민주공화국입니다. 그래서 학교는 민주 시민을 양성하는 요람이어야 하고, 교장을 비롯한 교사들은 학생들에게 민주 시민으로서 모범을 보여야 마땅합니다. 하지만 우리의 희망과 현장의 온도 차는 상당해서, 특히 학교장의 경우 민주적 리더십은 고사하고 실질적인 견제 장치조차 미비한 실정입니다. 이른바 부적격 교장이 나타나도 권한 행사를 막을 방법이 없습니다. 물론 학교장의 권한을 견제하기 위하여 초·중등교육법 제31조와 동법 시행령 제60조에 따라 설치된 학교운영위원회가 있기는 합니다. 그렇지만 동법 시행령 제59조에서 학교장을 당연직 위원에 포함함으로써 견제를 받아야 할 사람이 견제하는 위치에 있게 되어 학교운영위원회가 실질적인 견제력을 행사하는 데는 한계가 있습니다.

이런 까닭에 학교는 '교장의 왕국'이라는 말을 듣곤 합니다. 더구나 일단 교장이 되면 교사와 달리 수업을 하지 않아도 되고, 이변이 없는 한 8년 임기를 보장받습니다. 외국처럼 명예, 지위와 더불어 할 일이 많아지는 시스템도 아닙니다. 그래서일까요, 2012년 한국고용정보원이 국내 759개 직업 현직 종사자 2만 6181명을 대상으로 직업의 '사회적 평판', '정년 보장', '발전 가능성', '시간적 여유' 등 종합적인 만족도를 조사한 결과 초등학교 교장의 직무 만족도는 21점 만점에 평균

17.86점으로 1위였습니다(《서울신문》 2012년 3월 21일자).

교장 승진 제도의 현주소

교장이 누리는 막강한 권한과 혜택에 비해 역량과 책무성은 그에 걸맞지 않은 경우가 많습니다. 앞에서 언급한 잘못된 선배들의 사례에서 짐작할 수 있듯이 부적격자도 요건만 충족하면 승진할 수 있는 현행 승진 제도의 불합리함 때문이지요.

'2급 정교사 → 1급 정교사 → 교감 → 교장'이라는 교원승진제가 명문화되고, 그 요건으로 자격 연수를 받아야 한다는 원칙이 세워진 것은 1953년 교육공무원법을 제정하면서입니다. 자격 연수 대상자 선정(승진) 방법을 구체적으로 규정한 것은 1964년 교육공무원임용령 개정 때이고요. 이 제도는 인사 적체 해결을 목표로 1991년에 교장 4년 임기제 및 중임제를 도입한 것 말고는 기본 골격에 큰 변화 없이 지금까지 유지되고 있습니다. 사회적으로 학교 혁신 요구가 강화되면서 2007년 교장공모제가 도입되기는 했으나 승진 제도 자체에 변혁이 이루어진 것은 아니었고, 오히려 8년 중임 한도의 교장 임기 연장을 위한 수단으로 악용되었습니다. 결과적으로 승진 제도는 시대 변화에 조응하지 못한 채 오늘날에 이르렀습니다.

현행 승진 제도에서 가장 보편적으로 승진하는 방법은 점수를 모아서 교감이 된 다음 교장으로 나가는 것입니다. 전문직 시험을 쳐서 장학사(또는 연구사)로 근무하다 전직해서 교감이 되었다가 다시 교장이 되는 방법도 있지만, 이것은 일종의 우회로라 할 수 있으므로 여기서는 이른바 메인 루트 위주로 살펴보겠습니다.

교원자격검정령 제23조 제1항은 '학식·덕망이 높고 교감 자격증을 가지고 3년 이상 교육 경력과 일정한 재교육을 받은 사람'이면 교장이 될 자격을 갖춘 것으로 봅니다. 하지만 우리나라 전체 교사 수에 비해 교장 자리는 매우 적어서 실제로 교감을 거쳐 교장이 되는 사람은 3% 정도에 불과합니다. 학생으로 치면 1등급(4% 이내) 중에서도 떨어지는 사람이 있는 최상위급 대학에 입학하는 것과 같다고 하겠습니다. 우리의 입시 제도가 실력 있는 학생과 문제만 잘 푸는 학생을 제대로 가려내는지 의문이듯 교장 자리에 오른 사람이 그렇지 않은 사람보다 우수하고 훌륭한지는 모르겠지만 어쨌든 승진이 어렵다는 것만은 분명합니다.

2015년에 개정한 '교육공무원 승진 규정(대통령령 제26833호)'은 다음과 같습니다. 하나하나 살펴보도록 하겠습니다.

■ **교육공무원 승진 규정 요약(2015)**

구분	내용		배점	
경력 평정	기본 경력(15년)		64	70
	초과 경력(5년)		6	
연수 성적 평정	교육 성적	자격 연수	9	30
		직무 연수	18	
	연구 실적		3	

근무 성적 평정	교장	40	100
	교감	20	
	다면 평가(동료 교사)	40	
합계			200
가산점	공통 가산점	연구학교	1	13.5
		해외 파견	0.5	
		연수 실적	1	
		학교폭력 유공	1	
	선택 가산점		10	

먼저 경력 평정점인 70점의 내용을 보겠습니다. 원칙적으로 1급 정교사 자격증을 받고 3년을 근무하면 교감 자격이 있고, 교감으로 3년을 근무하면 교장 자격을 갖추게 되지만, 실제로 교감 자격증 취득을 위한 연수를 받으려면 기본 경력 15년에 초과 경력 5년을 합쳐 최소한 20년의 경력을 채워야 합니다. 그러면 경력 평정 70점을 받게 되는데 '능력'보다 '경력'을 중시한다는 의미입니다. 젊은 교사가 교장이 되어 학교 분위기를 새롭고 역동적으로 만들 기회를 사실상 봉쇄한다는 비판이 있을 수도 있지만 교육에서 경험의 가치는 매우 중요하니까 '연륜'이라는 측면에서는 긍정적으로 볼 수 있습니다. 따라서 이 자체가 아주 큰 문제는 아니라고 봅니다.

다음으로 연수 성적 평정점은 30점인데 이는 자격 연수와 직무 연수 같은 교육 성적과 연구 실적으로 이루어집니다(서두에 말씀드린 '1정

연수' 이야기는 여기서 나온 것이죠). 그런데 여기서부터는 문제가 예사롭지 않습니다. 연수의 본질은 자기 계발을 통한 교육 역량 강화에 있을 터인데 배움은 뒷전이고 점수에만 집착하는 몹쓸 학생들처럼 점수 따기에 혈안이 되기 때문입니다. 특히 직무 연수는 원하는 점수(100점)가 나올 때까지 마구잡이로 듣는 경우가 많아서 도리어 학생 교육에 소홀해지는 부조리가 발생합니다. 심지어 젊은 교사들을 동원해서 조직적인 시험 부정행위를 일삼는 경우도 있고요.

연구 실적 3점은 더 우려스럽습니다. 이 중에서 1점은 연구 대회에서만 취득할 수 있는데(지역 대회의 경우 1등급 1.0점, 2등급 0.75점, 3등급 0.5점) 연구 대회는 교총이 독점합니다. 그래서인지 투명하게 진행하지 않는다는 소문이 돌았는데 2015년 표절 사실이 폭로되며 베일에 싸여 있던 전모가 드러났습니다. 2009년 이후 5년간 표절 판정을 받은 교원이 60명에 이른다는 것입니다(《한국일보》 2016년 4월 6일자).

연구 대회에서 점수를 따기가 여의치 않을 경우 승진파 교사들은 급기야 돈으로 학위를 사기도 합니다. 박사 학위는 3점을 주지만 실제로 취득하기가 어렵다 보니 편법으로 헐렁한 교육대학원을 찾아가 1.5점짜리 석사 학위 2개를 사는 편법이 등장한 것입니다(지금은 1개로 제한하고 있습니다). 이러한 일들이 아이들을 가르치는 교사, 그것도 교장이 되고자 하는 사람이 할 일인가 싶지요? 교장만 되면 아이들 앞에 설 일(수업)이 없으니 괜찮은 걸까요?

승진과 관련한 모든 영역에서 가장 비중이 높은 것은 흔히 '근평(근무평가의 약칭)'이라 불리는 근무 성적 평정점입니다. 교장과 교감이 각

각 40점, 20점을 부여하고 다면 평가에 40점을 배정하니 200점 가운데 무려 100점을 차지합니다. 근평은 수(30%), 우(40%), 미(20%), 양(10%)으로 강제 배분하고 동점자가 없는 상대평가입니다. 승진하기 위해서는 30%에게만 주어지는 '수(95점 이상)', 그 가운데서도 1명에게만 부여하는 소위 '1등 수' 또는 '왕 수(100점)'를 받아야 합니다. 결국 '1등 수'와 '꼴등 수'의 차이는 5점인데 소수점 넷째자리에서 반올림해서 승진 대상자를 결정하는 판국에 5점은 가히 '넘사벽'의 점수입니다. 그래서 다른 점수를 모두 확보한 사람이 화룡점정으로 '1등 수'를 받기 위해 '혼신의 노력'을 다합니다.

근평 평가 항목은 교육자로서의 품성(10%), 공직자로서의 자세(10%), 학습 지도(40%), 생활지도(20%), 교육 연구 및 담당 업무(20%)로 정해져 있습니다. 얼핏 보면 적절한 기준이 골고루 갖춰져 있는 것처럼 보이지만, 근거가 모호한 영역들인지라 자의적으로 평가할 가능성이 높고, 실제로 능력보다 충성심이 고득점의 관건이 됩니다. 또 형식적으로 교장 40점, 교감 20점으로 되어 있으나 교장이 교감의 근평을 매기는 상황이므로 교감의 20점도 사실상 교장의 점수인 셈입니다. 따라서 교육적인 소신은 내팽개치고 교장의 눈에 들기 위해 '간도 쓸개도 빼놓아야(운전기사, 술 상무, 비서 노릇 등) 승진할 수 있다'는 말이 나오고, 교감이 되려면 500만 원, 교장이 되려면 1000만 원은 들여야 한다는 '감오장천'이라는 풍문이 도는 것입니다. 이 과정에서 '1등 수'를 차지하기 위한 파벌 싸움이나 무조건 복종에 따른 학교 여론 왜곡 현상이 나타나 교직원 간 화합이나 학교 민주주의를 훼손하는 일이 발생하기도 합니다. 승진 자체가 나쁜 것이라고 할 수는 없지만 승진 기준에서 드러나는 문제들은 교육기관의 장이 되기 위한 절차라고 보기에는 용납하기 힘든 점들이 많습니다.

끝으로 가산점을 살펴보겠습니다. 가산점이란 교육부 시책에 충실히 따르는 연구학교 근무 경력, 근무 환경이 열악한 농어촌 및 도서벽지 근무 경력, 장학사 및 연구사 경력, 보직교사 경력, 청소년 단체 지도 경력 등 다양한 항목들에 대해 날짜 단위로 '일할 계산(월 0.0012점을 일수로 나누어 계산)'해서 부여하는 점수입니다. 가산점 때문에 승진 대상자에 들기 위한 커트라인이 200점 만점을 넘어 205~207점이 되기도 하는 것입니다. 승진 대열에 낀 교사들은 가산점 획득에도 목숨을 걸다시피 합니다. 농어촌 점수를 따려고 하루 3~4시간을 길바닥에 버리며 출퇴근을 하는가 하면, 연구학교로 지정된 학교로 몰려가 실적 거양용 전시 행사에 열과 성을 바치기도 합니다. 이런 모습이 학생들 교육에 걸림돌이 되는 것은 물론이겠지요. 최근에 생긴 1년에 0.1점짜리 '학교폭력 가산점(학교폭력을 예방하고 대응한 실적)'을 놓고도 학교가 들썩들썩합니다. 구성원의 40%만 받을 수 있으니까 공정성을 확보한답시고 증빙 자료를 수도 없이 내라고 하니 정작 학생 지도에 바쁜 교사들은 챙기기 어려운 반면 승진 점수를 모으는 교사들에게는 또 한 번의 좋은 기회가 되지요. 대상자 선정 방식에도 허점이 많아서 2016년 충북에서는 동료 여교사를 성추행한 교사가 버젓이 가산점을 받기도 했다지요(《중앙일보》 2016년 4월 25일자).

승진하기가 워낙 어렵다 보니 애초에 교육 전문직으로 눈길을 돌리는 교사도 제법 많습니다. 시간적으로 훨씬 유리하기 때문입니다. 가산점이 높아 장학사를 거칠 경우 교장이 되는 데 걸리는 기간이 4~5년 정도로 단축된다고 하니 그야말로 '하이패스'인 셈입니다(충남교육청 행정 사무 감사 자료). 교육 전문직의 노동 강도가 교사에 비해 매우 높은 데도 장학사가 되려는 사람이 많은 이유가 여기에 있습니다.

장학사 시험과 관련한 사건 사고도 많습니다. 2009년 이른바 금품을 제공하고도 시험에 떨어진 탈락자의 '하이힐 폭행 사건'으로 촉발되어 공정택 교육감에게까지 파장이 미친 서울시 교육청 매관매직 스캔들은 대표적인 사례입니다(《연합뉴스》 2010년 12월 17일자). 2013년 충남에서도 한 장학사가 선발 시험문제를 유출한 것이 탄로나자 극단적인 선택을 했습니다. 이 일을 계기로 많은 교육 관계자가 대포폰까지 동원해서 불법적으로 승진과 돈에 매달린 정황이 드러났고요(《노컷뉴스》 2014년 3월 26일자). 지금 든 사례들이 좀 극단적이기는 하지만 교육 전문직 시험이 마치 '교상고시'처럼 변칙적이고 기형화된 것만은 분명합니다.

교사에서 교육 전문직으로 나가거나 교육 전문직에서 교감이나 교장으로 들어오는 것을 '전직(轉職)'이라고 부르는 것은 직무의 성격이 그만큼 다르기 때문입니다. 그런데 교육 전문직 자리가 교장으로 가는 '지름길'로 전락하면서 학교 현장을 지원하기 위한 본연의 기능을 제대로 수행하지 못한다는 지적이 많습니다. 김홍주 한국교육개발원 기획처장은 '교육 전문직이 학교로 돌아가는 것은 금지해야 한다'는 의견을 제시하기도 했습니다(《한국일보》 2010년 3월 10일자). 학교에서는 승진하기 힘들다고 나간 사람이 노동 강도가 몇 배나 센 교육 전문직에서 오래 근무하기란 쉽지 않을 테니 결국 전문성을 바탕으로 헌신할 각오를 한 사람만 그 길로 갈 수 있도록 해야 한다는 것이지요.

사정이 이렇다 보니 이른바 '교포(교장 포기)' 교사도 늘고 있습니다. 물론 교장을 포기하는 것 자체가 문제는 아닙니다. 그런데 교장을 포기하면서 '교육도 함께 포기'하는 교사들이 있으니 심각한 문제지요. 승진과 거리를 둔 교사들의 소외감과 이로 인한 냉소와 무사안일은 승진 제도의 또 다른 폐해입니다. 승진 제도에 대한 현장의 부작용은 이렇게 다각도로 임계점에 달해 있는 듯합니다. 물론 모든 교장, 교감이 이런 편법과 반칙으로 승진하는 것은 아닙니다. 인격 면에서나 능력 면에서 훌륭한 분도 많습니다. 하지만 학교와 교육 활동의 구심점 역할을 해야 하는 교장이 개인에 따라 편차가 심한 것은 바람직하지 않다고 봅니다. 교장의 자질과 역량이 제도를 통해 안정감 있게 보장되어야 하는데 아마 훌륭한 교장선생님들은 지금의 승진 제도를 혁신하자는 목소리에 기꺼이 응원을 보내주실 거라고 믿습니다.

교장 승진 제도를 개혁하려는 노력

잘못된 승진 제도로 함량 미달의 교장을 양산하는 문제를 그대로 두어서는 안 된다는 목소리가 높아지면서 다양한 개혁안이 제기된 바 있습니다. 2007년에 도입한 교장공모제가 대표적입니다. 기존의 임명제가 지닌 한계를 극복하기 위해 공개 심사를 거쳐 교장을 선발하자는 이 제도는 한때 많은 기대를 모았습니다. 특히 교장공모제의 세 가지 유형—교장 자격증 소지자 대상의 '초빙형', 평교사 공모가 가능한 '내부형', 교직 경력이 없는 특수 경력 보유자에게 직을 개방한 '개방형'—중에서 교직 경력 15년 이상의 평교사가 응모할 수 있도록 한 내부형 공모제는 기존의 승진 제도를 넘어서는 혁신적인 내용을 담고 있었습니다.

그런데 전북 장수중학교의 고 김인봉 교장처럼 평교사 출신 교장이 성공적인 혁신 교육을 펼치는 사례가 늘자 교육부는 진보 교육감을 견제하는 것과 같은 정치적 이유에서 이를 가로막았습니다. 교육부는 2009년과 2011년 두 차례에 걸쳐 초·중등교육법과 교육공무원임용령 등을 개정하여 교장 자격증 미소지자의 지원을 자율 학교로 제한하는 한편, 공모제 신청교의 15%로 그 수를 제한하는 조치를 취했습니다. 사실상 내부형 공모제를 유명무실하게 만든 것입니다. 당초 교육부가 내세운 교장 임용의 다양화, 교장직 문호 개방 등 공모제의 도입 취지를 스스로 부정하는 모순을 자행한 셈이지요. 그 결과 2012년에서 2016년 사이에 공모 교장으로 임명된 사람들 가운데 96%가 교장 자격증 소지자였고(《주간교육신문》 2016년 10월 14일자), 이는 교장 승진제 개편에 이 제도가 아무런 역할을 할 수 없게 되었음을 뜻합니다. 앞서 말했듯이 임명 교장으로 임기 8년을 다 채운 사람들이나 교장 자격증을 가지고 있으나 발령을 받지 못하고 있던 교감들이 자리를 차지하는 수단으로 악용하는 결과를 낳았을 뿐입니다.

교총을 중심으로 한 일각에서는 내부형 공모제가 '무자격 교장'을 양산한다는 비판을 합니다. 하지만 실제 내부형 공모제에 대한 평판은 아주 좋은 편입니다. 교육부가 발주했으나 원하는 결과가 나오지 않자 상당 기간 공개를 망설였던 '교장공모제 성과 분석 및 세부 시행 모형 개선 연구(한국교육개발원, 2010)'에 따르면 아래의 표처럼 내부형 공모제가 가장 높은 점수를 얻었다고 합니다(《오마이뉴스》 2011년 1월 14일자). 2016년 10월 경기도 교육청이 교원 승진 제도의 혁신안 마련을 위해 실시한 설문조사 결과도 이를 뒷받침합니다. 1만 4586명의 경기도 교원은 '2025년 이후 미래 학교에 가장 적절한 교장 임용 방식은?'이라는 질문에 내부형 공모제 32.4%, 승진제 26.8%, 초빙형 공모제 17.7% 순으로 응답했습니다.

■ 교장공모제 실시 후 교원과 학부모 만족도 (괄호 안 수치는 학부모 만족도)

조사 항목	내부형	초빙형	개방형
1. 민주성 향상	4.03 (4.13)	3.85 (4.04)	3.94 (4.04)
2. 인사 재정 투명성	4.22 (4.22)	4.11 (4.15)	4.15 (4.12)
3. 교육과정 자율성	4.14 (4.21)	4.04 (4.13)	4.07 (4.12)
4. 유능한 교장 초빙	4.23 (4.34)	4.19 (4.25)	4.16 (4.16)
5. 업무 의욕 향상	3.90 (4.19)	3.78 (4.08)	3.78 (4.03)
6. 신뢰 향상	4.24 (4.27)	4.14 (4.16)	4.11 (4.18)
7. 학업 성취도 향상	4.01 (4.17)	3.93 (4.11)	3.88 (4.12)
8. 교육과정 부합성	4.17 (4.15)	4.08 (4.08)	4.03 (4.12)

《오마이뉴스》, 2011년 1월 14일자

물론 교장공모제가 완벽한 제도는 아닙니다. 앞에서 인용한 연구 자료에 따르면 공모 교장을 선정하는 과정에서 능력보다 인맥 등 정치적 요소나 발표 능력에 현혹되어 결정하는 경우도 많았다고 합니다. 공모에 성공한 '학교 운영 계획서'를 공유하거나 표절한다는 것도 공공연한 비밀이고요. 이밖에도 유력한 후보가 지원한다는 소문이 돌면 다른 후보자들이 응모를 꺼리거나 근무 환경이 좋지 않은 지역을 기피하는 일이 많아 단독으로 통과되거나 지정 취소가 되는 경우도 허다합니다. 특히 교장 자격증 소지자를 대상으로 하는 초빙형 공모제의 경우 가시적 실적의 압박에 시달려 도리어 참된 교육 활동을 저해하는 전시성 행사가 폭증하기도 했습니다. 특수 경력 보유자에게 교장직을 개방한 개방형 공모제 역시 내실에 의문이 제기되는 일들이 상당했고요.

실제로 실현된 적은 없지만 교장 승진 제도를 개혁하기 위한 또 다른 시도로 2000년대 초반부터 전교조가 제시한 교장선출보직제가 있습니다. 대학 총장이 보직 임기가 끝나면 평교수로 돌아가듯 학교도 재직 교사들 중 한 명을 선출하여 '보직'으로서 교장직을 수행하게 할 것을 주장한 것입니다. 이 경우 교장은 최고 권력자가 아니라 민주적인 대표자이자 조정자 역할을 함으로써 교육 활동에 전념하는 교사가 우대받는 교단 풍토를 조성할 수 있을 것으로 봅니다(안승문, 교장선출보직제 도입을 위한 기초 연구, 2004).

물론 선출보직제도 문제가 없는 것은 아닙니다. 독일의 일부 주에서는 이 제도를 실제로 운영하고 있고, 유럽 여러 나라에서도 교장을 임용할 때 교사회의 역할이 두드러지기는 합니다. 하지만 교육의 3주체 가운데 학부모나 학생의 참여 또한 필요하다는 목소리가 있는가 하면, 우리나라처럼 인맥을 중시하는 분위기에서는 교장 선출을 하려다 학교가 '정치판'이 될 수 있다는 우려도 존재합니다.

교장 승진 제도 혁신을 위한 새 교장상 모색

우리 교육을 질곡에 빠뜨리고 있는 승진제의 폐해와 한계를 극복하고 일부 교장의 무사안일과 전횡을 막으며, 나아가 21세기형 교육 체제로 학교 혁신을 완수하기 위해서는 근본적으로 새로운 교장상을 정립해야 합니다. 지금까지 살펴보았듯 그간 우리는 잘못된 승진 제도에서 비롯한 학교 현장의 부조리를 해결하기 위해 '어떻게 교장을 선발할 것인가' 하는 문제에는 상당한 관심을 가졌습니다. 그러나 정작 교장이 '어떤 역할을 해야 하는가' 하는 문제에 대해서는 충분히 고민하지 못했습니다. 승진제를 막연히 교원에 대한 '예우' 차원에서 바라보는 기존의 시각에서 벗어나 교장 적임자를 뽑기 위한 타당성 있는 기준을 모색해야 하고, 그러려면 먼저 교장의 역할과 직무에 대한 정립을 할 필요가 있습니다. 큰 흐름을 이루고 있는 두 가지 관점에서 교장상을 살펴보겠습니다.

먼저 교장직을 최고경영자(CEO)로 보는 관점입니다. 책임자이자 의사 결정자로서 학교장의 전문성은 수업을 하는 교사의 전문성과는 근본적으로 다르다고 보는 것입니다(박상완, 교육행정 전문직으로서 교장직 정립을 위한 교장 임용 제도 개혁, 2004). 단위학교책임경영제 사조에도 부합하는 이 주장에 따르면 일반 교원의 승진과 교장의 임용을 하나로 묶은 현행 교장임용제는 문제가 있으며 교장직은 보직이 아닌 자격이므로 임기제는 적합하지 않다고 봅니다. 미국의 경우 교장직은 경영 및 관리 성격의 비즈니스적 이미지를 가지고 있는데 대체로 3년 이상의 교직 경력이 있으면 대학원에서 학교장 자격을 취득한 다음 교사, 행정가, 교육과정 전문가, 카운슬러, 사서 등 다양한 직위에서 교장이 될 수 있습니다. 미국의 교장은 직접적인 교육은 하지 않고 행정적 업무를 관장하며, 특히 최근 들어 CEO형 경영 마인드와 혁신적 리더십을 강조하는 추세가 강합니다.

이와 달리 교장을 '수석교사'로 보는 관점이 있습니다. 참여와 자치에 기반을 둔 시민 사회의 발달이라는 시대적 변화에 조응하는 이 관점에 따르면 교장은 한 사람의 훌륭한 교육자이자 학교 공동체의 구심점으로서 지위를 갖되 교육 활동 전반에 걸쳐 특별한 책임을 지는 존재입니다. 이를 통해 관료주의와 권위주의를 탈피해 민주적 협치에 바탕을 둔 학교교육 본연의 기능을 극대화할 수 있다는 것이지요. 이경우 교장은 임기 동안 교장 보직을 수행한 뒤 다시 평교사로 돌아갑니다. 독일, 덴마크, 핀란드, 영국, 프랑스 등에서는 교장에게 교직원회 운영 능력이나 학교 법에 기반한 행정조직 관리 능력, 또 지도자로서 능력에 우선하여 수업 능력(대개 주당 4~6시간, 초등은 10시간)을 요구합니다(한국교육개발원, OECD 학교장 리더십 개선 국제 비교 연구, 2006). 장인 정신에 의거하여 교장은 우선 교사여야 한다는 문화적 풍토가 있기 때문입니다.

물론 교장의 직무 성격이 행정가인가 교육자인가 어느 한쪽을 일방적으로 강조하기는 어렵습니다. 우리나라의 경우 전자에 치우쳐 있는 것이 현실이지만 그렇다고 우리나라 교장과 미국 교장의 역할이 비슷하다고 보기도 힘듭니다. 우리나라의 교장은 교육청에서 내려온 예산으로 말 그대로 '관리'만 하면 되지만(관리자), 미국은 본인의 노력으로 외부로부터 예산을 창출·확대하여 학교를 운영해야 하는 경우가 많기 때문입니다(경영자). 따라서 후자로서의 역할에 대한 고민이 필요하고, 이런 측면에서 지역 교육청 차원의 시도라는 한계로 인해 중도에 흐지부지되기는 했지만 지난 2014년 경기도 교육청의 '수업하는 교장상'은 참신했습니다.

수업하는 교장에 대해서도 교총을 중심으로 하는 일각에서는 '교장권(수업열외권(?)) 침해'라고 반대하는 목소리가 있었습니다. 그러나 교장의 직무에 수업을 포함하는 것이 학교 사회나 교직 문화에 가져올 긍정적인 효과를 숙고해볼 필요가 있습니다. 학교장에게 일정 시간의 수업을 담당케 하는 것은 그간 학교의 고질병이었던 행정 중심 관료제 질서에서 탈피하여 교육을 중심으로 학교를 재편하는 동력이 될 것입니다. 또 학교장이 교실 현장을 파악함으로써 실효성 높은 교육 계획이 가능해지고 '고되게 수업하기 싫어 승진하려는' 일부 잘못된 풍토에 경종을 울리면서 승진 체제 개편에 새로운 실마리를 제공할 수도 있을 것입니다.

물론 중요한 역할이 많은 학교장이 일반 교사와 똑같은 정도로 수업을 하기는 힘듭니다. 그래도 창의적 체험활동이든 정규 교과든 주 5시간(하루 1시간) 정도의 수업을 진행하는 것은 불가능한 일이 아닙니다. 업무가 많다면 기존에 과도하게 집중되었던 권한과 책임을 위임하고 분산하면 될 일입니다. 사회가 학교에 요구하는 일들이 늘어나고 복잡해짐에 따라 교장 혼자 감당하기도 힘든 상황 아니던가요. 현행 교육법상 교장의 임무는 '교무를 통할하고 소속 교직원을 지도 감독하며 학생을 교육'하는 것이므로 교장이 수업을 하는 것은 법적으로도 문제될 게 없습니다. 혁신학교의 교장선생님 중에는 이미 수업을 하시는 분이 많다고 하니 시행 불가능한 몽상적 이야기만은 아닙니다.

새로운 시대의 학교장이 갖춰야 할 역량은?

학교에 부적격 교장이 군립하고 교원 승진 제도를 둘러싼 부조리가 계속해서 발생하는 이유는 승진 제도 자체가 불합리하게 설계되어 있고 승진 열기가 과도해서 파행적으로 운영되기 때문입니다. 이는 상당 부분 '명확한 교장상'이 없는 데서 기인하고, 교장의 직무와 역할에 대한 고민이 없다 보니 자연히 교장에게 필요한 자질과 능력에 대한 적합한 기준도 없이 그저 편의주의로 승진 제도가 설계된 것입니다. 교사들 역시 자신의 자질과 능력에 대한 별다른 성찰과 검증 없이 '대접받고 편하니까', '권력을 누리기 위해' (사실 이는 일제강점기 일본인 교장이 조선인 교사와 학생을 감시하기 위해 만들어놓은 구조입니다) 승진을 향해 뛰게 되는 것이고요.

그렇다면 새로운 시대, 새로운 교장상에 부합하는 자질과 역량은 과연 무엇일까요?

먼저 민주적 소통 능력과 갈등 조정 능력이 필요하다고 봅니다. 다양한 이해관계를 가진 구성원들의 권리 의식이 높아지면서 갈등이 일상적으로 벌어지며 고차방정식의 양상을 띠고 있습니다. 학교장의 조정 역량에 따라 학교의 교육력도 천지 차이로 벌어지고요. 학교장은 민주적 소통을 통해 다양한 목소리를 조율해내고 집중된 권한과 책임을 교육의 3주체인 교사, 학생, 학부모와 나눌 수 있어야 합니다. 다양한 사람들을 묶어낼 비전을 제시하는 철학과 그들이 믿고 따르게 하는 도덕성과 책임감 같은 전통적 자질과 역량은 별도의 언급이 필요 없을 만큼 기본적 자질이고요.

바야흐로 민주주의 시대, 집단 지성의 시대로 접어들었습니다. 수평적 참여와 존중의 태도가 요구되는 반면 수직적인 권위 의식과 관리자 마인드는 구시대적 유물로 인식되고 있습니다. 구글이 시가 총액 200조에 육박하는 천문학적 실적을 내면서 꾸준히 취업 선호도 1위 자리를 차지하고 있는 비결은 수평적이고 자유로운 기업 문화가 재미와 창의성을 이끌어냈기 때문이라는 것은 우리에게 많은 것을 생각하게 해줍니다(《동아일보》 2016년 2월 22일자).

학생 지도에 대한 전문성과 현장 감각도 중요한 요건입니다. 교장은 행정가 또는 관리자 이전에 교육자로서 정체성을 견지해야 합니다. 교장실에 오래 앉아 있다 보면 아이들이 그저 숫자로만 보이기 시작한다고 하는데 학교장이 학생과 호흡하는 수업, 학생들을 위한 교육과정

기획에 동참할 때 교육자로서 정체성을 지킬 수 있을 것입니다. 학교장이 솔선수범하여 자신의 수업을 공개하고 교사들과 함께 고민하고 배우는 자세를 놓치지 않는다면 행정 중심이라고 비판받는 학교의 모습을 바꿀 수 있을뿐더러 교육력과 만족도 제고라는 두 마리 토끼를 잡을 수 있을 것입니다.

사실 권위주의 문화가 강고한 우리나라에서는 어느 정도 직급에 오르면 실무를 하지 않는 것을 관행으로 여깁니다. 학교에서도 관리자는 물론 행정실장이나 보직교사도 결재 도장만 찍으려는 편향을 보이고요. 이른바 '모시고 대접받기' 문화입니다.

그러나 최근 들어 우리 사회에서도 이러한 관행이 급속도로 사라지고 있습니다. 굴지의 대기업들도 중간 관리 비용을 줄이고 현장 감각을 살리는 수평적 기업 문화를 조성하는 한편, 직급이 올라가더라도 실무를 놓지 않는 조직 혁신을 단행하고 있습니다(〈조선일보〉 2016년 6월 14일자, 〈경향신문〉 2016년 7월 5일자).

2016년 12월 경기도 교육청에서는 다음 표의 내용을 골자로 하는 '미래 학교를 준비하는 교육공무원 인사 혁신 방안'을 발표했습니다.

혁신 방안에는 지자체 차원에서 할 수 있는 모든 수단을 동원하여 승진제 부조리에 정면으로 대응하겠다는 의지가 담겨 있습니다. 앞으로는 자질과 역량이 미흡하면 승진할 수 없도록 제도적 장치를 마련하겠다는 취지이며 승진을 위한 교두보로 전문직을 이용하는 폐단을 막겠다는 것입니다. 이미 경기도 교육청은 점수만 충족하면 사실상 '자동 승진'이 되어온 승진 관행에 제동을 걸어 2016년 중등 공립 대상자

■ 경기도 교육청 교육공무원 인사 혁신 방안(2016)

	내용	취지
단기 방안	교감 자격 면접 대상자 확대 및 면접시험 강화	교감 승진 시험 대상자 수를 크게 늘리고 동료 평가와 심층 면접을 대폭 강화하여 점수만 채운 부적격자를 골라내기 위함
	교감 근무 평정 시 온라인 동료 평가 반영	교장 승진을 위한 교감 근무 평정에 재직 학교 교사들의 직무 수행평가를 교육장 평정점(50%)에 반영하여 부적격자를 골라내기 위함
	교육 전문 직원 직무 전문성 강화	장학사를 3년 임기제로 선발한 후 적격자만 임기를 연장하고 5년차 이전에는 교감으로 승진할 수 없도록 하여 승진을 위해 전직하는 것을 차단하기 위함
중장기 방안	내부형 공모제 비율 교육감 위임	내부형 공모제를 제한하고 있는 교육부 방침을 뛰어넘어 자질과 역량 있는 평교사 출신 교장을 새로이 발굴하여 임명하기 위함
	교장 임기 4+4제	기존에 교장 임기 제한 연수(8년)에 포함되지 않던 초빙 교장 임기를 포함하여 초빙형 공모제가 교장 임기 연장 수단으로 악용되는 것을 차단하기 위함
	학교장 양성 아카데미 도입	자질과 역량이 있다면 교사도 관리자로 나갈 수 있도록 양성시켜 점수 교장을 차단하기 위함

375명 중 4명을 탈락시킨 바 있습니다(《연합뉴스》 2016년 6월 14일자).

어차피 점수를 차곡차곡 채워서 교장으로 임명받는 현재와 같은 승진 구조는 변화가 불가피한 상황이었습니다. 학령인구 감소에 따른 학교 수 감축으로 교장 자리가 줄어들 것은 자명하기 때문입니다. 또 현재 교사 집단의 연령대별 분포를 보아도 1990년대 후반에서 2000년대 초반에 임용된 2차 베이비붐 세대의 숫자가 엄청나서 그 이후 세대는 '순번'을 기다리기 어려운 실정이기도 했습니다. 이런 까닭에 8년인 교장 임기 상한을 줄여 4년 단임제를 거론하고 있기도 합니다.

가까운 장래에 승진은 더더욱 힘들어질 것이고 설사 교장이 된다 하더라도 임기가 끝나고 퇴직하지 않으려면 평교사로 교단에 복귀할 수밖에 없습니다. 교장의 위치도 대접받기보다 헌신하는 자리로 바뀔 테고요. 그러므로 이제 교사가 추구할 것은 자리를 위한 '점수'가 아니라 시대의 변화를 담아낼 수 있는 '전문성'입니다. 무작정 교장이 되려하지 말고 교장이 되어도 손색없는 자질과 역량을 기르는 것이 더 중요합니다. 승진은 짧고 교직은 깁니다.

우리는 아이들 앞에 서고자 교·사대에 입학했고 임용고사의 고단한 관문을 당당히 통과했습니다. 아이들 앞에 서고자 했던 초심을 잃지 말고 교육적 신념을 지키면서 멋진 교사로 성장해가야 합니다. 그러다 보면 어느새 학교의 리더(교장)가 되어 있을 수도 있고 그렇지 않더라도 자부심과 보람, 제자들의 존경이 남을 것입니다. 선배들의 말처럼 '교직의 꽃'은 교장이 아니라 바로 '교단'입니다.

자신감을 바탕으로 미래 역량을 키우는 진로 교육

혹시 윤동주 시인의 '아우의 인상화'라는 시를 아시는지요? '서시'나 '별 헤는 밤'에 비하면 잘 알려지지 않았으나 시인이 살아 있을 때 발표한 몇 안 되는 작품 가운데 하나입니다. 얼마 전에 박스오피스를 달군 영화 〈동주〉에 나온 작품이기도 하고요. 그리 길지 않으니 소개해보겠습니다.

붉은 이마에 싸늘한 달이 서리어
아우의 얼굴은 슬픈 그림이다.

발걸음을 멈추어
살그머니 앳된 손을 잡으며

"늬는 자라 무엇이 되려니"
"사람이 되지"
아우의 설은 진정코 설은 대답이다.

슬머시 잡았던 손을 놓고
아우의 얼굴을 다시 들여다본다.

싸늘한 달이 붉은 이마에 젖어
아우의 얼굴은 슬픈 그림이다.

윤동주, 아우의 인상화(1938)

  시에서 시인은 동생에게 "늬는 자라서 무엇이 되려니" 묻고, 열 살 짜리 어린 동생은 "사람이 되지" 하고 설은 대답을 합니다. 사람답게 살기 힘든 식민지 시절의 청년 시인은 이런 대답을 하는 동생을 슬프게 바라봅니다. 우리가 시인의 애잔한 마음에 공감할 수밖에 없는 건 요즘 아이들이 처해 있는 현실을 바라보는 심정과 어느 지점에선가 만나고 있기 때문일 것입니다.
  만일 동생이 요즘 아이였다면 과연 뭐라고 대답했을까요? 아마 '좋은' 직업의 종류를 나열하거나 "모르겠어"라고 대답했을 가능성이 높지 않을까요. 어쩌면 "별 생각 없는데. 졸업이 목표야." 이렇게 대답했을지도 모르겠네요. 식민지 시대를 지나 주권국가, 나아가 OECD 가

입국에 사는 우리지만 사람답게 살기는 여전히 힘든 듯합니다. 아니, 사람답게 산다거나 하는 일에 관심조차 두기 힘들 만큼 삶이 각박해져가고 있습니다.

태양이 힘을 잃어가기는 해도 아직은 뜨거운 9월, 중학생이나 고등학생 모두 입시에 대한 긴장감으로 힘든 시기입니다. 소위 입시 시즌이 도래한 거지요. 한눈팔지 않고 공부만 하다가(아니면 그러는 척하다가) 자기소개서니 진로 계획서니 하는 파일명의 백지를 채우려고 비로소 자신을 돌이켜보며 앞날을 고민해야 하는 시기입니다. 나날이 진로 교육이 활성화되고 있지만 학생들은 오히려 자신이 나아갈 길(진로) 찾기를 힘들어하고 있습니다. 자신의 진로조차 삶과 동떨어진 형태로 주입받기 때문일 테지요. 이제 '입시 공부'에 더해 개인의 길마저 정답이 있는 양 요구하는 우리의 진로 교육, 지금부터 점검해보겠습니다.

진로 교육의 본령과 진로 교육이 지나온 자리

진로 교육은 말 그대로 '앞으로 나아갈 길'을 가르치는 것이므로 직업을 포함한 진로 교육이 학교교육의 중요한 열쇳말이 되는 것은 당연합니다. 그렇다면 아이가 어엿한 어른으로 성장해가는 데 필요한 것은 무엇일까요? 현실적으로 제 밥벌이를 할 수 있어야 하고, 주체적으로 사람답게 살 수 있어야 하며, 나아가 공동체에 기여하는 모습을 갖추어야 할 것입니다. 그러니 단순한 직업 교육이 진로 교육과 동의어가 될 수는 없습니다. 상당히 포괄적이고 철학적인 개념으로 접근해야 하는 동시에 구체적이고 실질적이어야 해서 자아 탐구가 빠진 단순 직업 교육은 속빈 강정에 불과합니다. 사실 인간이 진로를 찾아간다는 것은 전 생애에 걸친 장대한 과업, 즉 인생 그 자체라고 할 수도 있기에 어쩌면 당연한 일일 것입니다.

진로 교육에 가장 필요한 것은 바로 '시간'입니다. 한 알의 씨앗이 싹을 틔우고 줄기를 뻗고 아름다운 꽃과 충실한 열매를 맺으려면 채 자라지도 않은 싹을 조급하게 뽑아서는 안 되는 것처럼 배움과 경험을 내면화할 시간, 역량을 쌓기 위해 노력할 시간, 시행착오를 거듭하며 내 길을 선택할 시간을 충분히 주어야 합니다. '이 길이 좋으니 서둘러 가라'고 압박해서는 절대 안 됩니다. 이런 관점에서 우리가 지금 하고 있는 진로 교육이 아이들에게 그럴 듯한 직업을 장래희망으로 정해야 한다는 심리적 부담으로 작용하고 있지 않은지 깊이 성찰해보아야 합니다.

먼저 진로 교육이 지나온 길을 살펴보겠습니다. 현재 우리나라 국가 교육과정에서는 진로 교육을 학교급별로 매우 체계적으로 다루고 있습니다. 학생의 발달 단계에 따라 '진로 인식(초등학교) → 진로 탐색(중학교) → 진로 계획(고등학교)'으로 이어지는 과정을 밟도록 하고 있습니다. '2015 개정 교육과정'에서는 모든 교과에서 교과 통합으로 학교교육 활동 전반을 통하여 진로 교육이 이루어지도록 규정하고 있지요. 중학교의 경우에는 2016년부터 전면적으로 '자유학기제'를 도입함으로써 진로 교육을 더욱 확대·강조하고 있습니다.

국가 교육과정에서 '진로'라는 개념이 처음 등장한 것은 1988년

'5차 교육과정'부터입니다. 1997년 '제7차 교육과정' 때는 〈진로와 직업〉이라는 교과가 생겼으며, '2009 개정 교육과정'부터는 '창의적 체험활동'이 신설되어 그 가운데 하나로 진로 활동을 포함했습니다. 뒤이어 나온 '2015 개정 교육과정'에서는 진로 활동을 '자기 이해 활동', '진로 탐색 활동', '진로 설계 활동'으로 설정하여 비중을 대폭 확대했고 내용도 자세히 다루고 있습니다.

지난 2010년에는 교과부, 노동부, 복지부가 공동으로 '제1차 진로 교육 종합 계획'을 내놓았습니다. 국가 단위에서 진로 교육만을 화두로 종합적인 계획을 다룬 것은 아마 최초가 아니었을까 싶습니다. 이를 근거로 2011년부터 대부분의 중·고등학교에 진로·진학 상담교사(2015년에 '진로 전담교사'로 명칭이 바뀌었습니다)를 배치했고, 2013년에는 중학교에 자유학기제가 도입되었지요. 급기야 2015년에는 진로교육법까지 제정했는데 직업 교육이 아닌 진로 교육을 다룬 법률을 따로 만든 나라는 덴마크에 이어 우리나라가 두 번째라고 합니다. 진로교육법 제1장 제1조는 다음과 같습니다.

제1조(목적)
이 법은 학생에게 다양한 진로 교육 기회를 제공함으로써 변화하는 직업 세계에 능동적으로 대처하고 학생의 소질과 적성을 최대한 실현하여 국민의 행복한 삶과 경제사회 발전에 기여함을 목적으로 한다.

진로교육법에서는 '진로 교육'을 '국가 및 지방자치단체 등이 학생에게 자신의 소질과 적성을 바탕으로 직업의 세계를 이해하고 자신의 진로를 탐색·설계할 수 있도록 학교와 지역사회의 협력을 통하여 진로 수업, 진로 심리검사, 진로 상담, 진로 정보, 진로 체험, 취업 지원 등을 제공하는 활동'으로 정의하고 있습니다. 초·중·고를 불문하고 학교에 진로 교육—진로 활동, 진로 행사, 진로 체험, 진로 수업, 진로 컨설팅, 진로 아카데미 등—의 열기가 넘쳐흐르게 된 배경입니다.

이벤트식 그리고 줄 세우기식 진로 교육

말씀드렸다시피 현재 진로 교육의 중요성은 해가 갈수록 강조되고 있습니다. 노력한 만큼 성과도 나타나고 있고요. 교육부와 한국직업능력개발원이 실시한 2015년 진로 교육 실태 조사 결과에 따르면 '진로 목표가 있다'고 응답한 학생의 비율이 전년 대비 증가하였고(초 4.2%p, 중 4.6%p, 고 11.2%p), 학교 진로 교육 활동에 참여한 학생의 진로 개발 역량 수준도 참여하지 않은 학생에 비해 다소 높게 나타났습니다.

그런데 이런 수치들과 달리 내실 측면에서는 우려하는 목소리가 높은데, 우리의 교육 현장에서 진로 교육은 대체로 상급 학교로의 진학에 초점이 맞춰 있어서 서둘러 직업을 고르도록 강요하고(?) 있기 때문입니다. 서둘러 직업을 고르면 동기 부여가 되고 이를 계기로 학업에 매진할 수 있으며 이런 '스토리'가 다시 진학에 효과적일 거라고 여기는 것입니다. 정작 '무엇을 하며 살 것인가?', '어떻게 살 것인가?', '어떤 직업윤리를 갖추어야 하는가?' 같은 자아와 직업 자체에 대한 성찰에는 소홀합니다. 행사와 스펙 쌓기로 얼룩진 정체불명의 수박 겉핥기식 진로 교육이 주인 행세를 하고 있는 것입니다.

특정 직업에 종사하는 학부모나 명사를 초청하는 직업 특강, 대학에 다니는 졸업생을 초청하는 멘토링 프로그램은 현재 대부분의 학교에서 실시하는 가장 대표적인 진로 행사입니다. 최근에는 잡월드(성남시 소재)나 키자니아(서울과 부산시 소재) 등 직업 체험관 방문, 대학 탐방 행사도 빼놓을 수 없는 항목으로 등장했습니다. '꿈 발표 대회'니 '진로 경진 대회'니 하는 낯선 이름의 행사도 부쩍 늘었습니다. 그런데 수많은 진로 행사의 부작용 가운데 으뜸은 학교 본연의 교육 활동인 수업이 부실해진다는 것입니다. 고등학교의 경우 거의 모든 교사가 행사 뒤치다꺼리와 행사 후 생활기록부 기재에 기력을 소진하고 있으니까요. 잦은 행사 탓에 학생들의 면학 분위기가 흐트러지는 것도 물론입니다. 교사든 학생이든 진로 행사 때문에 도리어 진로 탐색에 방해를 받는다고 해도 과언이 아닐 지경입니다.

폐해는 또 있습니다. 그야말로 모두가 주인공이 되어야 할 진로 교육마저 '우수 학생'을 우대하는 형태로 진행되다 보니 다수 학생을 들러리로 내세우거나 직업에 대한 편견을 조장한다는 우려를 낳는 것입니다. 가령 직업 특강의 경우 기업체 임원, 의사, 변호사, 교수, 기자 등 사회적으로 선망받는 직업 일변도로 평범한 직업군은 거의 찾아볼 수 없습니다. 이런 직업군에 접근할 가능성이 그다지 높지 않은 학생들은 위화감을 가질 수밖에 없습니다. 명문대 위주로 돌아가는 졸업생 멘토링이나 대학 탐방도 '올라가지 못할 나무'라고 생각하는 대다수 학생에게는 박탈감만 안겨줄 뿐입니다. 진로 교육에 참가한 학생들은 '딴 나라 이야기'에 귀를 기울이지 않게 되고, 평범한 학생들의 '불량한 수강 태도'에 교사들은 '군기'를 잡느라 애쓰는 해프닝이 벌어지기도 합니다. 줄이 좀 다양해졌는지는 모르겠지만 '꿈과 끼를 키워서 그 분야의 최고가 되라'는 줄 세우기만은 여전합니다. 공적 기관인 학교의 책무와는 거리가 먼 풍경이 아닌가 싶습니다.

진로 행사가 빚어내는 비교육적인 양상은 여기에 그치지 않습니다. '직업에는 귀천이 없다'는 교과서의 가르침과는 사뭇 다르게 전개되는 행사를 통해 아이들은 자신의 삶의 가치를 직업과 연관시킬 수밖에 없습니다. 즉, '좋은 직업은 나와 상관없다'며 체념하거나 '저 직업을 가져서 성공하겠다'는 식으로 집착하게 되지요. 그러다 보니 가령 "나는 미용사가 될 거니까 수학은 안 해도 돼" 하는 식으로 학습 자체를 포기하는 일까지 생깁니다. 또 행사가 끝나면 반강제적으로 작성해야

서울시 교육청 홍보 책자

대구시 교육청 2010년 보도자료

하는 성의 없는 보고서와 스펙용 시상을 빠뜨리지 않음으로써 학생들에게 거짓과 형식을 고스란히 가르치고 있지요. 상품 박람회와 똑같은 형태로 전개되는 진로 박람회는 오늘날 진로 교육이 결국 쇼핑 논리 아래 전개되고 있음을 보여줍니다.

그나마 입시 문제에서 조금 자유로운 중학교의 진로 수업이나 자유학기제 프로그램은 이 정도까지는 아니라지만 수박 겉핥기식에 그치기는 매한가지입니다. 아예 안 하는 것보다는 나을지 모르지만 '20년 뒤의 자기 모습을 그려보고' '미래의 자기 명함을 만들어본다'고 한들 무슨 큰 의미가 있을까요?

'2015년 학교 진로 교육 실태 조사'에 따르면 초등학생 91.3%가 '희망 진로 목표가 있는' 것으로 응답했다고 합니다. 그러나 잡월드나 키자니아에서 기자들이 만난 초등학생들은 속내를 감추지 않고 "장래 희망을 묻지 않았으면 좋겠다. 사실 나도 뭘 하고 싶은지 아직 모르겠다"고 대답했다고 합니다(《주간경향》 1195호). 직업 체험 행사를 통해 아이들이 겪었을 낭패감을 생각하니 더 안쓰럽습니다.

그렇다면 이렇게 아이들의 마음을 멍들게 하고 학습 의욕까지 떨어뜨리는 진로 행사를 왜 중단하지 않고 계속하는 걸까요? 교사들은 진로 교육을 충분한 논의와 준비 없이 졸속으로 시행한 것이 원인이라고 입을 모읍니다. 아이디어가 빈약하고 구체적인 콘텐츠가 없으니 일회성 이벤트에 몰두하게 되었다는 것이고, 교육부나 일부 공모제 교장의 실적 쌓기와도 무관하지 않다고 합니다. 게다가 입시 스펙이 필요한 학생과 학부모의 요청이 한몫했을 테지요. 정작 필요한 진로 역량을 키우는 일에는 등한시하면서 현실과 동떨어진 직업 고르기 강박에 시달리는 지금의 진로 교육은 그저 '직업 쇼핑'에 불과한 게 아니냐는 문제 제기까지 나오는 상황입니다.

진로 교육에 대한 편향성을 극복하기 위해서는 화려하기만 하고 실속이 없는(사실 잡월드나 대학 방문은 탐방이라기보다 '구경'에 가깝습니다) 일회성 행사를 멈추고 충실한 교과 수업을 통해 자신의 소질과 적성을 계발하는 일, 즉 진로 역량을 키우는 데 집중해야 합니다. 어쩌다 하는 외식보다 평소에 골고루 먹는 세 끼 식사가 건강을 좌우하듯 말이지요. 기초 체력을 기를 생각은 않고 종목 선택에만 매달린다고 해서 달라지는 건 아무것도 없을 테니까요.

경기도 교육청 김성천 장학사는 "진로 교육을 위해 특별한 프로그램이나 눈에 보이는 체험활동을 강조하는 것보다 수업 자체를 내실화하는 방향으로 가야 한다. 특히 초등학교와 중학교 단계에서 말하는 직업을 위한 보편적 역량은 협동 능력, 문제 해결 능력, 의사소통 능력이다. 국어, 수학, 사회, 과학, 예체능 등 각 교과 수업을 충실히 하면 된다. 체험활동은 충실한 수업과 결합할 때 의미가 있다"(《주간경향》 1195호)고 말했습니다.

'노동'이 사라진 진로 교육

현행 진로 교육이 가지고 있는 또 하나의 문제점은 화려한 이미지만 어필하고 직업의 본질적 요소인 노동에 대해서는 거의 다루지 않는다는 것입니다. 단적인 예로 '셰프'의 화려함은 부각하면서 '요리사'의 고된 노동은 보여주지 않습니다. 멋진 변호사 사무실은 나와도 잔혹한 다툼이나 범죄 사실로 가득한 몇 박스 분량의 소장(訴狀)을 읽고 쓰는 노동은 알려주지 않습니다. 의사의 흰 가운만 입혀주고 거기에 묻는 피고름에 대해서는 말해주지 않지요.

하지만 사회는 노동에 의해 움직이며 어떠한 일도 힘들고 지루한 노동의 과정 없이는 이루어지지 않습니다. 직업은 사회의 필요에 따라 창출되는 것이지 개인의 꿈과 끼를 위해 생기는 게 아닙니다. 권재원 선생님의 말마따나 '사회는 노동하는 사람들 덕분에 움직이며, 인구의 대부분은 노동을 해야 하며, 학생들 역시 졸업하면 대부분 노동에 종사해야 합니다. 스티브 잡스가 혁신의 영웅이 되려면 수만 명의 노동자들이 꿈과 끼와는 거리가 있는 노동을 해야' 합니다(《경향신문》 2016년 4월 29일자 칼럼). 결국 노동이 빠진 현재의 진로 교육은 수박 겉핥기일 뿐만 아니라 허상이라고 할 수 있습니다. 이미지만 보여주고 진로를 택하라는 것은 앞에서 언급했듯이 그저 쇼핑 논리에 불과하고요.

우리나라 교육에서 노동이 사라진 것은 비단 진로 교육에서만은 아닙니다. 2016년을 기준으로 학생들이 초·중·고 시절 내내 받는 1만 시간이 넘는 수업에서 노동과 관련한 학습은 5~6시간에 불과합니다(경기도교육연구원, 노동 인권 교육 현황 및 발전 방안, 2015). 특히 이명박─박근혜 정권이 노동 관련 내용 대신 친기업적 '기업가 정신'을 교육과정 내용에 집어넣으면서 더욱 심해졌습니다. 가히 '영 교육과정(null curriculum, 존재하지 않아 학생들을 특정 내용에 무지하게 만드는 교육과정)'의 대표 사례라 할 수 있습니다. 이러한 불균형을 보완해보려고 교사들이 아무리 애를 써도 노동을 불온시하는 냉전적 사고방식이 만연해 있는 사회 분위기상 쉽지는 않습니다. 단적인 예로 2015년 서울의 한 사립 고등학교에서는 수업 시간에 노동 문제를 다룬 드라마 〈송곳〉을 보여주었다는 이유로 해당 교사가 문책당하는 일까지 있었습니다(《경향신문》 2016년 5월 3일자).

우리나라와는 달리 중등 2과정(실업계) 사회 교과서에 무려 27.4%를 노동 교육에 할애하는 독일이나 중학교 때부터 노조 간부의 입장이 되어 임금 협상 등 단체교섭을 경험하게 하는 프랑스, 2000년 국가 교육과정을 도입하며 새로이 〈시민 교육〉 과목을 만들어 노동 교육을 강조하는 영국 등 선진국들과 크게 대비되는 모습입니다. 하기야 우리는 교과서에 '노동'이라는 용어조차 쓰지 못하게 하는 대신 근면함과 양순함이 내포되어 있는 '근로'라는 말을 쓰는 처지이니 비교한다는 것 자체가 의미 없어 보이기는 합니다.

사정이 이렇다 보니 미래의 노동자, 아니 당장의 아르바이트생이나 현장 실습생(특성화고)으로 노동 현장에 나서는 학생들에게 최소한의 노동 교육도 실시하지 않습니다. 2014년 한국청소년정책연구원의 조사 결과에 따르면 학교에서 노동 인권에 대해 교육을 받아본 적이 있다고 응답한 중·고생은 16.6%에 불과했습니다(《서울신문》 2015년 5월 20일자). 그 결과 학생들은 노동법이 보장하는 최저임금, 휴일 보장, 산재 보상 등의 권리조차 모르는 상태에서 노동 현장에 투입되었다가 비극적인 일을 겪기도 했습니다.

2014년에는 마이스터고 실습생들이 가혹한 노동 착취를 견디다 못해 자살한 사례가 잇따랐습니다. 반도체 공장에서 일하다 백혈병에 걸린 노동자의 실화를 그린 영화 〈또 하나의 약속〉의 실제 주인공 고 황유미 씨, 얼마 전에 우리 사회를 떠들썩하게 한 구의역 스크린 도어 사고의 희생자도 현장 실습생 출신으로 계속 일하다가 참변을 당했습니다.

참혹한 노동 상황은 노동을 기피하고 천시하는 풍조로도 이어집니다. 현실은 국민의 약 90%가 급여를 받는 노동자임에도(《서울신문》 2015년 5월 20일자) 학생들은 노동을 기피하고 있습니다. 직업능력개발원이 실시한 2015년 진로 교육 실태 조사에 따르면 학생들 약 70%가 관리직이나 전문직 등을 희망했다고 하니까요. 실제로 가능한 비율은 20% 정도에 불과한데 말이지요. 물론 진로 교육만의 책임은 아니겠지만 일자리에 대한 미스 매칭 현상이 심화된 데는 노동을 뺀 채 비현실적인 기대감만 부추기는 절름발이 진로 교육이 일조하지 않았는지 진지하게 점검해보아야 합니다.

왜곡된 진로 교육의 폐해는 여기서 그치지 않습니다. '노동 경시' 풍조와 '직업 쇼핑' 풍토는 노동자들에게서 노동과 직업에 대한 자부심을 빼앗고 결과적으로 '물질주의'와 '이기주의'를 양산하며, 나아가 직업윤리의 부재까지 야기합니다(물론 이는 오직 '개인적 차원의 성공'을 강조할 뿐 '사회적 책무성'을 경시하는 우리 교육의 뿌리 깊은 악습과도 관련이 있겠지만요). 실제로 노동 현실이 극도로 엄혹해진 2006년과 2010년 그리고 2014년에 조사한 한국인의 직업의식과 직업윤리를 비교해보면 일에 대한 규범적 태도와 윤리 수준은 낮아진 대신 경제적 보상, 쾌적한 근무 환경, 고용 안정성 등 직업의 외재적 가치를 지향하는 수치는 높아진 것으로 나타났습니다(한국직업능력개발원, 한국인의 직업의식 및 직업윤리, 2014). 또 직장인들이 조직으로부터 부도덕한 충성을 강요받을 때 용기 내서 거부하는 일도 거의 찾아보기 힘들어졌다고 합니다(SBS, 대한민국의 정의, 2012).

만약에 승객을 내팽개치고 먼저 탈출할지도 모르는 선장이 통솔하는 배에 탑승했다면 어떨까요? 돈벌이에만 집착하는 의사가 있는 병원에 진료를 받으러 가는 것은? '방학'과 '정년 보장'이 꿈이라고 말하는 교사에게 내 자녀를 맡겨야 한다면? 이런 직업인들로 가득 찬 세상이라면 이게 바로 '헬조선' 아닐까요?

물론 직업을 선택할 때, 특히 요즘처럼 심각한 취업난 속에서 '생계 수단의 안정적 보장'이라는 요소는 무시할 수 없습니다. 하지만 이것이 직업윤리를 경시하는 이유가 되어서는 안 될 것입니다. 노동의 중요성은 아이들의 진로를 열어주는 과정에서 우선적 과제가 무엇인지를 깨우쳐주는 동시에 올바른 진로 교육의 근거를 뒷받침해줍니다. 물론 현재의 진로 교육이 자본 편향이니 그 대척점에서 노동 편향으로 흘러가야 한다는 뜻이 아닙니다.

우리는 진로 교육을 수행하면서 '노동'의 문제를 정면으로 응시해야 합니다. 건강한 세상을 만들어가는 '노동의 가치'를 내면화시킬 책임이 우리 교사에게 있습니다. 힘들고 지루한 나의 노동이 곧 다른 이들을 돕는 것이라는 것, 그 대가로 수입을 얻어서 생활을 영위해나갈 수 있다는 것을 알려주어야 합니다. 나아가 권재원 선생님의 말처럼 '인내는 쓰지만 그 열매는 달다'는 오래된 격언을 경험을 통해 몸에 익히는 과정이 되도록 해야 하고, 인내의 쓴맛은 필연적인데 달콤한 열매가 대가로 주어지지 않을 경우 그 열매를 따는 방법, 누군가가 그 열매를 가로채지 못하도록 하는 방법도 가르쳐야 합니다'(《경향신문》 2016년 4월 29일자 칼럼). 이것이 바로 노동자가 노동의 가치를 인정받아 힘들지만 성실하게 수행하고, 그 노고에 대해 적절한 보답과 존중을 받는 선진화된 사회 창조에 우리 교사가 기여할 수 있는 길일 것입니다. 아울러 각기 다름을 아우를 수 있는 가장 공통적이고 보편적인 진로 교육이 될 것입니다.

엄혹한 사회 현실과 유리된 진로 교육

실효성 있는 진로 교육을 하려면 사회 현실을 정확히 이해해야 합니다. 만약 사회 현실과 무관하게 아이들에게 '마음껏 네 꿈을 펼쳐라', '열심히 하면 꿈을 이룰 수 있다'고만 한다면 본의 아니게 현실을 왜곡하고 아이들을 기만하는 꼴이 될 것입니다. 여기서 잠시 우리의 사회상을 살펴보겠습니다.

2016년 6월 현재 청년 실업률은 10.3%, 청년 체감 실업자는 179만 2000명에 달해 체감 실업률은 34.2%였습니다(《국회뉴스》 2016년 6월 14일자). 2016년 OECD의 발표에 따르면 우리나라 청년 니트족의 비율은 18.0%로 OECD 평균(16.5%)보다 높았습니다. 열정적으로 진로를 개척하고자 해도 현실의 벽은 개인의 노력을 무색하게 합니다. 한국은행 통계에 따르면 2016년에 최저임금도 받지 못한 임금노동자는 280만 명에 달했고, 이 가운데 청년이 63만 5000명으로 전체 청년 임금노동자의 17.0%나 되었습니다(한국직업능력개발원, 〈Issue Brief〉 97호, 2016).

고실업 저임금 상황과 더불어 더욱 맥이 빠지는 사실은 불평등 심화입니다. OECD의 2016년 발표 자료에 따르면 소득 상위 10%와 하위 10%의 임금 차이는 34개국 가운데 4위였습니다. 여성의 임금은 남성보다 36.6% 적어(OECD 평균 15.3%) 34개국 가운데 남녀 임금 격차가 1위였고요. 중소기업 노동자의 월평균 임금은 대기업 노동자의 62%에 그쳤습니다(2016년 통계청 자료). 비정규직에 대한 차별은 더 심각합니다. 2016년 '경제활동 인구 근로 형태별 부가 조사'에 따르면 평균 월급이 정규직의 경우 283만 원, 비정규직은 151만 원이었는데 여성 임금노동자 중 40.3%가 비정규직으로 여성의 비중이 훨씬 높았습니다.

사회적 계층 이동의 문이 자꾸 좁아지면서 이 모든 양상이 대물림되는 조짐은 청년들을 더욱 무력하게 만듭니다. 부모의 소득과 자녀의 고등학교 계열 간 상관관계, 가계소득과 자녀의 외국어 학습 기회의 연관성이 매우 높게 나타났고, 비정규직 부모의 자녀가 비정규직을 가지게 되는 비율도 반대의 경우보다 상당히 높게 나타났으니까요(《서울신문》 2015년 2월 13일자). 이렇게 참담한 상황을 소설가 김애란은 「서른」이라는 소설에서 "너는 자라 내가 되겠지. 겨우 내가 되겠지"라고 자조했지요(김애란 소설집 〈비행운〉, 문학과 지성사). 선망하는 직업, 다시 말해 노동 조건이 괜찮은 직업은 한정되어 있고 양극화에 대물림 현상까지 심화하고 있는 사회상을 외면한 채 학교에서는 그저 '꿈을 가져라', '노력하면 된다'는 기만적인 진로 교육을 하고 있는 건지도 모르겠습니다. 아마 학생들도 이 사실을 본능적으로 직감하고 있을 테니 학생들의 장래희망 1위가 공무원이라는 통계는 괜히 나온 것이 아닐 겁니다(JTBC 탐사플러스, 2016년 2월 29일자).

  선진국에서는 진로 교육을 우리만큼 강조하지 않습니다. 앞에서 언급한 것처럼 정상적인 교육과정 운영을 통해 자아 탐구와 노동 교육을 수행하고 있을 뿐이지 빨리 직업을 선택하라고 강요하지 않습니다. 학생이나 학부모도 마찬가지입니다. 우리나라처럼 직종별 임금 격차가 심하지 않고 노동조합이나 복지 제도 등 사회적 안전망이 비교적 잘 구축되어 있어서입니다. 어쩌면 우리처럼 국가 차원에서 이렇게까지 진로 교육을 강조하는 것은 사회적·경제적 요인으로 발생하는 취업난의 책임을 모두 개인에게 떠넘기기 위해서인지도 모릅니다. '네가 취업을 못하는 것은 진로 개척을 제대로 하지 않아서야'라고 말이지요. 우리는 이미 1929년 세계 대공황 직후에 '실업 교육'을 강조한 일제 식민 당국의 교육 방침을 겪어본 바 있으니까요.

  길게 늘어놓았습니다만 사실 막막합니다. 기존의 진로 교육에 대한 비판은 했지만 어떻게 고쳐야 할지 뚜렷한 길도 보이지 않습니다. 아이들에게 무엇을 하든 전망이 밝다고 말해줄 수 없는 입장에 있는 것이, 마치 대학 입시를 지도할 때와 비슷한 기분입니다. 다만, 이 정도는 말씀드릴 수 있을 것 같습니다. '적어도 근거 없는 '약 팔이'는 하지 말아야겠다, 그래야 사제지간에 신뢰를 깨뜨리지 않을 수 있다. 그리고 좋은 사회가 되도록 교사 이전에 시민으로서 열심히 살아야겠다, 그래야 제자들 앞에서 당당할 수 있다.'라고 말이죠. 그리고 아이들에게는 이렇게 말해주고 싶습니다. "어차피 어디에도 안전한 길은 없어. 네가 가장 잘할 수 있는 일, 좋아하는 일에 소신껏 몸을 던져봐. 그래야 그나마 성공할 확률이 높아지니까. 그 과정에서 당하는 불의에는 절대 참지 말고. 선생님은 진심으로 너를 응원할 거야."

이렇게 말하고 보니 다시 한 번 진로 교육은 보편적 교양 학습에 바탕을 두어야 한다는 것을 실감하게 됩니다.

미래 진로 역량의 출발점은 자기 자신

진로를 찾는다는 것은 전 생애를 아우르는 지난한 삶의 과업입니다. 근시안적으로 접근해서는 안 되며 아이들에게 자기 삶을 주체적으로 살아가는 힘을 길러주어야 할 이유입니다. 자신을 충분히 탐색하고, 세상과 소통하며, 호기심과 흥미라는 내적 동기를 바탕으로 시행착오를 겁내지 말고 계속 도전할 수 있도록 허용하는 것이야말로 진로 교육의 본질일 것입니다. 사실 진로 교육뿐 아니라 교육의 근원적 목표가 먼저 현실에 적응하고 그다음에 현실을 개선하려는 의식을 기르는 것 아니던가요. 설사 학생들이 장래에 무엇이 되고 싶은지 명확하게 대답하지 못하더라도 당장 무언가가 되기 위해 준비하라고 재촉하지 말아야 합니다. '친구들과 잘 어울리고 나는 잘할 수 있다는 자존감을 가질 수 있도록 격려한다'는 덴마크의 사례(《주간경향》 1185호)를 우리도 명심하면 좋겠습니다.

학생들이 주체적으로 살도록 하려면 여유롭게 두는 것이 가장 좋습니다. 혼자 공상하고 또래들과 흥겹게 수다를 떨고, 어른의 눈으로 보면 비생산적인 것처럼 보이는 '여유'를 주어야 합니다. 창의력과 도전 의욕은 여유와 심심함을 통해서 발동되는 것이라는 점에서도 어른들은 아이들을 믿고 그들의 주체적 삶을 보장해주어야 합니다. 아이들이 자신의 삶을 나름의 계획과 시도로 영위하는 것은 그들의 당연한 권리이기도 합니다.

아이들의 주체성을 외면한 교육의 부작용을 보여주는 사례가 있습니다. 일본 내각부가 5년에 한 번꼴로 실시하는 '세계 청년 의식 조사(2009)'라는 것인데요, 그 결과를 보면 '나 자신이 어떤 사람인지 모르겠다'고 응답한 비율이 한국(78.6%)과 일본(50.6%) 모두 높게 나왔습니다. 우리보다 수치가 낮은 일본의 경우에도 '히키코모리(은둔형 외톨이)'니 '니트족(일하지 않고 일할 의지도 없는 청년 무직자)'이니 하는 사회 부적응 청년 문제가 심각합니다. 수치가 훨씬 높은 우리의 '88만 원 세대'는 결코 이에 뒤지지 않을 겁니다.

어렸을 때부터 경쟁 만능·시장 만능·물질 만능 사회에서 시달려온 한국과 일본의 '불안한 청년'들이 당도한 곳은 결국 '불감증'입니다. 인생의 긴 계획은 고사하고 하루하루 생존하고 적응하기도 바쁜데 타인과 사회에 대한 관심은 고사하고 '무엇을 하고 싶다'는 욕구조차 기대하기 어렵습니다. 오직 자기라는 감방에 갇혀 살고 있는 이들에게 당장 필요한 것은 일자리가 아니라 '산다는 것은 무엇인가?', '사람은 왜 일을 하는 것인가?' 같은 근본적이고도 인문학적인 질문일 것입니다.

요컨대 '고기 잡는 법'을 가르쳐주기 이전에 '고기를 잡고 싶다'는 동기를 불러일으키는 것이 중요합니다. 이것이 바로 '꿈'입니다.

보통 진로 교육에서 '꿈'이라고 하면 '직업'을 떠올리기 십상이지만 꿈은 직업과 동의어가 아니며 그래서도 안 됩니다. 물론 직업이 꿈을 이루는 수단이 될 수는 있지만 직업이 주는 물질적, 사회적 보상을 넘어 직업을 통해 세상에 기여한다는 자부심과 만족감을 얻어야 비로소 진정한 꿈으로 승화할 수 있을 것입니다. 그리고 꿈은 밖에서 찾거나 고르는 것이 아니라 삶에 대한 통찰을 통해 안에서 길러지는 것입니다.

진로 교육에서 '주체적인 사람이 되라'고 강조하는 이유는 또 있습니다. 전혀 새로운 형태로 다가오고 있는 미래 사회에 대비하기 위해서입니다. 지식·정보화 사회를 넘어서 '융합'과 '연결'을 핵심으로 삼는 제4차 산업혁명이 운위되고 있는 오늘날입니다. 인간과 인공지능의 바둑 대결로 관심을 모은 '알파고 쇼크'를 그저 호사가들의 입담으로 치부하며 아직 먼일이라고 치부하는 분들이 계실지 모르지만 최첨단 사회는 이미 우리 앞에 바짝 다가왔습니다.

최근에 아마존은 시애틀에 인공지능(AI) 기술을 바탕으로 계산대의 물품 구입 과정을 모두 생략한 쇼핑 매장 '아마존 고(Amazon GO)'를 열었습니다. 앞으로 미국에서만 4300만 명에 달하는 계산원의 일자리가 사라질지 모른다고 합니다(《USA TODAY》, 2016년 12월 8일자).

이른바 고급 일자리도 마찬가지입니다. '두산은 6일 열린 홈경기에서 LG를 5대 4, 1점 차로 간신히 꺾으며 안방에서 승리했다. 두산은 니퍼트를 선발로 등판시켰고…'. 기자가 직접 쓴 것과 구분하기 힘든 로봇이 쓴 기사들이 이미 우리의 타임라인을 뒤덮고 있습니다(《연합뉴스》 2016년 3월 14일자). 일자리를 위협받기 시작한 언론인의 다음 순서는 법조인과 의료인이 될 가능성이 높다고 합니다.

첨단 기술의 발전이 가져올 사회적 파장은 예측을 불허합니다. 그런데 지금 우리의 진로 교육은 어른들의 욕망과 불안을 아이들에게 투사하며 새로운 시대에 사라질지도 모르는 유망 직업 가운데 하나를 골라잡아 열심히 준비하라는 수준입니다. 부모 세대의 가치를 강요해도 아무 소용이 없는 시대, 이제 진로 교육에 대한 패러다임을 획기적으로 전환해야 합니다.

계몽주의 이후 300년 넘게 지속되어온 근대 체제는 위기의 징후를 보이고 있습니다. 세계적으로 큰 충격을 던진 영국의 유로 존 탈퇴(브렉시트), 트럼프의 미국 대통령 당선 등은 잘나가는 세계의 중심부에서조차 이 체제가 불안정해졌다는 것을 증명합니다. 하지만 위기는 동시에 기회라고도 했습니다. 이 기회를 잘 살린다면 현 체제에서는 도저히 해결 불가능할 것 같은 난제들을 풀 수도 있을 것 같습니다. '미래에 대한 가장 정확한 예측은 바라는 대로 미래를 만들면 된다'는 말도 있지 않던가요. 첨단 과학기술과 실업의 공포에 아이들이 짓눌리게 하지 말고 혁신적인 미래상을 상상하고 만들어갈 수 있도록 '미래형 진로 역량'을 길러주어야 합니다. 전통적 기본 학습 능력에 더해(현재의 과잉을 덜어낼 필요는 있겠지만 이 자체를 경시해서는 안 됩니다) 창조적인 융합과 연결을 가능케 하는 '복합적 문제 해결 능력', '민주주의에 바탕을 둔 협력과 집단 지성', '사회적 상호작용 능력' 말입니다. 그리고 무엇보다 세상에는 다양한 길이 있다는 것을 꿰뚫어보는 '통찰력'과 길이 없으면 내가 새로운 길을 낼 수도 있다는 '상상력'이 필요하겠지요. 이 모든 것은 자기 자신을 긍정하는 주체적 자아에서 나옵니다.

진로 교육 혁신을 위한 당부

지금까지 살펴본 진로 교육의 혁신을 위한 방법들을 정리하면 다음과 같습니다.

첫째, 진로 이벤트보다 기본적인 교과 수업에 충실하자. 그래야 아이들의 소질과 적성을 계발할 수 있다.

둘째, 당당하고 책임감 있는 직업인이 될 수 있도록 노동 교육을 하자. 그야말로 가장 보편적으로 할 수 있는 진로 교육이다.

셋째, 주체성과 미래 진로 역량을 길러주자. 그러면 미래 사회가 어떻게 변화하더라도 능동적으로 적응하고 도전할 수 있게 될 것이다.

추가로 몇 가지 더 당부하고 싶습니다. 먼저 학교 안에서 진로 교육을 체계적으로 펼칠 수 있는 시스템을 구축하자는 것입니다. 교육과정상 배정되어 있는 주당 2시간 정도의 창의적 체험활동이나 자유학기제를 잘 활용한다면 부족한 노동 교육 및 직업윤리 교육을 중점적으로 진행할 수 있습니다. 경기도 교육청에서 만든 〈더불어 사는 민주시민〉 교과서(학생 발달 단계에 따라 초 3~4, 초 5~6, 중학교, 고등학교용 4

종이 개발되어 있습니다) 같은 좋은 교재도 마련되어 있고요. 동료들과 전문적 학습 공동체 연수 등을 활용한다면 아이디어 공유와 내실 있는 교육뿐 아니

경기도 교육청이 펴낸 전국 최초의 시민 교육 교과서 4종

라 정서적 공감을 통해 지속적인 활동을 견인할 동력을 마련할 수 있을 것입니다. 아울러 교육과정의 융통성을 발휘한다면(창체 시간 통합 등) 부분적으로나마 지역사회와 연계한 직업 체험도 가능할 것입니다(예컨대 마을 사회적 기업 등. 이 경우 진로 전담교사가 허브 역할을 하면 좋겠지요). 교육청에 성공한 혁신학교들의 사례가 축적되어 있으니 참고하면 좋을 것입니다.

그다음, 모든 교사가 진로 교육 역량을 강화하기 위해 노력하자는 것입니다. 학교마다 진로 전담교사가 배치되어 있다 보니 여기에 의존하는 경향이 심한데 현실적으로 한계가 많습니다. 일단 진로 전담교사 제도 자체가 무학년 학점제를 시행하며 특정 전공 진학이나 자격 취득에 필요한 과목 이수 여부, 필요 학점 등을 점검하는 북유럽 모델을 도입한 것이라 우리 실정과 잘 맞지 않습니다. 담임교사와의 역할 상충 또는 상호 떠넘기기를 유발하기도 하고요. 진로 교사가 주당 10시간 내외의 수업으로 만날 수 있는 학생 수는 한정적이므로 일반 교사도 언제든 진로 수업을 맡을 수 있어야 합니다. 그런데 준비가 되어

있지 않으면 시간 때우기식 프로그램에 의존할 수밖에 없으니 모든 교사가 자격증을 가지고 있다는 마인드가 필요합니다.

끝으로 아이들만 대상으로 진로 교육을 해서는 안 된다는 점을 유념했으면 합니다. 2015년 진로 교육 실태 조사에서 학생들이 희망 직업을 선택하는 데 가장 영향을 미친 사람은 부모님이었습니다. 학교에서 시행하는 진로 교육의 효과를 배가시키기 위해서는 학교의 교육 철학과 콘텐츠를 학부모와 공유하는 동시에, '내 아이만을 보기 쉬운' 학부모들이 낡은 프레임에 갇혀 아이들의 진로를 조장하거나 왜곡하지 않도록 도와야 합니다.

다양한 통로를 통해 진로에 대한 정보를 얻을 수 있는 정보화 시대라고는 해도 학생들은 여전히 학교에서 이루어지는 교사의 진로 교육 활동에서 많은 영향을 받습니다. 교사들이 진로 교육을 결코 소홀히 해선 안 되는 이유입니다. 우리 교사들의 '직업윤리'를 기대해보고 싶습니다.

공화국 시민 교육으로써
학생 인권

오늘도 교무실은 사건 사고로 가득한 경찰서 같습니다. 지각한 아이, 결석한 아이, 수업 시간에 말썽을 부린 아이…. 교사들은 아이들 하나하나의 경위를 파악하고 이유를 찾습니다. 신문과 방송에서는 날마다 학교에서 벌어지는 일들을 보도합니다. 왕따와 학교폭력, 교권 침해와 체벌 관련 뉴스를 보다 보면 학교가 마치 법도 질서도 없는 야생의 세계인 것만 같습니다. 누군가 교무실 구석에서 한탄하듯 말합니다. 대체 우리더러 어떻게 가르치라는 거야….

　10월, 교사들은 지금쯤 날마다 벌이는 학생들과의 실랑이로 심신이 지쳐 있을 테지요. 예쁘고 소중해 보이던 아이들이 갑자기 숨겨둔 발톱을 드러내며 등을 콕콕 찌르는 것 같기도 하고, 잘 쌓아뒀다고 믿었던 관계도 어쩐지 무너지는 것 같고요. 3월에 아이들을 확 잡아놓아야 한다던 선배 교사의 말이 귓가에 맴돌기도 하고, 이제라도 무서운 선생인 척하면 질서가 좀 잡히려나 하는 생각도 들고 말이죠.

확실히 무서운 선생님이 '지배'하는 교실은 평화로워 보입니다. 청소도 깨끗이 하고 게시판 정리도 잘 돼 있고, 수업에 들어가면 앉아 있는 모습부터 다릅니다. 엄하게 질서를 잡아주는 선생님에게 거부감을 보이기는커녕 오히려 카리스마 있는 선생님이라며 잘 따르는 것처럼도 보입니다. '명령(order)'에 따라 '질서(order)'를 유지하는 안정감 있는 교실. 이래서 아이들을 교육할 때 방임보다 엄한 게 낫다고 하는 걸까요? '좋아 결심했어! 나도 엄격하고 카리스마 넘치는 교사가 되겠어!' 그랬더니 학생들은 당장 이렇게 반응합니다. "선생님 갑자기 왜 그러세요? 실망이에요!" 이러지도 저러지도 못한 채 교실은 점점 난장판이 되어가고 어디서부터 어떻게 손을 대야 할지 알 수 없어집니다. 그저 카리스마 넘치는 옆 반 선생님이 부러울 따름입니다.

하지만 카리스마를 마냥 선망할 수만은 없습니다. 반복적으로 경험하고 학습하는 교사의 카리스마는 학생 개인의 행동이나 심리에 나쁜 영향을 미치기 때문이지요. 지도자의 명령에 따라 아무 갈등 없이 효율적으로 움직이는 것처럼 보이는 교실은 우리의 헌법적 가치인 민주공화국이 아니라 전체주의를 구현할 수밖에 없습니다. 겉으로 보기에 평안한 교실은 학생들에게 지배와 복종을 '평안하고' '무감각하게' 받아들이게 할 위험성이 큽니다. 도처에 넘쳐나는 '카리스마'의 실상은 '진정한' 평안함을 이끌어내지 못한다는 것을 우리는 이미 경험―카리스마 넘치는 교수님과 사장님과 교장선생님을 만난―을 통해 잘 알고 있지 않던가요?

그렇습니다. '헬조선'을 탈피하고 진정한 대한민국의 헌법적 가치를 실현하기 위하여, 수평적 네트워크 중심의 제4차 산업혁명이라는 격변기에 적응하기 위하여 우리 교육에 절실한 것은 바로 민주주의적 상상력입니다. 어떻게 하면 다양한 갈등을 합리적으로 해결하고 상충되는 개인의 권리를 조화롭게 구현할 수 있을까, 그리고 이를 실생활에서 실천할 수 있는 역량을 기르려면 어떻게 교육해야 할까를 고민해야 합니다. 이번 달에는 교육의 가장 기본적인 영역인 인권에 대해 알아보는 시간을 가지려고 합니다.

전근대적 학교의 전체주의적 생활지도

계몽주의 이후에 대두한 근대적 가치 체계는 '지배(rule)'라는 개념에 대한 근본적인 재고를 요구했습니다. 절대 권력은 그동안 민중을 억압하는 수직적 질서 체계를 통해 상하 관계 또는 주종 관계를 유지하려고 애써왔는데 이게 가능했던 이유는 절대 존재로부터 선택받은 일부 특권 계층이 자신들을 선택받지 못한 다수보다 우월한 존재라고 여겼기 때문입니다. 그런데 '모든 사람에게는 하늘이 내린 동등한 권리가 있다'는 근대적 인권 선언은 이 전제를 마구 뒤흔들었습니다.

새로운 세계는 계약과 합의, 선출과 견제를 내세우며 수직적 관계를 통한 '지배'를 부정하기 시작했습니다. 근대 이후의 사회에서는 '천부인권'이라는 새로운 전제 아래 표현의 자유와 민주주의, 합의된 권력으로 통치가 이루어졌습니다. 인권을 보장해야 한다는 말은 모두 평등하고 공평한 새로운 인간을 탄생시키는 선언이 되었고, 이를 바탕으로 인간의 잠재 능력과 역량에 주목함으로써 예전처럼 신분에 따라 하는 일을 정하지 않게 되었습니다. 존엄한 인간의 잠재적 역량을 계발하고, 나아가 신분을 대체할 새로운 사회적 분업 질서를 이루기 위해 근대 공교육이 태어난 것입니다.

그런데 우리는 근대 공교육의 기원인 '인권'의 개념을 지나치게 소극적으로 받아들였습니다. 세계는 이미 근대를 넘어 탈근대(post-modern)의 흐름에 몸을 실었는데 식민 지배에 이은 군사독재와 빠른 산업화를 거치면서 우리의 주입식 교육과 경쟁주의는 학교에서 감히 인권을 생각지도 못하게 만들었습니다. 새로운 세계 질서에 발맞춰 과거의 경향을 폐기하거나 수정하는 것이 옳을 터인데 학교는 여전히 인권의 사각지대로 남아 있었습니다. 학생인권조례가 제정된 뒤로 조금씩 달라지는 느낌이 없지 않지만 일종의 문화 지체 현상이라고 할 수 있겠지요.

문화 지체 현상을 상징적으로 보여주는 것이 바로 생활지도입니다. 오늘날 거의 모든 학교 현장에는 이른바 '학생생활지도부'라는 부서가 있습니다. 요즘은 인권 개념을 반영해서 다양한 이름으로 탈바꿈했지만 이른바 학생들의 생활을 '지도'하는 부서라는 것만은 변함이 없습니다.

본디 생활지도(life guidance)란 학습자가 자기 주변의 환경을 이해하는 데서 출발해 '스스로 문제를 해결하는 힘을 기르도록 안내하는 것'입니다. 이 과정에서 훈육이 필요할 때도 있겠지만 본질적으로 상담을 통한 전인적 인격 형성에 목표를 두어야 한다는 것은 모든 교육학 서적에도 나와 있는 내용입니다. 그러나 교육 현장에서 지도는 '(내면적) 교육'이 아니라 '(강제적) 교정'의 의미로 쓰이는 경우가 더 많은 것 같습니다.

다소 극단적인 사례일지 모르지만 다음 사진을 한번 보시지요. 지금은 이런 형태의 지도가 거의 사라진 것 같지만 얼마 전까지만 해도 낯선 풍경이 아니었습니다. 대체 왜 이런 지도가 생기게 되었을까요? 생활지도를 담당하는 교사들은 물론 어려움을 토로합니다. 한정된 인력과 자원으로 많은 학생을 지도하려면 위력(威力)을 사용하지 않고는 일일이 통제할 수 없다고요. 그래서 '시범 케이스'를 통해 공포를 확산시키고, 이 공포를 이용해서라도 학교의 질서를 유지해야 한다고 말입니다.

출처 : 청소년 인권 행동 아수나로(asunaro.or.kr)

사실 교사로 살다 보면 이런 논리가 그럴듯하게 들릴 때도 있습니다. 일단 학교라는 공간은 개별 주체들이 합의를 통해 참여한 공동체가 아닌 데다 학생들의 욕구와 개성은 정말로 다채롭습니다. 아직 사회화가 덜 된 탓에 종종 야수 같은 모습을 보이는 학생도 상당수 있고요. 이런 상황에서 질서를 유지하기란 만만치 않습니다. 상담을 시작하면 알아듣는 것처럼 보이다가도 상담실이나 교무실을 문을 나서는 순간 다시 원래의 모습으로 돌아가는 아이들이 태반이지요. 교사로서 그저 한숨만 나오고 답답할 때가 하루 이틀이 아닙니다.

하지만 본보기식 생활지도가 학생들의 삶을 올바른 방향으로 이끌 수 있을지에 대해서는 의문을 갖지 않을 수 없습니다. 상담이 통하지 않는 학생은 체벌도 통하지 않는 것이 일반적이고, 체벌 또는 처벌이 강할수록 영악한 아이들은 선생님 앞에서만 위기를 모면하면 된다는 생각에 오히려 기회주의적인 면모를 보이니까요. 결국 '앞에서만 그럴듯하게 행동하면 된다', '선생님 눈만 피하면 된다'는 식의 비교육적 신호를 보내는 일이 될 수도 있다는 것입니다. 게다가 시범 케이스가 연대 책임을 묻는 단체 기합 같은 방향으로 흘러가면 공포감에 더해 이른바 '사고를 치는 아이들'에 대한 적개심을 부추길 수 있습니다.

과거 나치가 아우슈비츠수용소의 유태인을 효과적으로 통제하기 위해 사용한 방법은 자존감을 낮추고 공포와 무기력을 확산하는 것이었습니다. 가혹한 체벌과 모욕적인 언사는 저항에 대한 의지를 꺾었고, 저항하려는 소수를 오히려 다수가 증오하도록 만들었습니다. 생활지도가 개인의 교화나 행동 교정에 그치지 않고 집단 전체에까지 영향을 끼치려고 한다면 근본적으로 나치의 방식과 다를 게 없습니다. 그래서 '많은 학생을 통제하기 위해서는 별다른 수단이 없다'는 교사의

출처 : 청소년 인권 행동 아수나로(asunaro.or.kr)

변명은 교육적 차원에서 대단히 위협적이고 위험해 보이기까지 합니다. 이런 방식이 오히려 폭력을 교육하는 셈이라는 것을 학교나 교사는 거의 인지하지 못하거나 모른 척하고 있습니다.

사진 하나를 더 보겠습니다. 등교 시간의 교문 풍경입니다. 요즘에도 적지 않은 학교가 이런 형태의 등교 지도를 고수하고 있습니다. 앞에서 말한 것처럼 '소수의 교사'라는 한계를 극복하기 위한 방편에서인지 교사에게 권한을 위임받은 학생들, 보통 '선도부'라 불리는 학생회 간부들이 생활지도를 대신하고 있습니다. 일부 학교에서는 이것을 학생들의 '자율적 활동'이라 치켜세우고, 또 어떤 학교에서는 '전통'이라 부르기도 합니다.

일부 교사의 비호를 받으며 다른 학생을 '선도'하는 아이들은 이 과정에서 은연중에 특권 의식을 가질 수밖에 없습니다. 학교에서 친구들과 동료 의식에 기반을 둔 협력적 관계를 형성하는 것이 아니라 지배—피지배라는 권력 관계가 이루어지는 것입니다. 이는 단순히 학생들 사이에 위화감을 조성하는 데 그치지 않고 일상에 스며들어 동료들이 지배하는 권력 구조를 당연한 것으로 받아들이게 만듭니다.

일찍이 교육을 공공성의 실현 과정으로 보았던 듀이의 입장에 따르면 이것은 심각한 '자유에 대한 억압'입니다. 인간은 공동체에 소속됨으로써 완전한 인격을 갖추게 되고 공적 영역을 통해서 개인의 자유를 신장시켜나갑니다. 그런데 공동체에서 오히려 개인을 억압하고 억압을 내면화하도록 교육한다면 엄청난 문제가 아닐 수 없습니다. 자신도 모르는 사이에 잠재적 교육과정을 통해 학생들이 몸에 익히는 차별은 인간 평등이라는 근대적 성과를 과거로 회귀시키는 짓이라 해도 비약은 아닐 것입니다.

인권을 침해하는 학교 규정과 근본적인 문제들

이번에는 구체적인 생활 규정(학칙) 문제를 살펴보겠습니다. 물론 몇개 시·도에서 학생인권조례가 통과된 이래 적어도 예전처럼 노골적으로 학생들을 억압하는 모습은 상당 부분 사라졌습니다. 체벌도 그렇고요. 하지만 인간으로서의 존엄과 가치를 위협하는 처벌과 억압 자체는 어쩌면 더 은밀하고 정교해진 것 같습니다. 학칙 대신 벌점 규정이나 교사의 지시에 교묘하게 변형해서 넣거나 학생회가 자율적으로 정한 규칙을 '무조건' 따르도록 강요하는 일들이 늘어났으니까요. 입시에 필요한 추천장이나 생활기록부를 악용하는 사례도 빈번하게 일어나고 있고요.

2015년 11월 '인권친화적학교+너머 운동본부'에서 개최한 '불량 학칙 공모전' 사례를 보면 여전히 고3의 점심시간 운동을 금지하는 학교가 있습니다. 다른 반에 드나들거나 교과서 외의 책을 읽으면 벌점을 주는 학교도 있었고, 한겨울 강추위에도 교복 위에 외투를 입지 못하게 하거나 심지어 속옷 색깔까지 규정하는 학교도 있었습니다. 성적이 낮은 학생은 학생회 간부에 입후보할 수 없다는 규정이나 집회에 참여하면 최고 퇴학까지 시키는 학칙이 버젓이 문서 규정에 남아 있는 학교도 있었고요. 강제 야간자율학습은 사라졌지만 일부 학교에서는 학생부 서술이나 '학교장 추천권'을 빌미로 휴일 등교를 강요하거나 방과후학교 참여를 강요한다고도 합니다(《연합뉴스》 2015년 11월 24일자). 이런 사례들을 범주화해서 학교에 인권 감수성이 미치지 못하는 부분이 얼마나 되는지 파악해보았습니다.

출처 : 《연합뉴스》 기사 캡처

첫째, 신체의 자유입니다. 지금도 머리가 길다는 이유로, 또 바지폭이나 치마 길이를 줄였다는 이유로 학교 현장에서는 암묵적 규제와 갈등이 발생합니다. 자유로운 헤어스타일과 복장이 학생답지 않다고 해서 벌어지는 일입니다. 그러나 두발과 복장의 자유가 남에게 피해를 끼치지 않는 '공중도덕'의 범위 안에 있다는 것은 자명하며 이를 허용한다고 해서 학생답지 않은 행동을 할 것이라는 판단에는 근거가 없습니다. 왜 초등학교에서는 머리나 복장이 어떻든 학생다운데 중학교에 들어가면 갑자기 그렇지 않게 된다는 것일까요?

신체의 자유를 억압하는 일은 가장 사적인 영역이어야 할 개성 표현에 대한 권리를 구속하는 것입니다. 이 권리를 인식하지 못하는 학생들은 구속과 억압을 자연스럽게 받아들이게 될 테고요. 물론 학생들의 과도한 명품 브랜드에 대한 집착이나 성의 상품화, 피부와 건강에 좋지 않은 흡연이나 화장은 분명 학교에서 지도해야 할 영역입니다. 하지만 자료 읽기나 토론 등 '교육' 활동을 통해서 학생 스스로 자기 결정권을 누리게 할 일이지 '행정적' 단속이나 규제로 해결해서 될 일이 아닙니다. 단속이나 규제는 교사와 학생의 관계를 나빠지게 하고, 학교교육의 힘을 엉뚱한 데 낭비하게 할 뿐 제대로 된 교육이라 말하기 어렵습니다.

둘째, 학습권 문제입니다. 강제 야간자율학습과 보충이라는 이름으로 상징되는 전통적 학습 모델은 자율적이고 주체적인 동기와 능력으로 학습이 이뤄지도록 하는 것이 아니라 무조건적으로 학습 노동을 강요합니다. 아무리 '저녁이 있는 삶'을 갈구해도 현실은 학창 시절부터 OECD 최고 수준의 노동을 강요당하고 있는 셈이지요. 물론 책상 앞에 오래 앉아 있는 것이 일부 영역—특히 학습의 기초 요소라 할 단순 암기와 훈련—에서는 이보다 더 좋은 방법이 있을까 싶을 만큼 학습 효과를 높이기도 합니다. 고차원 학습 단계로 가기 위해서 한번은 거쳐야 할 과정이기도 하고요. 그래서 많은 이들이 지금 안 하면 나중에 후회한다며 강제로라도 공부를 시켜야 한다고 주장합니다. 그러나 강제성은 자율 역량이 자랄 기회를 심각하게 늦추거나 때로는 영영 봉쇄해버릴 수도 있습니다. 학습을 지속 가능하게 하는 동기 유발의 제1 요인인 흥미와 관심을 밑바닥으로 떨어뜨리는 것은 물론이고요.

더구나 앞으로 닥쳐올 이른바 제4차 산업혁명은 기존의 지식을 머릿속에 집어넣어 양으로 승부하는 시대가 아닙니다. 대부분의 단순 기능은 말할 것도 없고 상당수 지식을 기반으로 하는 전문 영역까지 기계나 인공지능에 이관해가는 터입니다. 실제로 스마트폰만 켜면 수많은 지식이 줄줄이 딸려 나오는 걸 목격하며 살고 있지 않은가요. 기계나 인공지능이 커버할 수 없는 분야가 무엇인지에 대한 진지한 고민을 통해 공감과 표현, 창조 능력 등 인간 고유의 영역을 살리는 것이 중요한 시대가 되었습니다. 이런 때에 아이들을 책상 앞에 앉혀놓고 단순 암기를 강요해서 성과를 낼 거라는 믿음은 얼마간 기이해 보이기까지 합니다.

셋째, 표현의 자유와 정치적인 삶의 문제입니다. 학생들은 헌법에서 보장하는 집회와 결사의 자유를 행사할 경우 학교의 징계를 피하기 어렵습니다. 장학사와 각 학교 생활지도 담당 교사가 단골로 출동하던 과거의 촛불집회는 말할 것도 없고, 전 국민적 공감대 속에서 연인원 1000만 명이 연행자 한 명 없이 성숙한 집회를 펼쳐 세계적으로 주목을 끈 박근혜 대통령 탄핵 촉구 촛불집회 때도 마찬가지였습니다. 대전에서는 장학사가 집회에 참가한 학생들의 소속 학교를 확인해서 해당 학교에 통보하는 등 사찰이 이루어졌다는 의혹이 제기되었고, 경기도 고양의 한 고등학교에서는 시국 선언에 참여한 학생 12명에 대해 학교 측이 징계를 언급해서 파문이 일기도 했습니다(《헤럴드경제》 2016년 11월 11일자).

어느 정도 익명성이 보장되는 학교 밖에서도 이러한데 의견 대립의 양상이 두드러진 학교 안에서는 말할 것도 없겠지요. 정치적인 자유 이전에 말대꾸니 싸가지니 하는 예의범절의 문제로 치환하기 십상입니다. 하지만 인간에게 정치적이지 않은 삶이란 있을 수 없습니다. 어쩌면 학생들에게 유독 가혹한 교육정책을 이렇게 오랫동안 유지할 수 있었던 것도 학생들에게 정치적인 삶이 허용되지 않은 교육 현실에서 비롯했을 것입니다.

민주주의 사회에서 가장 중요한 권리 가운데 하나인 정치적 표현의 자유를 학생들이 누릴 수 없도록 제약하는 것은 '글로벌 스탠더드'와도 동떨어진 일입니다. 선진국에서는 민주 사회를 발전시키는 밑거름이라고 해서 학생들의 정치적 목소리를 오히려 장려합니다. 단적으로 프랑스에서는 '어린이 의회(Parlement des Enfants)'의 의원을 뽑아 법률안을 직접 만들어보게 하고 일부는 채택해서 시행한다고 합니다.

스웨덴의 라인펠트 총리나 독일의 불프 대통령은 16세에 정당에 입당했고, 미국에서는 고교 3년생인 18세 학생이 미시간 주 힐스데일 시장에 당선된 일도 있습니다(《오마이뉴스》 2010년 7월 12일자). 사실 우리 역사에서도 청소년들의 정치적 활동을 발견하는 것이 어려운 일은 아닙니다. 광주학생항일운동이나 4·19혁명을 학생들의 정치적 의사 표현 활동이 역사를 발전시킨 사례로 이해해도 무리가 없습니다.

최근 들어 선거 연령을 낮추자는 의견이 나오고, 일부 학교에서는 청소년들의 집단행동이나 정치적 의사 표현을 금지하는 조항을 폐기하려는 시도가 이어지고 있습니다. 이에 대해 교육계가 진일보한 의식을 보여주고 있는지 여부는 정확히 알 수 없지만 자기 결정 능력과 타인을 이해하는 공감 능력은 결국 자유로운 표현 교육을 통해 길러지는 것이고 보면, 학생들의 정치 참여와 표현의 자유를 억압하는 일이 과연 교육적인지에 대해서는 머리를 맞대고 고민해보아야 할 것입니다.

학생 인권의 세계적 기준(Global Standard)과 학생인권조례

여기서 잠깐 유엔의 아동인권협약이 어떤 내용인지, 우리나라는 어떤 식으로 이 권리에 합의하고 있는지를 알아보고 넘어가겠습니다. 먼저 '유엔아동인권협약'은 1989년 11월 20일에 채택되었으며, 우리나라를 포함해 192개국이 이를 지킬 것을 약속했습니다. '아동'이라고 하면 고개를 갸웃할지 모르겠으나 유엔에서 말하는 아동은 18세 미만을 말합니다. 우리 식으로 따지면 고등학교 이하에 재학하는 모든 학생이 이 협약의 영향권 아래에 있다고 이해하면 될 것입니다.

인권의 사각지대에 놓여 있는 아동의 존엄과 권리 보장을 목적으로 하는 이 협약은 전문을 포함해 54개 조항으로 이루어져 있으며, 2조부터 40조까지가 실질적인 아동의 권리를 다루고 있습니다. 예를 들어 12~13조에는 의견 존중과 표현의 자유, 28조에는 교육을 받을 권리, 31조에는 여가와 놀이에 대한 권리가 규정되어 있습니다. 또 전 세계 아동들이 무방비로 노출되어 있는 학대와 방임(19조), 전쟁(38조), 성매매(34조), 착취(32조)로부터 보호받아야 한다는 조항도 담겨 있습니다. 다행히 우리나라 학생들은 전쟁이나 성매매, 폭력 등에 무방비로 노출되어 있지는 않습니다. 그러나 인간으로서 마땅히 누려야 할 존엄성이 왜 제대로 적용되지 않는지, 왜 어른들은 우리 학생들을 자율적 의지를 가진 존재로 인정해주지 않는지에 대한 문제의식과 질문은 유효합니다.

학생의 인권을 보장하고 있는 우리의 현행 교육법도 살펴보겠습니다. '교육기본법'과 '초·중등교육법'에는 '유엔아동인권협약'의 정신이 반영되어 있습니다. 특히 초·중등교육법 제18조 4에는 이를 명시하고 있습니다(표 참조). 이러한 입법 취지에 따라 시행령에서는 보다 구체적으로 학생 자치와 관련한 부분을 보완하고(제30조), 징계의 경우에도 인격을 존중하는 교육적 방법을 적용해야 한다는 것을 재차 역설하고 있습니다(제31조).

■ 학생 인권을 보장하는 현행 교육법

교육기본법	초·중등교육법	초·중등교육법 시행령
제12조(학습자) ① 학생을 포함한 학습자의 기본적 인권은 학교교육 또는 사회교육의 과정에서 존중되고 보호된다. ② 교육 내용·교육 방법·교재 및 교육 시설은 학습자의 인격을 존중하고 개성을 중시하여 학습자의 능력이 최대한으로 발휘될 수 있도록 마련되어야 한다. ③ 학생은 학습자로서의 윤리 의식을 확립하고, 학교의 규칙을 준수하여야 하며, 교원의 교육·연구 활동을 방해하거나 학내의 질서를 문란하게 하여서는 아니 된다.	제18조의 4(학생의 인권 보장) 학교의 설립자·경영자와 학교의 장은 '헌법'과 국제인권조약에 명시된 학생의 인권을 보장하여야 한다.	제30조(학생자치활동의 보장) 학교의 장은 법 제17조의 규정에 의한 학생의 자치 활동을 권장·보호하기 위하여 필요한 사항을 지원하여야 한다. 제31조(학생의 징계 등) ① 법 제18조 제1항 본문의 규정에 의하여 학교의 장은 교육상 필요하다고 인정할 때에는 학생에 대하여 다음 각 호의 어느 하나에 해당하는 징계를 할 수 있다. 1. 학교 내의 봉사 2. 사회봉사 3. 특별 교육 이수 4. 1회 10일 이내, 연간 30일 이내의 출석 정지 5. 퇴학 처분 ② 학교의 장은 제1항의 규정에 의한 징계를 할 때에는 학생의 인격이 존중되는 교육적인 방법으로 하여야 하며, 그 사유의 경중에 따라 징계의 종류를 단계별로 적용하여 학생에게 개전의 기회를 주어야 한다.

하지만 일선 학교에서 이 조항들이 잘 지켜지는 것은 아닙니다. 어른들은 여기에 관심이 없어서 무시하기 일쑤고, 심지어 이명박 정부가 출범하던 즈음 학교 간 성적 경쟁이 극심했던 시기에는 교육자로서의 본분도 공적인 책무감도 찾아볼 수 없는 일들이 난무했습니다. '한 학급만 없애자, 그럼 우리 학교도 명문 된다', '못하는 애들 야자 안 빼주고 머리 빡세게 잡으면 못 견디고 자퇴한다' 같은 괴담(怪談) 아닌 괴

담(愧談)이 퍼질 정도였으니까요.

2009년에 최초로 진보 교육감을 배출한 경기도 지역을 중심으로 학생인권조례가 만들어진 것은 이러한 상황을 극복해보려는 시도였습니다. 인간이라면 마땅히 누려야 할 기본권을 학교에서도 지켜야 한다는 원칙에 입각해서 말이지요. 그런데 이번에는 학생 인권이 무상급식 문제와 함께 정치적으로 비화하면서 세간의 관심을 끌며 거센 소용돌이에 휘말렸습니다.

2010년, 숱한 논란과 우여곡절 끝에 공포한 '경기도 학생인권조례'는 그 내용을 살펴보면 논란이 될 만한 부분이 뭐라는 건지 찾아보기 힘듭니다. 이미 법에서 금지한 항목들을 중심으로 내용을 구성했으므로 가령 6조의 체벌 금지 조항은 이미 판례를 통해 수차례 확인되었고, 사생활이나 의사 표현의 자유도 우리나라가 비준한 유엔아동권리협약 12~13조, 휴식을 취할 권리 역시 유엔아동권리협약 31조의 '여가와 놀이'에서 나온 것입니다. 사실을 따져보면 특별히 진보적이라고 할 만큼 학생들의 권리를 인정했다고 말하기도 어렵습니다.

그럼에도 당시 학생인권조례를 반대하는 주장에는 이런 것들이 있었습니다. 학생은 아직 미성숙해서 보호받아야 할 대상이므로 모든 권리를 보장할 수 없다는 이른바 '보호론(혹은 2등 시민론)', 학업에 방해가 되고 교육 현장에 쓸데없는 혼란을 야기한다는 '효용론', 진보 교육감들이 정략적으로 좌파적 의식화를 꾀하고 있다는 '음모론' 등입니다. 이런 주장이 '여성에게 참정권을 부여하는 것은 심각하게 고려해야 할 문제'라거나 '유색 인종이 백인과 동등한 대우를 받을 수는 없

■ 경기도 학생인권조례안 주요 조항

조항	세부 사항
6조(폭력으로부터 자유로울 권리)	- 학교에서 체벌은 금지된다.
9조(정규 교과 이외의 교육 활동의 자유)	- 학교는 학생에게 야간자율학습, 보충수업 등을 강제해서는 안 된다.
11조(개성을 실현할 권리)	- 학생은 복장, 두발 등 개성을 실현할 권리를 갖는다. - 학교는 두발 길이를 규제해서는 안 된다.
12조(사생활의 자유)	- 학생의 동의 없이 소지품 검사를 해서는 안 된다. 불가피할 경우도 전체 학생 대상은 안 된다. - 학교는 정당한 사유를 제외하고는 학생의 휴대전화 소지 자체를 금지해서는 안 된다.
15조(양심·종교의 자유)	- 학교는 학생에게 특정 종교 행사 참여 및 종교 과목 수강을 강요해서는 안 된다.
16조(의사 표현의 자유)	- 학교는 학생의 언론 활동, 인터넷 홈페이지 운영 등 학생 표현의 자유를 보장하고, 필요 시설과 행·재정적 지원을 해야 한다.
19조(정책 결정에 참여할 권리)	- 학생은 학교 운영 및 교육청의 교육정책 결정 과정에 참여할 권리를 갖는다.

다'는 논리와 궤를 같이 하는 터무니없고 차별적인 인식이라는 것을 우리는 이후의 역사에서 전개된 여성해방과 인종차별 철폐의 도도한 과정을 통해 잘 알고 있음에도 말이지요.

성이나 인종에 따라 성숙도를 따지거나 권리를 유예할 수 없는 것처럼 나이를 기준으로 인간의 권리를 유예할 수는 없습니다. 깊은 생각을 가진 성숙한 청소년도 많고 아무 생각 없는 미성숙한 노인도 많습니다. 더구나 천부인권은 말뜻에 이미 효용성을 위하여 양도하거나 유예할 수 없다는 속성을 지니고 있습니다. 어쩌면 10대 학생들을 스스로 생각도 못하는 비이성적 존재요 계몽의 대상으로 취급하는 것을 넘어 노예적 속박 상태로 묶어놓고 싶어 하는 한국 사회의 집단 무의식이 개입된 것은 아닐까 하는 생각이 듭니다.

학생은 교육과 도움이 필요한 대상일지언정 무조건적으로 계몽하고 속박해도 되는 수동적 존재는 아닙니다. 자발적이고 능동적으로 정보를 수용할 수 있는 가능성을 지닌 존재라는 사실을 인정해야 합니다. 그렇지 않으면 인권이 교문 앞에서 멈추어버리는 학교의 문화 지체 현상을 해결할 수 없습니다. 인권 존중과 교육을 통해 살아 있는 민주 시민 교육을 수행할 수 있어야만 민주주의가 일상화된 진정한 민주공화국을 완성할 수 있습니다.

논란 끝에 제정되어서일까요, 학생인권조례 이후 각 학교에서 학생 인권이 자리를 잡는 데 어느 정도 성공한 것으로 보입니다. 야간자율학습과 보충수업 등 학생들의 자율적 학습권을 통제하던 제도들이 힘을 잃어가고 두발과 복장 규제도 완화되거나 사라졌으니까요. 특히 수천 년 동안 계속되어온 체벌을 적어도 일거에 사라지게 한 것은 매우 큰 성과입니다. 물론 이 과정에서 몇 가지 새로운 문제점이 나타나기도 했습니다. 성과를 바탕으로 앞으로 풀어나가야 할 새로운 과제가 생겼다고 할까요.

일단 대부분의 학교에서 아직까지 학생 인권은 단속을 없애고 사생활을 보장한다는 소극적인 개념을 적용하고 있습니다(그나마도 불충분

한 경우가 많지만). 자신의 일을 능동적으로 '스스로 결정(자치, 自治)하게 한다'는 적극적 개념에는 아직 이르지 못한 것입니다. 그래서 여전히 학급회나 학생회 같은 학생 자치 기구에 민주 시민으로서 합의를 만들고 의사 결정을 할 실질적 권한이 주어지지 않는 경우가 많습니다. 그나마 권한이 보장된 학칙 개정도 교사들이 만들어온 내용을 승인하고 넘어가는 등 형식적 절차만 밟는 일도 상당하고, 축제처럼 귀찮은(?) 일을 떠넘기는 창구로 전락해버린 학교도 있습니다.

그런데 학생들에게 학칙 개정의 실질적인 권한을 주지 않으면 활발한 참여를 기대하기 어렵습니다. 임원들도 사명감을 가지고 활동하기보다 학생부에 올리거나 생기부에 기록할 특기 사항 정도로만 여기는 폐해가 생기고요. 각종 학생 자치 회의가 잘 이루어지지 않고 김이 빠지는 이유도 스스로 조건을 결정할 수 있는 실질적 의사 결정 권한이 없기 때문입니다. 어떻게 하면 학교나 담임선생님이 결정한 사항을 잘 실천할지 정도로만 논의한다면 의미가 없습니다. 학생 인권에 대한 적극적인 이해와 확산이 필요한 이유입니다.

한편으론 지나치게 자신의 권리만 주장하는 학생들이 나타났는데 권리만 내세우고 다른 사람의 불편함은 아랑곳하지 않는 일들이 발생하고 있습니다. 인권은 권리인 동시에 다른 이들에 대한 존중이기도 하기에 나의 권리가 소중하듯 다른 이의 권리도 소중하다는 것을 명확하게 교육하지 않으면 권재원 선생님이 어느 온라인 공간에서 밝힌 것처럼 '떼쟁이나 망나니'를 키우는 데 불과해질 위험성이 큽니다. 특히 자기중심성이 강한 어린 연령대일수록 존중과 공감에 바탕을 둔 섬세한 인권 교육이 이루어져야 합니다. 인권 교육이 '다양한 가치를 존중하는 것을 배우는 과정'이라는 근본정신을 잊어서는 안 될 것입니다.

아울러 인권의 개념을 징계 자체가 없는 것이라고 오도함으로써 교실의 무질서 상태를 초래하거나 생활지도 자체를 방기하는 등 잘못된 방향으로 흐르는 일도 없어야 하겠습니다. 이로 인해 일부 학교에서는 선의의 피해자가 나오고, 다수의 선량한 학생이 '인권이라면 고개를 내두르는' 역설적인 결과를 부르기도 합니다. 공허할뿐더러 무책임하기까지 한 원론적인 당위를 넘어서는 세심한 교실 질서 유지책 마련에 나서야 할 시점인 것만은 분명합니다.

환대를 통한 소통, 서로 존중하는 새로운 교육을 향해

이래저래 학생 인권의 문제는 교사들에게 골칫거리일지도 모르겠습니다. 학생의 의무는 무엇이고 권리는 무엇인가가 명확하지 않고, 무엇을 해야 하고 무엇을 하면 안 되는지에 대한 이해와 합의도 이루어지지 않았습니다. '수업 계획―전개―마무리에 대한 장악과 통제'가 학생 자체에 대한 '인격적 장악과 통제'로 왜곡되어온 기존의 패러다임을 분명히 바꿔야 할 터인데 새로운 체계는 아직 완벽한 형태로 모습을 드러내고 있지 않기 때문입니다. 어떻게 보면 위기 상황이라고도 할 수 있겠지요.

이러한 위기에서 벗어나려면 먼저 교실이 어떤 공간이어야 하는지에 대한 질문을 던져보아야 할 것 같습니다. 그동안 교실은 교사의 권위에 따라 통제되는, 즉 교사와 학생의 비대칭적 관계를 상징하는 공간이었습니다. 지배자로서 교사의 철학 아래 동일한 목표를 가지고 움직이는 비자발적 학생 집단이 공존하는 공간이었던 셈이지요. 교사나 학교의 철학에 공감하지 않는 학생이 자기만의 목소리를 낸다는 것은 상상하기 어려웠고, 지배적인 목소리에 대항해서 다른 목소리를 냈다가는 '튄다'는 낙인이 찍혀 결국 집단에서 외톨이가 되기 십상이었습니다.

사실 비대칭적 사제 관계는 얼마만큼 인류의 유산을 '전수'한다는 교육의 본질적 요소 가운데 하나입니다. 매뉴얼대로 움직이는 균질성과 획일성이 미덕이었던 사회, 곧 표준화된 제품을 대량생산하는 근대 산업사회의 특징과도 관련이 깊고요. 그러나 제4차 산업혁명이 운위되는 오늘날 사회는 다원화하고 있으며 지식의 전달 과정도 수평적이고 유동적인 모습으로 변해가고 있습니다. 교실의 비대칭적 관계는 지식의 생산, 처리, 응용을 방해하는 요인이 될 뿐입니다.

물론 현장 교사들은 학생들과의 비대칭적 관계를 타파하는 것을 무척 어렵게 느낍니다. 교사라면 한번쯤 교무실에서 동료 교사가 학생을 혼내다가 갑자기 "내가 네 친구야?" 하고 고함지르는 장면을 목격한 경험이 있을 겁니다. 바로 대칭적인 관계를 받아들이지 못하는 교사의 마음을 대변하는 장면이지요. 교권의 추락과 비대칭적 관계의 몰락은 어느 정도 연관성을 가지고 있으며, 교사들은 여전히 어떻게든 자신의 권위를 확보하고 수직적인 의사소통이 이루어져야 교실과 수업을 통제할 수 있다고 믿습니다. 나름 학생 친화적이라는 교사조차 학생들과의 관계가 대칭적인 것을 주저하는 편이니까요. 기존 관행이 새로운 시대의 교육 풍토에 자리를 내주지 못하는 것입니다.

그렇다면 교사는 비대칭성 문제를 극복하고 대안을 마련하기 위해 어떤 일을 해야 할까요? 교실을 '환대'의 공간으로 바꾸어볼 수는 없을까요? 〈사람, 장소, 환대〉(문학과 지성사)라는 멋진 책의 저자 김현경은 '환대'를 이렇게 정의하고 활용합니다. '환대란 타자에게 자리를 내어주는 행위, 혹은 사회 안에 있는 그의 자리를 인정하는 행위이며, 이를 통해 사회의 구성원임을 선언하게 되는 것이다.' 역할과 관용을 통해 존재의 '다름'을 인정하는 것이라는 뜻이겠지요. 교실이 누군가에게 자리를 마련해주는 '환대의 공간'이 된다면 우리에게 필요한 것은 주도권이 아니라 '환대의 대상은 누구인가?' 하는 존재론적 인식을 담은 질문일 것입니다.

초임 교사가 범하는 흔한 실수 가운데 하나가 '분노 조절'입니다. 예를 들어 학교폭력 등 징계의 강도가 센 사안에는 비교적 일의 절차를 잘 지키고 감정의 호흡을 유지하는 편인데 흡연이나 지각, 변명 같은 비교적 작은 사안에는 화를 참지 못하는 경우가 많습니다. 그런데 교사가 해야 하는 일상적 생활지도에는 이렇게 자잘하면서도 성가신 일이 대부분입니다. 물론 '환대'가 생활 규칙 위반을 무조건 용인하자는 개념은 아닙니다. 다만 교사와 학생이 차분하게 거리를 두고 상대방의 권리가 무엇인지를 생각할 시간을 갖는다면, 또 상황과 감정을 분리해서 오로지 문제가 무엇인지를 숙고하며 개선점을 찾는다면, 그동안 해오던 생활지도의 비대칭성을 극복할 수 있지 않을까 생각합니다.

수평적 네트워크에 바탕을 둔 소통과 관계라는 키워드가 우리 사회의 주요 쟁점으로 떠오른 지금, 교사와 학생은 더 이상 수직적 상하 관계로 있기 어렵습니다. 교육은 '전수'라는 요소를 담고 있지만 그것이 수직적 가르침이라는 의미만은 아니고, 학생은 분명 교사로부터 가르침을 받지만 결국 이 배움을 수평적으로 교류해서 다시 확산해야 하는 존재입니다. 교육은 학생이 그것을 받아야겠다고 마음먹지 않는 한, 즉 동기가 없는 한 제대로 이루어지지 않습니다. 우리는 그동안 '생활지도'라는 칼을 들고 자발적인 동기를 끌어올리기보다 강제로 끌고 가려는 양상을 보여주었던 것이 사실이고요.

이제 그만 이 칼을 내려놓아야 할 것 같습니다. 현대적 의미의 교실은 '통제'가 어울리지 않는 흥미와 탐구의 공간이어야 하고, 지도와 통제와 카리스마보다 필요한 것은 공감과 배려 그리고 환대입니다. 존중받지 않아본 사람은 타인을 존중할 수 없고 민주주의를 경험해보지 않은 사람은 민주주의를 이해하기 힘듭니다. 민주주의는 본래 절차를 중시하는 시스템이기에 효율이라는 말과 어울리지도 않기에 비록 지난할지라도 타협과 조정의 과정을 거쳐야 합니다. 타협과 조정이야말로 진정한 의미의 '지도'이며, 이 과정에서 우리의 생활지도는 '생활의 안내(life guidance)'라는 본뜻을 되찾을 수 있지 않을까요?

학생은, 아니 사람은 대접하는 데 따라 행동의 양상이 달라집니다. 12월, 고3의 마지막 아수라장 같은 급식 시간은 우리의 교육 현실에 좌절감을 맛보게 하지만 몇 달 지나 3월의 대학 식당가에서 만나는 신입생들의 질서정연한 모습은 그새 아이들이 성장했다는 설명만으론 부족한 무언가가 있습니다. 우리는 좌절감을 딛고 서서 다시 '우리의 교육은 과연 책임감을 가지고 자신의 삶을 자율적으로 즐기는 인간을 키우고 있는지' 질문을 던져야 합니다.

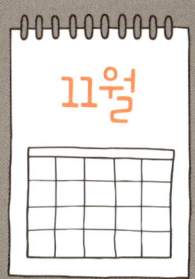

매몰되어서도
경시해서도 안 되는
입시

11월은 단풍이 고운 빛깔을 마지막으로 불태운 뒤 점차 갈색으로 메말라가는 겨울의 문턱입니다. 학교에서도 그간 정든 아이들을 떠나보낼 준비를 해야 하는 시간이지요. 그러나 아름다운 자연의 모습과는 대비되게 긴장과 탄식이 짙게 드리우는 시간이기도 합니다. 중학교에서 11월은 1학기에 과학고를 시작으로 한 특목고와 자사고 입시가 외고를 끝으로 마무리되는 시즌입니다. 비슷한 시기에 전문계(옛 실업계) 마이스터고와 특성화고 입시도 끝나고요. 대학 입시처럼 절실하지는 않지만 그래도 합격과 낙방에 따라 학생들의 표정은 엇갈립니다. 11월 말부터는 후기 학교인 일반고 입시가 시작되는데 평준화 지역에서는 통과의례에 불과하지만 비평준화 지역에서는 여전히 긴장감이 감돌지요.

고등학교의 경우에는 2학기 내내 늘어져 있는 수시 일정으로 인해, 또 최근에 대세가 된 학생부종합전형과 이에 따른 수능 비중 축소로 인해 비록 예전보다는 덜하다지만 그래도 마음까지 얼어붙게 하는 수능 한파가 몰아닥치는 시즌입니다. 전국의 절과 교회는 자식의 '대박'을 기원하는 어머니들로 북적이고, 일부 학교에서는 '수능대박기원제' 같은 전근대적 고사도 지냅니다. 심지어 수능 당일에는 비행기까지 멈추게 한다는 기사가 해외 토픽에 실리기도 했지요. 이래저래 초등학교를 제외한 한국의 학교들에서 11월은 입시의 자장 안에서 학사 일정이 맴도는, 말 그대로 '입시의 계절'이라 해도 과언은 아닐 것입니다.

특목고와 자사고

입시의 제1단계는 중학교 때 특목고와 자사고로 시작됩니다(국제중도 있으나 수가 많지 않으므로 여기서는 다루지 않겠습니다). 상당수 중학생과 학부모가 선망하는 특목고는 '특수 분야의 전문적인 교육을 목적으로 하는 고등학교(초·중등교육법 시행령 제90조)'로서 설립 취지는 '특기자를 양성'하는 것입니다. 1974년 고교 평준화 제도를 도입할 때 추첨 배정에서 예외를 인정받은 일부 야간학교와 실업계 학교를 가리키던 특목고의 개념은 1986년 개정 교육법 시행령에 영재교육을 명분으로 '과학 계열'이 삽입되면서부터 변화가 생겼습니다. 이미 시행령 개정 이전인 1983년 경기도학생과학관 병설 학교로 경기과학고가 개교해 있는 상황이었는데 시행령 개정 이후에 이를 본떠 지자체별로 과학고를 설립하는 붐이 일어난 것입니다. 그러다 졸업생 수가 KAIST 입학 정원을 넘어서면서 점차 일반대학 진학을 준비하는 교육기관으로 왜곡되기 시작했습니다. 특히 1994년 서울과학고 졸업생 전원이 서울대에 입학한 사건은 사회적으로 큰 물의를 빚었지요.

외고 역시 1984년 '학력 인정 각종 학교' 형태의 외국어학교로 설립되었다가 1992년 특목고로 지정되어 현재에 이르고 있습니다. 외고의 경우 영재성이 모호해서 더 많은 논란을 낳았습니다. '어학 영재'라는 말이 학술적 근거는 물론이고 우리나라 외에는 실제 쓰는 곳이 없는 매우 희한한 개념이기 때문입니다. 또 세계화 시대에 대응하기 위한 특수 외국어교육이 필요하다면 영어나 일본어, 중국어처럼 일반고에서도 심화 학습이 가능한 언어가 아니라 동남아시아나 아프리카의 희귀 언어를 대상으로 삼아야 한다는 논란도 있었지요. '특수 목적의 교육'을 실시해야 할 정도로 전문화의 요건이 높지 않아서인지 외고들은 이과 과정까지 개설하는 교육과정 부당 운영을 일삼은 바 있고, 졸업생의 3분의 1 정도만 어문 계열로 진학하는 등 동일계 진로 지도도 거의 이루어지지 않고 있는 실정입니다(《연합뉴스》 2015년 9월 15일자).

자사고는 학교 선택권 보장을 위한 '고교 다양화'라는 명분 아래 지난 2002년 민족사관고, 포항제철고 등을 필두로 도입된 학교입니다. 정부의 지원금 없이 독립된 교육과정을 운영함으로써 고유한 건학 이념을 살리고 재정 자립을 이루겠다는 것을 명분으로 삼았으나 이명박 정부 시절에 기존의 '자립형' 사립고에 '자율형' 사립고가 통합되면서 이런 원칙은 유야무야되었습니다. 현재는 재정 지원도 더 받고 등록금도 더 비싼 '특권·귀족 학교'가 되어버렸지요. 학교마다 차이는 있지만 일반고보다 통상 5000만 원 이상 지원을 더 받고, 1년에 2000만 원이 넘는 등록금을 내야 한다고 합니다(정진후 의원 발표 자료). 자사고가 '현대판 음서제'로 불리는 이유일 것입니다. 이런 비판을 모면해보려고 사회적 배려 대상자 전형을 만들기도 했으나 구색 갖추기인 경우가 많았습니다. 저소득층의 경우 등록금만 면제받을 뿐이라서 다른 비용을 감당하기 어려운 학생들의 등록 포기율이 높은 편입니다. 더구나 이런 빈틈을 악용하여 삼성그룹 이재용 회장의 아들이 '사회적 배려 대상자'로 국제중학교에 합격하는 일까지 있었지요(《한겨레》 2013년 1월 22일자).

특권적이고 예외적인 교육 환경을 보장해주면 평준화를 보완할 수 있고, 우수 인재들이 더 높은 성취를 이룰 것이라는 기대가 특목고와 자사고의 존재를 정당화하고는 있습니다. 그러나 이런 '명품 학교'들이 교육 내용까지 반드시 '명품'인 것은 아닙니다. 필요 이상으로 형평성을 훼손할 뿐 '특별함'이 영재성의 신장으로 이어지고 있다는 증거를 찾기 어렵다는 것이 일반적인 인식입니다. 내신의 불리함을 최소화하려고 조기 졸업을 하는 등 도리어 영재교육 내실화에 장애 요소로 작용한다는 비판도 거셉니다. 학교의 풍토도 공익적인 비전을 품게 해주기보다 개인의 출세에 국한되는 경우가 많아서 엘리트 교육기관으로서도 부적절하다는 지적이 있고요.

흔히 특목고와 자사고의 존재를 '수월성(excellency) 교육'이라는 이름으로 합리화하고자 하는 시도도 있습니다. 그러나 입시 실적을 수월성의 척도로 볼 수는 없습니다. 교육의 본질적 목표 가운데 하나인 수월성은 학생 개개인이 도달할 수 있는 최고의 성취를 이루게 하는 것으로, 그 대상은 모든 학생이어야 합니다. '수월성 교육'을 '우수 학생을 위한 교육'으로 바라보고 평준화 정책이 수월성과 대립되는 것인 양 호도하는 일은 수월성에 대해 잘 모르고 있다는 사실을 고백하는 것이나 다름없습니다. 게다가 입시 실적조차 학교교육 자체의 우수성 때문이 아니라는 비판이 큽니다. 애초에 부유하고 우수한 학생들을 입도선매로 선발하고 무한 경쟁을 조장해서(사실상 사교육의 힘으로) 빠른 시간 안에 신흥 입시 명문으로 자리를 잡았을 뿐이라는 것이지요.

이렇게 특목고와 자사고는 현재 특기자 양성도 수월성 함양도 아닌 소위 일류 대학, 일류 학과 진학에 유리한 특별한 통로를 만들어 특정 계층이 전유하는 '그들만의 리그'로 운영되고 있다는 느낌이 다분합니다. 애초의 설립 취지인 '특수 목적'이나 '다양한 교육'이 망각된 측면은 도리어 재능에 대한 변별이 분명하고 일반 학교를 통해서는 충분히 계발하기 어려운 예체능 계열 특목고가 부각되지 못하게 하며, 자사고들의 교육과정 역시 일반 학교와 특별히 다른 개성을 찾기 어렵다는 면에서도 확인됩니다.

더욱이 특목고와 자사고는 고교 서열화를 심화시키고 일반고를 황폐화시키는 주범 노릇을 하고 있습니다. 특목고, 자사고가 거의 없던 1990년대까지는 일반 계열 고등학교의 성적이 비교적 균등한 편이었는데 수도 많이 늘어난 특목고와 자율고를 '전기 고등학교'로 지정하여 각종 특혜—우선 선발권, 편중된 예산 지원 등—를 주는 탓에(전체 고교 정원의 13% 정도) 후기 고등학교인 일반고가 눈에 띄게 슬럼화되었습니다. 특수 목표가 일반적 교육 목표 자체를 훼손하기에 이른 것입니다.

특목고와 자사고는 사교육 문제도 유발합니다. 진보 교육감 등장 이후 특목고 및 자사고 입시에 여러 규제 장치를 마련함으로써 눈에 띄게 줄고는 있으나 학부모의 경제적 부담을 초래하고 학생의 삶과 학습의 질을 떨어뜨리는 사교육은 여전히 번창하고 있는 실정입니다. 사교육과의 관련성 때문인지 심지어 학원 재벌이 아예 학교를 운영하는 일까지 있습니다. 예컨대 안양에 있는 경기외고(구 명지외고)는 특목고 입시 전문 학원을 자회사로 둔 사교육 재벌 '대교'가 운영하는 학교입니다(《한국일보》 2008년 7월 12일자).

무엇보다 부유층 자녀들이 어린 나이부터 특목고나 자사고에 모이는 계층 분리 현상의 조짐이 나타나 사회적 우려를 낳고 있습니다. 단적으로 개교한 지 30년도 안 된 대원외고 출신 판검사 수가 개교 100년이 넘은 경기고 출신 판검사 수를 추월해버린 상황입니다. 특권층 엘리트들이 끼리끼리 동문 의식을 형성하여 위화감을 조성하면 사회 통합에 저해가 될 뿐만 아니라 부패가 제도화되어 많은 사회적 비용을 치르게 될 위험성이 있습니다. 이런 양태는 '사는 집' 자녀들이 외국어로 가르치는 사립고를 졸업한 뒤에 해외로 유학을 가는 제3세계 모델과 닮았습니다. 선진국들은 성적 우수자를 일반 학생과 분리하는 정책이 교육적으로나 사회적으로 타당하지 않다는 문제의식에서 엘리트를 따로 교육하는 학교를 최소화하며 가급적 통합 교육의 틀 안에서 개별화한 지원을 펼치고 있는데 우리는 역행하고 있는 셈이지요.

상황이 이러한데도 일부 지역에서는 특목고나 자사고 유치를 지역 발전이라고 생각하는 것 같습니다. 통상 이런 학교들은 전국 단위로 학생을 모집하므로 외지에서 온 학생이 정원의 절반 이상을 차지하는 것이 상례라서 지역 학생들에게 피해를 끼칠 뿐인데 말이지요. 실제로 공주사대부고, 공주과학고, 한일고 등 세칭 '명문고'가 많은 충남 공주 지역의 학생들은 타 지역 학생들에게 밀려나서 인근 지역으로 장시간 통학하거나 경제적, 정서적으로 부담이 큰 자취 생활을 하고 있다고 합니다.

명문대

특목고와 자사고 입시도 문제지만 그래도 가장 초점이 모이는 곳은 대학 입시입니다. 잘 알려져 있다시피 우리나라의 대학은 극단적으로 서열화되어 있습니다. 이른바 SKY(서울대, 연세대, 고려대)라 일컫는 서울대 및 서울 소재 사립 명문대 → 서울 소재 대학 → 수도권 소재 대학 → 지방 소재 국립대 → 지방 소재 사립대 및 전문대순으로 거의 모든 대학을 한 줄로 세울 수 있을 정도입니다. 학생들이 무슨 염불마냥 '서—연—고, 서—성—한, 중—경—외—시' 하는 식으로 대학의 서열을 읊조리고 있으며 '학벌 훌리건'들이 자신의 학교의 위상을 높이고 다른 학교를 깎아내리고자 난타전을 벌이고 있습니다. 심지어 대학 당국까지 가세해 눈살을 찌푸리게 한 바 있습니다(《한겨레》 2011년 3월 30일자).

한국개발연구원(KDI)의 연구 보고서에 따르면 학벌 차별이 성·연령·출신지 차별보다 크다는 것이 수치로 입증되었다고 합니다(《경향신문》 2014년 1월 3일자). 같은 단계의 학교를 졸업하더라도 출신 대학의 서열에 따라 능력이 다른 것으로 간주되고 있다는 것인데 대학의 서열화는 마치 봉건시대 가문의 배경처럼 '벌열(閥閱)화'되어 각종 사회적 자원에 대한 독점으로 이어집니다. 2014년 현재 3급 이상 고위 공무원 1476명 중 서울대(435명, 29.4%), 연세대(152명, 10.3%), 고려대(133명, 9.0%) 3개 대학 출신은 총 720명으로 전체의 48.7%를 차지했습니다(진보네트워크 정보 공개 청구 자료). 기업도 마찬가지입니다. 기업 경영 성과 평가 사이트인 'CEO 스코어'가 국내 500대 기업 CEO 624명 중 학력을 알 수 있는 586명의 출신 학교를 조사한 결과 서울대가 154명(26.3%)으로 가장 많았고, 고려대(80명, 13.7%)와 연세대(54명, 9.2%)가 뒤를 이었다고 합니다(《조선일보》 2014년 5월 28일자). 학벌은 비단 소득의 격차를 빚어내는 '출세(취업과 승진)'에서 뿐만 아니라 개인의 일상적 삶에도 많은 영향을 끼칩니다. 가령 결혼을 하려고 할 때 중요한 고려 요소가 되어 일종의 문화 자본으로 기능합니다.

최근 들어 제4차 산업혁명으로 상징되는 사회 변화에 따라 기업의 채용 기준도 일부 변화를 보이고, 기득권의 벽 앞에서는 학벌조차 소용없어짐으로써('학벌 없는 사회' 자진 해산 선언문) 긍정적이든 부정적이든 학벌의 위상이 낮아지는 기미가 나타나고는 있습니다. 그래서인지

적어도 예전처럼 전교 1등이 천편일률적으로 서울대 법대나 의대를 가지는 않게 되었습니다. 그러나 한국인의 심층에 자리 잡은 학벌주의는 여전히 강고합니다. 비록 명문대 진학에 바탕을 두는 기존의 전형적 출세 모델에 균열은 생기고 있어도 새로운 성공 모델이 아직 자리를 잡지 못하고 있으며, 학연에 따라 사회적 지위와 주요 자원이 배분되는 상황도 크게 개선되지 않고 있기 때문입니다. 점점 늘어나고 있는 '비자발적 포기자'를 빼면 중·상위층에서 입시 경쟁은 여전히, 어떤 면에서는 더 격렬하고 절박하게 펼쳐지고 있는 양상입니다.

우리 사회에 대학 간 서열이 생긴 것은 해방 직후 미군정의 선별적 대학 지원 정책 때문입니다. 해방 직후에 좌익의 비중이 높았던 각 대학의 통제권을 확보하기 위해 미군정은 경성제국대학을 비롯해 9개 관공립 대학을 하나로 묶어 '국립 서울대'를 설립하고 제한된 자원의 대부분을 집중 투자했습니다. 6·25 전쟁 이후 유엔한국재건단(UNKRA)과 미국 대외활동본부/국제협조처(ICA/FOA)의 교육 원조가 이루어진 1950년대에도 비슷한 양상이 되풀이되었고요(이때 당시 교육계를 주름잡은 미국 피바디대 출신들의 '피바디 사단'이 생겼습니다). 사립대의 경우에도 미국과의 인맥이 절대적으로 작용해서 기독교 재단인 동시에 미국 유학파가 많던 연세대와 이화여대가 지원을 받아 성장의 기반을 닦았습니다. 처음에는 대학 간 격차가 그리 크지 않았으나 차등 지원이 누적되면서 대학 서열화가 가속화된 것입니다.

그래도 1970년대 이전까지는 수가 많지 않아 모든 대학생이 엘리트 대접을 받았기에 문제가 크게 불거지지는 않았습니다. 예비고사를 보고 본고사를 또 치르던 시절이라 대학 간 점수 비교가 불가능해서 서열화가 심하지도 않았고요. 그러다 대졸 프리미엄을 없애는 대학의 양적 증가, '서울공화국'으로 상징되는 서울 집중 현상, 무엇보다 1980년대 이후 학력고사와 수능으로 이어진 단일한 국가 관리 입시 체제로의 전환으로 인해 서열화가 본격화되었습니다(이때 배치표가 나타났습니다). 대학들은 자신만의 고유한 학풍을 특화하기보다 서울대를 본뜬 백화점식 종합대학 모델을 모방하기에 급급했습니다. 또 입시 체제에 순응하며 우수한 학생을 순차적으로 '나눠 먹는' 데 만족해왔습니다. 오늘날 서울대를 정점으로 하는 피라미드식 대학 서열 체제가 공고하게 자리 잡은 것은 바로 이러한 흐름의 귀결입니다.

　이러한 대학 서열 체제는 초·중등 교육을 입시에 종속되게 만들어 황폐화시킵니다. 일단 공부의 내용 자체가 아닌 점수(이른바 커트라인)에만 관심을 갖게 하고, 입시에 반영되는 국·영·수 등 소위 '주요 과목' 말고는 '쓸데없는 것'으로 치부해 지적 편식을 유발합니다. 그래서 학생들의 꿈을 '무엇이 되는 것'이 아니라 '어떤 대학에 가는 것'으로 바꾸어놓았지요. 명문대 진학을 희망하기 어려운 학생들에게는 아예 학습 의욕을 잃게 해서 살아가는 데 꼭 필요한 배움 자체를 포기하게 만들어버리기도 합니다(물론 여기에는 교육 내용이 지나치게 많은 교육과정의 적정성 문제도 얽혀 있습니다). 또 문제풀이 같은 주입식 교육을 유발하여 '배움의 통속화'를 초래합니다. '왜 공부하지 않고 책을 보냐?'는 말까지 나오는 판국입니다. 그래서인지 지긋지긋함의 상징이 된 교과서는 수능이 끝나면 미련 없이 버려지거나 심지어 불태워집니다. 뿐만 아니라 때때로 맹목적 입시 경쟁의 과정에서 거짓과 편법, 특권 의식이 작용해 '바른 것을 가르쳐야 하는' 교육의 근본을 부정하는 일도 벌어집니다.

초·중등 교육의 파행은 당연히 대학 교육의 파행으로 이어집니다. 초·중·고 시절부터 공부 습관이 잘못 들고 공부 자체를 지겹게 여기다 보니 대학생이 되어서도 대학 본연의 학문 연구를 도외시한 채 그저 적당히 졸업장을 따는 일에만 집중하게 됩니다(여기에도 나날이 심해져가는 취업난 등 다양한 요인이 복잡하게 얽혀 있지만요). 실제로 한국개발연구원의 연구 결과에 따르면 대학 1학년생의 자습 시간이 고교생의 52.5%에 불과했는데 특히 수능 성적이 높은 상위권 학생들에게서 하락폭이 컸다고 합니다(《경향신문》 2014년 1월 3일자).

대학 서열 체제는 사회적 낭비 또한 초래합니다. 공부에 재능과 적성이 없는 학생까지 대학에 진학해 노동 시장의 미스 매칭 현상을 야기하는 비정상적으로 높은 대학 진학률, 이에 따르는 학력 인플레이션을 유발합니다. 개인의 불행일 뿐만 아니라 한정된 사회적 자원을 낭비하는 일이기도 합니다. 공부 역시 예체능처럼 엄연한 하나의 소질과 적성입니다. 그런데 현재 우리 사회에서는 공부가 노력의 산물로만 받아들여집니다. 음악 천재, 체육 천재를 꿈꾸며 학생을 혹사시키는 일은 드물어도 공부 천재를 꿈꾸며 혹사시키는 일은 비일비재합니다. 이러한 잘못된 인식은 가정과 학생을 경제적·정서적으로 불행하게 만드는 사교육 문제를 유발합니다.

재수생을 양산하는 문제도 있습니다. 개인적 차원에서 보면 현재와 같은 학벌 사회에서 학벌을 높이기 위한 재수는 '합리적 투자'입니다. 그래서 많은 학생이 재수(일부는 삼수 이상의 '장수')를 선택하고 심지어 대학을 다니며 다른 대학 입시를 준비하는 '반수'를 감행합니다. 실제로 2016학년도 수능 응시자 중 재수생 비율이 21.56%에 달했다고 합니다(안민석 의원실 발표 자료). 비율도 상위권 학생에게서 높게 나타나고 있습니다. 공부를 못해서 재수를 하는 것이 아니라 공부를 잘하기 때문에 재수를 하는 것이지요. 2011년의 경우 수능 1등급 취득 학생의 40.2%가 재수를 했습니다(《경향신문 2014년 1월 3일자》). 이게 무슨 부조리일까요. 사회적 차원에서 보자면 막대한 비용을 들여 무의미한 일을 하고 있는 게 아닌가 싶습니다.

무엇보다 대학 서열 체제는 '끼리끼리 해먹는' 특권적 동문 의식을 낳아 능력주의를 뒤흔듭니다. 적격자 선발을 방해하여 비효율을 초래할뿐더러 위화감을 조성하여 사회적 통합을 저해합니다. 근원적으로 따져보면 학벌에 따른 선발은 지금의 능력이 아닌 과거의 능력을 기준으로 사람을 평가하는 것이라서 합리성이 심하게 결여되어 있습니다. 학벌이 아니라 능력이 있는 사람이 인정받는 풍토가 조성된다면 우리 사회가 한 단계 업그레이드될 수 있다는 사실은 2002년 월드컵 때 경험한 일 아니던가요. 학벌을 비롯해 각종 연고를 배제하고 순수하게 실력만으로 대표팀을 선발한 히딩크 감독이 이끈 한국 축구팀이 월드컵 세계 4강의 위업을 달성했으니까요.

부정적인 결과는 역으로 대학 서열 체제에 안주하고 있는 우리 대학들의 국제적 경쟁력이 낮은 데서도 드러납니다. 국제학업성취도평가에서 보듯 우리나라 학생들은 고교까지는 어쨌든 최우수권의 성취도를 보이고 있지만 대학은 그렇지 못합니다. 우리 사회의 각종 인적·물적 자원을 사실상 독점하고 있는 서울대의 경우에도 오랫동안 '세계 100대 대학'에 들지 못하다가 최근에야 중·하위권에 랭크된 수준입니다. '명문대'라는 타이틀은 한국이라는 우물 안에서나 통용되는 국내용에 불과했던 것입니다.

사실 지금과 같은 대학 서열 체제 아래서 상위권 대학들은 마치 재

■ 전공별 독일 대학의 순위

전공	2016년	2004년
철학	베를린대	–
법학	하이델베르크대	함부르크대
정치학	베를린자유대	콘스탄츠대
경영학	만하임대	발렌다르대
사회학	베를린자유대	마르부르크대
수학	본대	괴팅엔대
생물학	뮌헨대	바이로이트대
의학	하이델베르크대	뷔텐-헤르데커대
기계공학	아헨공대	슈트트가르트대
화학공학	아헨공대	뮌헨공대
전자공학	뮌헨공대	슈트트가르트대
환경공학	괴팅엔대	–

2016년 : QS World University Rankings
2004년 : 〈조선일보〉 2004년 11월 30일자

벌이 그러는 것처럼 노력해야 할 동인이 별로 없습니다. 연구 수행과 환경 개선에 소홀해도 동문을 늘리고 인적 네트워크(인맥)를 공고히 하면 위상을 유지할 수 있으니까요. '브랜드 효과'에만 안주해도 우수한 학생들이 몰려옵니다. 그러니 대학들은 무엇을, 왜, 어떻게 가르칠 것인가에 대한 진지한 고민을 하지 않고 학생 '선발'에만 관심을 집중하는 거지요(다행히 평준화 지역 고등학교에서는 이러한 양상이 거의 사라졌지요). 이명현 전 교육부장관의 말처럼 '엄격히 뽑아 대충 가르치는' 상황이 '우수 자원의 독점'에도 불구하고 정작 대학의 경쟁력을 그리 높이지 못하는 것입니다.

세계적 관점으로 볼 때 우리가 당연하게 여기고 있는 지금의 모습은 일반적이지 않습니다. 다른 나라의 대학들은 보통 연구하고 가르치는 경쟁을 하지 수험생들에게 성적을 다투는 경쟁을 전가하지 않습니다. 특히 대학이 평준화되어 있는 독일의 경우, 앞의 표에서도 엿볼 수 있듯이 설사 명문대라 하더라도 노력하지 않으면 언제든 밀려날 수 있으므로 각 대학이 강점을 살려 특화한 전공을 바탕으로 고유의 학풍을 발전시키려고 끊임없이 노력하고 있습니다.

교사에게 입시란?

대학(넓게는 고등학교까지) 서열 체제에서 기인하는 입시(정확히 상급 학교 진학)는 교사에게 야누스적인 존재입니다. 학교생활을 아주 쉽게 하도록 해줄 수도 있고, 반대로 교육 활동을 가장 방해하는 요인이 될 수도 있기 때문입니다. 물론 최근의 수시 전형(특히 학생부종합전형) 확대에 따른 생활기록부 및 추천서 작성의 부담으로 서서히 바뀌어가는 추세지만 그래도 고3이 가장 신경 쓸 일이 적은 학년이라는 통념은 사실에 가깝습니다.

학교마다 조금씩 다르겠지만 고3은 잡다한 교육 활동(예컨대 축제 같은)에서 사실상 '열외'입니다. 역설적이지만 입시에만 '올인'하라고 행정 업무도 별로 주지 않아서 교원업무정상화가 가장 잘 되어 있는 학년이기도 합니다. 학생들이 화장을 하든 추리닝을 입고 다니든 크게 간섭하지 않아도 되고, 엎드려 잠은 잘지언정 별로 싸우지도 않아서 생활지도를 할 것도 딱히 없습니다. 새로운 수업 개선에 대한 부담도 적은 편입니다. 수업 시간에 약간의 설명을 곁들여 문제풀이나 하면 족하고 중요한(?) 과목이 아닐 경우 수업을 하지 않고 자습을 하게 두어도 문제가 되지 않습니다. 그저 야간자율학습 감독이 상대적으로 많고 진학 상담이나 잘하면 됩니다.

반면에 무언가 내실 있고 새로운 수업을 시도하려는 마음이 있다면 고3은 시련의 연속입니다. 수능에 연계 출제된다는 EBS 문제지도 풀어야 하고, 최소한의 염치도 없이 노골적으로 점수에 집착하는 학생과 학부모도 상대해야 합니다. 수시가 끝난 제자들이 무너지고 망가지는 모습도 지켜보아야 합니다. 그래서 고3 전문 교사가 있는가 하면 고3만은 아니, 고등학교만은 절대 싫다며 피해 다니는 교사도 있습니다. 물론 타의에 의해 고3에 '꽂혀버리는' 경우도 있지요.

고3 전문 교사든 고3을 피해 다니는 교사든 일단 우리나라에서 교사로 살려면 비록 초등학교 교사라 할지라도 입시에 대해서는 상당한 수준으로 알고 있어야 합니다. 입시와 이로 인해 발생하는 현실에 비판적 시각을 가지고 있어야 함은 분명할 것이나 입시 자체에서 손을 놓아서는 안 됩니다. 또 입시에 유리하다고 알려진 특목고와 자사고, 취직의 가능성을 높여준다는 명문대에 진학하려는 학생과 학부모를 냉소적인 태도로 대해서도 곤란합니다. 입시는 교사가 수행해야 할 엄연한 사회적 직무 가운데 하나일뿐더러 학생의 입장에서 볼 때는 삶의 중대한 기로가 될 수도 있는 피할 수 없는 관문이니까요. 따라서 학생의 온전한 생애 설계에 도움을 주려면 앞으로 학생이 겪게 될 제도적 경로 및 특징, 이에 필요한 요소들을 미리 파악하고 있어야 합니다.

그런데 의외로 입시 교육을 한다면서도 정작 입시 구조를 정확하게 이해하고 있지 못한 교사가 많습니다. 막연하게 열심히 할 것을 권장하는 수준이거나 안다고 해도 진로·진학 지도의 다변화를 가능케 하는 4년제 대학 외 전문대나 폴리텍대 입시(중학교의 경우 실업계 특성화고), 선 취업 후 진학 모델에 대해서는 잘 모르는 교사가 많습니다. 이는 의도하든 그렇지 않든 결과적으로 공부 잘하는 학생만 편애하는 행태와 다름없습니다.

아예 무책임한 교사도 상당합니다. 분명 입시의 관문을 학생 스스로 넘어야 하는 것은 맞지만 희망하는 진로를 최대한 실현할 수 있도록 때로는 질책하고 때로는 격려하며 부단히 그 방법을 모색해야 하는데, 그저 '네가 할 일'이라는 태도로 일관하며 사무적·기계적으로 필요 최소한도의 일만 수행하는 것입니다. 물론 책임감이 마치 교사가 학생의 인생 전체를 짊어져야 한다는 식으로 과도해져서는 안 되겠지요. 교사의 지나친 부담감은 두려움과 조급함, 또 입시에 대한 강박으로 이어질 위험성도 큽니다. 그렇기에 여기서 말하는 책임감은 교사 본연의 역할인 안내자, 조력자, 촉진자로서의 역할에 충실해야 함을 뜻합니다.

입시에 어느 정도 거리를 두고 성찰하는 것도 중요합니다. 교사가 입시의 전문가가 되어야 하는 것은 맞지만 그렇다고 매몰되어서도 안 됩니다. 일단 전통적 프레임에 갇혀 '현실론'을 거론하며 소질과 적성을 경시하고 성적 상승에만 목매는 편향을 극복해야 합니다. 느리긴 해도 세상은 분명 변해가고 있습니다. 그동안 무서운 속도로 치솟던 대학 진학률(2008년 83.8%)도 2015년에 70%대가 무너지더니 급기야 60%대로 떨어졌습니다(《동아일보》 2016년 8월 30일자). 진학률 감소와 인구 감소가 맞물리면 5년 이내에 수험생이 40% 가까이 줄어들 것이라는 예측도 있습니다. 현행 입시 체제도 조만간 격변할 수밖에 없겠지요. 앨빈 토플러의 '한국 학생들은 하루 15시간 동안 미래에 필요하지도 않은 지식과 존재하지도 않을 직업을 위해 시간을 낭비하고 있다'는 말을 곱씹어볼 필요가 있습니다. 물론 학생들이 배우는 대부분의 내용은 대학 공부의 기초 소양이 될 터이므로 표현에 얼마간 선정적인 감이 없지 않지만요.

'좋은 학교' 보내기에 맹목적으로 집착하는 자세도 지양해야 합니다. 물론 소위 '명문 학교'에 진학하고자 하는 학생과 학부모의 요구를 무시할 수는 없을 것입니다. 그러나 전문가라면 학생의 진로 희망이 자기가 정말 원하는 것인지, 아니면 사회나 부모의 영향을 받아서 그렇게 생각하게 된 것뿐인지 파악할 수 있어야 합니다. 4년제 대학에 다니는 학생 3명 가운데 하나가 '방황(휴학, 자퇴, 전과, 유예 등)'하고 있으며 그 수가 무려 57만 명에 달한다고 하니까요(《경향신문》 2016년 9월 5일자). 특히 고3이나 중3 담임의 경우 소위 '대박'을 칠 때 느끼는 자아 효능감에 취해서 학생을 부추기고 있지나 않은지 부단히 성찰해야 합니다.

보충수업이나 야간자습이 많은 고3 담임은 통상 체력적으로나 시간적으로 여유가 있는 젊은 미혼 교사들에게 배치되는 편입니다. 또 희망자가 많지 않다 보니 '유능한 교사'를 일찌감치 초빙해가는 모양새를 취하고 있고, 3학년 부장에게는 가장 먼저 담임 선발권을 주기도 하지요. 그런데 여기에 우쭐해서 입시 논리를 무비판적으로 수용하는 신규나 저경력 교사들이 있습니다. 자신이 임용고사라는 경쟁을 뚫은 지 얼마 안 돼서 더 그럴 것입니다. 이럴 때 교사의 교육관이 '교육=입시'로 협량해지기 쉽습니다. 그러다 몇 차례 경험을 하면서 실상은 별것 아닌 입시 스킬을 습득하고 '입시 테크노라트'로 적당히 인정을 받으면 입시 외에는 아무것도 안 해도 되는 고3이 편하다며 계속 자청하게 됩니다. 이런 교사들의 미래는 자습 감독용 추리닝을 걸쳐 입고 꼭대기 층을 차지하고 앉아 있는 화석—교육 활동에 대한 고민은 안 하고 과거의 관행을 무한 답습하는—이 될 가능성이 높습니다. 이 과정에서 자연스레 습득하는 오만함이 말 그대로 학생들을 '전지적 시점'에서 지배할 위험성을 내포하고 있는 최근의 학생부종합전형 확대와 결합하면 권한이 주는 힘에 취해 독단과 독선으로, 나아가 인권 침해와 횡포로 이어질 가능성이 큽니다.

학생이 상급 학교, 좋은 학교에 진학하지 않을 수 있다는 가능성도 염두에 둘 필요가 있습니다. 학생들은 막연히 '남들이 가니까 나도 가야지' 하는 생각을 할 수 있습니다. 그러나 별다른 마음의 준비 없이 특목고나 자사고에 가서 극심한 경쟁 속에서 좌절하거나 무너지는 경우도 있고, 실업계 학교 진학이 꿈을 이루는 데 유리한 경우에도 일반고에 가서 말 그대로 '바닥을 깔아주는' 일이 많습니다. 굳이 대학에 가지 않아도 꿈을 이룰 수 있는 경우나 대학 진학 자체가 별다른 실익이 없는 경우도 상당하고요. 그럼에도 교사가 관성적으로 진학을 권장하는 것은 일종의 직무 유기가 아닐까 싶습니다. 일부이기는 하지만 진학을 능동적으로 거부하는 학생들이 생겨나는 상황에도 주목해야 하는데 지금까지는 여기에 대한 고민이 전무한 상태입니다.

방임도 문제지만 그 반대도 문제라는 것 또한 잊지 말아야 합니다. 고교생쯤 되면 이미 학습 결손이 손쓰기 어려울 정도로 누적되었을 가능성이 높습니다. 성적이 우수해서 교·사대에 진학했고 임용고사라는 관문을 통과한 교사들이 모든 학생이 자신과 같을 것이라고 생각해서는 현실에 부합하는 교육 활동을 펼칠 수 없습니다. 학습을 독려한답시고 자신의 경험담을 늘어놓는 것은 공허하며, 아이들을 위한다는 명분으로 몰아붙이는 것은 도리어 괴롭힘이 될 수도 있습니다. 그렇기에 학생이 받아들이고 버텨낼 수 있는 다른 길을 찾을 수 있도록 도움을 주는 지혜가 필요합니다. 강압적 배정이나 위탁 기관 보완 등 더 다듬어야 할 요소는 많지만 일반고의 직업위탁교육(세칭 '직업반')

같은 것이 한 예가 될 수 있을 것입니다(안타깝게도 많은 학교가 '학교 레벨이 떨어지고 분위기가 나빠진다'며 아예 안내조차 하지 않거나 개설을 방해하는 편향성을 보이고 있지만요).

끝으로 학교는 시민의 세금으로 운영되는 '공공기관'임을 잊지 말아야 합니다. 교사는 성찰 속에서 적격자 선발이 이루어질 수 있도록 최선을 다해야 하며, 진학하는 학생들에게 이러한 교육 현실이 정상이 아니라는 문제의식 정도는 심어주어야 합니다. 특히 앞으로 기득권을 누리게 될 가능성이 높은 '공부 잘하는' 학생들에게는 공적인 마인드를 갖추는 것이야말로 참된 엘리트의 길이라는 것을 꼭 가르쳐주었으면 합니다. 그리고 '반칙'을 하지 말아야 합니다. 비단 중3, 고3 담임이 아니더라도 입시에 간여하는 입장이 되고 보면 입시를 잘하게 하는 것이 인생에 도움을 주는 것인지, 정직함을 가르치는 게 인생에 도움을 주는 것인지 헷갈리는 상황에 빠질 수 있습니다. 인지상정으로 온정주의가 작동하여 간혹 무리수를 두고픈 유혹에 빠지기도 하고요. 하지만 교사는 '교육자'라는 것을 잊지 말고 입시를 둘러싼 비교육적 부조리―특히 학생부종합전형(옛 입학사정관제) 도입 이후 급증한 상 몰아주기, 스펙성 전시 행사 개최, 생활기록부 마사지하기 등―에 타협하지 말아야 합니다.

얼마 전 중부대 안선회 교수는 현재 대학 입시 전형에서 가장 중요한 과제는 '뻥'과 '구라'를 찾아내 판별하는 것이 되어버렸다고 개탄한 바 있으며(《글로벌이코노믹》 2016년 1월 20일자 칼럼), 광주 수피아여고는 명문대 합격률에 눈이 멀어 '심화반' 소속 학생들의 생활기록부를 조직적으로 조작해 물의를 빚은 바 있습니다(《중앙일보》 2016년 9월 7일 자). 물론 이러한 부조리의 근본 원인은 애매한 면모가 많고 '보여주기식 인간상'을 기를 위험성이 큰 학생부종합전형 자체의 문제점에서 비롯된 것이기는 합니다. 그러나 이에 편승한 교사 개인의 책임도 작지는 않습니다. 이는 공교육의 신뢰도와 교권을 추락시켜 정상적 교육활동의 발목을 잡는 일임과 동시에(1999년에도 서울 26개 고교가 시험문제를 암시하는 등 내신 부풀리기에 나서 재시험을 치른 적이 있고, 이는 평준화가 흔들리고 상대평가가 도입되는 중요한 계기가 되었습니다), 교사 개인에게는 직을 잃을 수 있는 4대 비위 가운데 하나입니다. 무엇보다 제자들 보기에 부끄러운 일이라는 것은 말할 것도 없고요.

'점수 높이기'가 아니라 '실력 높이기' 차원에서 접근하는 것이 그나

■ 현행 주요 입시 전형 요소

전형 요소	장점	단점
표준화 검사지 (수능)	- 공정성·객관성 담보 - 채점 등 고사 관리 간소 - 기본 지식 측정 용이	- 지식의 지엽화·단순화·파편화 - 암기 위주의 주입식 교육 위험 - 일대다 강의로 사교육에 최적
스펙 (생활기록부)	- 잠재력 측정 가능 - 진로 지도에 유리 - 학교교육 정상화에 기여	- 학생 통제 강화 및 보여주기식 인간형(조작·과장·허위) 양성 위험 - 공정성·객관성 취약 - 사교육의 정예화·고급화
논술	- 대학 학문 방법과 일치 (타당도) - 고등 사고력 및 수월성 측정 가능 - 중간 수준의 공정성·객관성	- 사교육 폭증의 위험 - 피드백 부재시 학습 결손 극단화 가능성

권재원 외, 〈교사가 바꾸는 교육법〉(우리교육, 139~147쪽)

마 이러한 딜레마에서 벗어나는 돌파구가 될 것입니다. 단기간에 입시 경쟁 자체를 혁파할 수는 없을 터이니 학생들이 하는 고생을 헛되이 만들지 말고 생산적인 방향으로 틀어줄 필요가 있는 것입니다. 그러기 위해서는 주요 입시 전형 요소와 이들이 갖는 교육적 함의를 명확히 파악해둘 필요가 있고, 각 전형 요소의 장점을 극대화하고 한계와 부작용은 최소화할 수 있도록 꾸준히 보완해가야 합니다. 현행 주요 입시 전형의 요소를 살펴보면 대략 앞의 표와 같습니다. 간간이 언론에서 대입 전형이 수천 개라는 식으로 선정적인 보도를 하는데 기본적으로 세 가지 전형 요소가 바탕을 이루되 그 조합 비중이 다를 뿐입니다.

입시 및 대학 체제 관련 '근접 발달 영역' 뛰어넘기

교육을 파행으로 치닫게 하는 입시 제도에는 교사 개인이 손쓸 수 있는 영역이 많지 않습니다. 사회적 조건에서 비롯한 문제라서 그저 제도를 공정하게 운영하려고 노력하며 학생들과 함께 버틸 수 있을 뿐입니다. 대학 체제 역시 초·중등 교육에 큰 영향을 미치고 있으나 이에 대해서는 의견 제시조차 별로 나오고 있지 않는 실정입니다. 사실 그간의 입시 제도와 대학 체제가 초·중등학교의 현실에 맞지 않게 운영되면서 부조리를 극대화시킨 이유는 교사들의 목소리가 미약해서 제도 개편에 거의 반영되지 않았기 때문이기도 합니다.

그러므로 근본적인 치유까지는 아니더라도 최소한 불필요하게 학생들의 고통을 가중시키는 입시 제도의 부조리, 나아가 적어도 입시와 관련한 대학 체제의 문제점을 해결해나갈 수 있도록 부단히 노력해야 합니다. 즉, 대안 모색과 사회적 실천을 고민하는 등 한 걸음 더 나아가려는 자세가 필요합니다. 40만 명에 이르는 교사가 교육의 전문가로서 문제 해결 과정에 주도적으로 참여한다면 그만큼 정교하게 현실에 부합하는 대안을 모색하는 일이 가능할 것이고, 이것이 힘을 받으면 의미 있는 수준의 교육 개혁을 이끌어낼 수 있을 것이라고 믿습니다.

끝으로 2012년 대선 기간에 전국교육희망네트워크 등이 제기한 정책 의제들을 간략히 소개하면서 마무리하겠습니다. 앞으로 교사들이 지혜를 모아 한층 업그레이드한 형태로 보완해나가면 좋겠습니다.

① **입시제 단순화**

현행 입시 제도가 표준화 검사지, 논술, 학생부(스펙과 내신) 등 다양한 전형 요소로 이루어져 있어 학생들의 부담이 지나치게 큰 상황을 개선하자는 개혁안입니다. 현행 입시 제도의 취지 자체는 자신이 강점이 있는 전형을 준비하라는 것일지도 모르겠습니다. 그러나 현실적으로는 특출난 분야가 있는 소수 학생을 뺀 나머지 대다수 학생이 혹시나 하는 마음에 모두를 다 준비하는 상황이라서 학생 개인이 짊어지는 부담이 과도하고 학교 역시 선택과 집중을 하지 못해 교육력의 한계를 보이고 있는 실정입니다(소위 '죽음의 트라이앵글' 또는 '펜타곤'). 따라서 사회적 합의에 따라 이 요소의 단일화를 검토할 필요가 있습니다. 물론 입시제 개편으로 입시 경쟁 자체를 줄이기는 어려울 것입니다. 그러나 현실적 한계를 인정하되 학생 개인의 부담과 여기서 비롯

되는 사회적 낭비의 일부라도 의미 있는 수준으로 경감한다면 의미가 적지 않을 것입니다. 한 줄 세우기가 가능한 수능 같은 국가 단일 관리 체제만 아니라면 입시제 단순화가 서열화를 심화시키지는 않을 것으로 예상됩니다.

② **국립대 일원화(국립대통합네트워크)**

법인화된 서울대를 포함해 전국의 국립대를 공동 입학 전형으로 치르고 공동 학위를 주는 방향으로 개편하자는 개혁안입니다. 근자에 이슈가 된 반값 등록금 정책과 묶을 경우 대학 개혁에 자극을 줄 것으로 기대됩니다(지역 살리기 차원에서 출신 지역 학생의 경우 전면 무상 교육도 검토 가능할 것입니다). 박원순 서울시장이 서울시립대 등록금을 대폭 인하한 후 시립대의 평판이 수직 상승했던 것을 감안해보면 대학 정원의 약 20%를 차지하는 국립대가 선호 대학으로 바뀔 경우 기존의 대학 서열을 의미 있는 수준으로 흔들어놓을 수 있을 것으로 예상되기 때문입니다. 특히 세계적으로 가장 비싼 수준인 등록금 문제 해결에 막대한 재정 수요가 들어가는 어려움도 이 정책을 해결하는 과정에서 실마리를 찾을 수 있을 것입니다. 국립대에 우선 적용한다면 당장의 예산 부담을 경감할 수 있을뿐더러 정부의 보조금이 비리 부실 사립대의 연명 수단이 될 위험성을 원천적으로 차단할 수 있게 됩니다. 조만간 불어 닥칠 인구 감소에 따른 대학 구조조정의 바람은 이러한 대학 체제 개편의 좋은 밑바탕이 될 것입니다.

③ 사학청산법(가칭)

대학 평준화를 가능케 할 징검다리라 할 국공립대 비중 증대의 사전 작업을 위한 입법 과제입니다. 사실 유럽의 여러 나라가 대학 평준화를 이루고 유지할 수 있는 이유는 사유 재산권 시비를 야기할 수 있는 사립대의 비중이 낮고 국공립대 비중이 높기 때문입니다. 유럽 이외 지역까지 포함하는 OECD 회원국 평균을 보아도 국공립대가 78.1%입니다. 그러나 우리나라는 4년제 대학 중 사립대의 비중이 79%(158개)에 달해 21%(43개)에 불과한 국공립대의 4배에 육박하는 실정입니다(유기홍 의원실 발표 자료). 이렇게 사립대학의 비중이 압도적으로 높은 상황에서 대학 평준화를 부르짖는 캠페인은 공허할 뿐이고, 아무리 헌신적으로 운동을 전개해도 이루어질 가능성이 희박합니다. 앞에서 언급했듯 곧 닥칠 학생 수 감소로 인해 조만간 화두로 떠오를 대학 구조조정 과정을 별다른 준비 없이 맞이할 경우 우리 교육은 다시 한 번 왜곡되고, 교사들 또한 더 비틀린 입시 체제에 시달리게 될 가능성이 높습니다.

④ 학력·학벌차별금지법

입사 서류 등 인사 서류에 출신 학교 기입란을 없애 개인의 능력이 아닌 학력과 학벌을 통해 차별이 이루어지는 것을 원천적으로 차단하자는 법률안입니다. 학벌이 아닌 능력을 중심으로 인재를 선발해야 한다는 사회적인 합의는 이미 오래 전에 이루어졌습니다. 다만 다양다기한 '현실적 이유(채용의 간소화 등)'들로 인해 차일피일 미루어지고 있을 뿐입니다. '출신 학교 스크린(1차 서류 전형)'을 통해 면접 대상자를 간편하게 추려내는 것이 기업 입장에서는 효율적으로 보일지 모릅니다. 그러나 길게 보았을 때 채용 비용을 더 들여서라도 학벌과 무관하게 보다 능력 있는 인재를 발굴하는 것이 오히려 기업의 성장과 발전에 도움이 될 가능성이 높습니다. 이는 이미 참여정부 시절 KBS 정연주 사장이 도입한 '블라인드 심사'를 통해 어느 정도 현실 가능성과 효과를 타진한 사안이기도 합니다(《한겨레》 2010년 9월 5일자 칼럼). 아울러 이것은 이명박 정부 시절 도입했으나 정권이 바뀐 뒤에 흐지부지된 감이 있는 마이스터고 등을 활용한 '선 취업 후 진학' 모델이 우리 사회에 안착하는 데에도 역할을 할 수 있을 것으로 보입니다.

행정에서 교육으로 가려면 넘어야 할 교육 관료제

이제 달력이 한 장밖에 안 남았습니다. 파김치가 된 몸과 마음을 추스르기 위해 겨울방학을 애타게 기다려보지만 아직 멀기만 합니다. 업무량은 절정에 달해서, 생활하는 것이 아니라 버틴다는 표현이 어울릴 지경입니다. 교무부는 기말고사에 이어 이미 마감한 수행평가까지 합산한 학기 말 성적을 처리하느라 분주합니다. 연구부는 각종 평가서, 보고서와 정산 업무의 뒤치다꺼리로 정신이 없습니다. 학생부는 학생부대로 학년부는 학년부대로 바쁩니다. 담임교사들은 모든 부서에서 요구하는 자료를 제공하면서 틈나는 대로 학생부를 기재해야 합니다. 중3이나 고3을 맡고 있으면 여기에 입시 업무까지 보태야 하지요. 내가 수업을 하는 교사인지, 행정 업무를 처리하는 행정직원인지 헷갈릴 정도입니다.

한편으로 12월은 내년에 몇 학년을 담당할지, 어떤 부서를 희망할지, 학교를 옮겨야 할지 말아야 할지 고민하는 달이기도 합니다. 내년에는 누가 무슨 부장을 맡고 교장이 다른 학교에서 누구를 데려오려 한다는 둥 또 누가 누구 줄에 섰다는 둥 소위 '민간 발령' 이야기가 떠돌기도 합니다. 이런 소문에는 거론되어도 난감하지만 소외되어서도 난감합니다. 때로는 마음이 상하거나 얼굴을 붉히는 일도 생기고, 근무 평가나 성과급 문제로 목소리가 높아지는 일도 있습니다. 교육 전문가들이 모여 있다는 학교가 이러면 안 될 것 같은데 일반 관료 조직과 크게 다르지 않은 모습을 보여줍니다.

이번 달의 화두는 바로 '교육 관료제'입니다. 교육을 해야 할 교사에게 왜 이렇게 행정 업무가 많은지, 전문가들이 모여 있다는 학교에서 왜 관료제의 부조리가 나타나는지, 그 원인과 내용을 알아야 해결책을 찾을 수 있을 테니까요.

학교 관료제의 뿌리

교원 양성 기관인 교·사대 교육과정 어디에도 행정 업무에 대한 내용은 나와 있지 않습니다. 그런데도 교사의 업무량에서 각종 행정 업무가 차지하는 비중은 무려 30%에 육박하지요(정영수 외, 교원 업무 경감을 위한 교무 행정 업무 처리 모형 개발 연구). 그러다 보니 경력이 짧은 초임 교사는 수업보다 행정 업무에 훨씬 스트레스를 받습니다. 지나치게 복잡한 형식에 과도하게 통일성을 기해야 하는 각종 문서, 업무 관리 시스템, 자료 집계 시스템, 에듀파인 등 복잡하기 그지없으니까요. 게다가 '쏟아져 내려온다'는 표현이 적절한 수많은 공문까지…. 한 학교가 1년 동안 받는 공문의 양이 7천~8천 건이 넘는다고 하니 1년에 200일 정도 근무한다고 치면 하루 평균 35~40건의 공문을 처리하는 셈입니다. 여기에 각 학교에서 자체적으로 만들어야 하는 공문도 있습니다. 뭐 하나를 하려고 해도 건건이 기안을 해서 부장 → 교감 → 교장으로 이어지는 결재를 얻어야 시행할 수 있으니까요.

오늘날 '관료제(bureaucracy)' 하면 부정적인 느낌을 주지만 본디 관료제는 절대군주의 자의적 지배를 배격하려는 근대 서양의 합리화 과정에서 나온 산물입니다. 프로이센의 베버(Max Webber)에 의해 체계화되었고, 전문화(분업화)를 통해 능률을 높이고 위계화를 통해 책임의 소재를 명확히 하는, 상당히 장점이 많은 제도였습니다. 각종 규칙과 규정에 따라 체계적으로 작동하므로 행정 관리 행위의 예측 가능성과 안정성을 높여주고, 훈련과 선발 과정이 객관적으로 이루어질 뿐더러 구성원에 대한 평가도 자의적인 방식이 아니라 능력과 실적에 따라 이루어지므로 수용도가 높았습니다.

그런데 이러한 장점은 고스란히 단점이 되기도 합니다. 분업적 직무 수행에서 비롯되는 개별적 칸막이 문화로 인해 구성원 간 협업을 저해하기 쉬우며 실적주의 평가로 인해 전시 행정을 낳기도 합니다. 위계화는 경직된 권위주의 문화를 조성하기도 하고, 특히 우대하는 차원에서 경력자를 실무에서 빼주는 관행은 인원이 비효율적으로 늘어나게 합니다. 안정성과 예측 가능성은 권태와 무사안일을 야기하는 한편, 엄격한 규정과 규칙은 유연한 상황 대처를 어렵게 만들기도 하지요. 무엇보다 가장 큰 단점은 규정과 규칙을 지키는 것이 목표가 되어 애초의 취지를 망각하는 목적 전도 현상이 일어나는 것입니다.

특히 우리나라의 경우 일제강점기 때 식민 당국에 의해 관료제가 이식되어 철저한 중앙집권적 감시·통제 체제가 이루어졌는데 이것이 학교에도 적용되면서 순기능보다 역기능이 두드러진다는 평가를 받고 있습니다. 한 예로 감시·통제를 담당하는 대표적인 직급이 교감입니다. 교감의 '감(監)'자는 '살핀다'는 의미인데 일제는 당시 지방관이 교장을 겸임한 학교가 많던 상황에서 학교를 장악하기 위한 과도기적 조치로 1907년 '보통학교령'에 '교감'직을 신설했습니다(김광규, 근대 개혁기~일제강점기 관·공립 초등학교 교장 인사와 조선인 교장, 2015). 해방 이후에도 그 잔재가 청산되지 않고 이어졌다는 것이 우리의 슬픈 현대사를 잘 드러내주고 있습니다.

대부분의 나라가 교육이라는 특정한 목표의 효과적 달성과 조직 운영의 합리성을 도모하기 위해 교육 조직에도 관료제를 채택·적용해왔습니다. 그런데 그 방식은 나라마다 다양하고 우리와는 큰 틀에서조차 다른 점이 많습니다. 대표적인 예로 독일이나 스위스의 경우 중앙정부에 교육부가 없습니다. 지방정부가 모든 교육정책을 결정하고 교육에 관한 법률을 제정합니다. 전국적으로 통일이 필요한 사항은 지방정부의 교육부 장관들이 합의해서 결정합니다.

우리나라의 경우에는 '교육부 → 교육청 → 교육지원청 → 학교'로 내려오는 위계 구조가 매우 엄격합니다. 교육부는 지역에 따라 실정에

■ 교육부 조직도

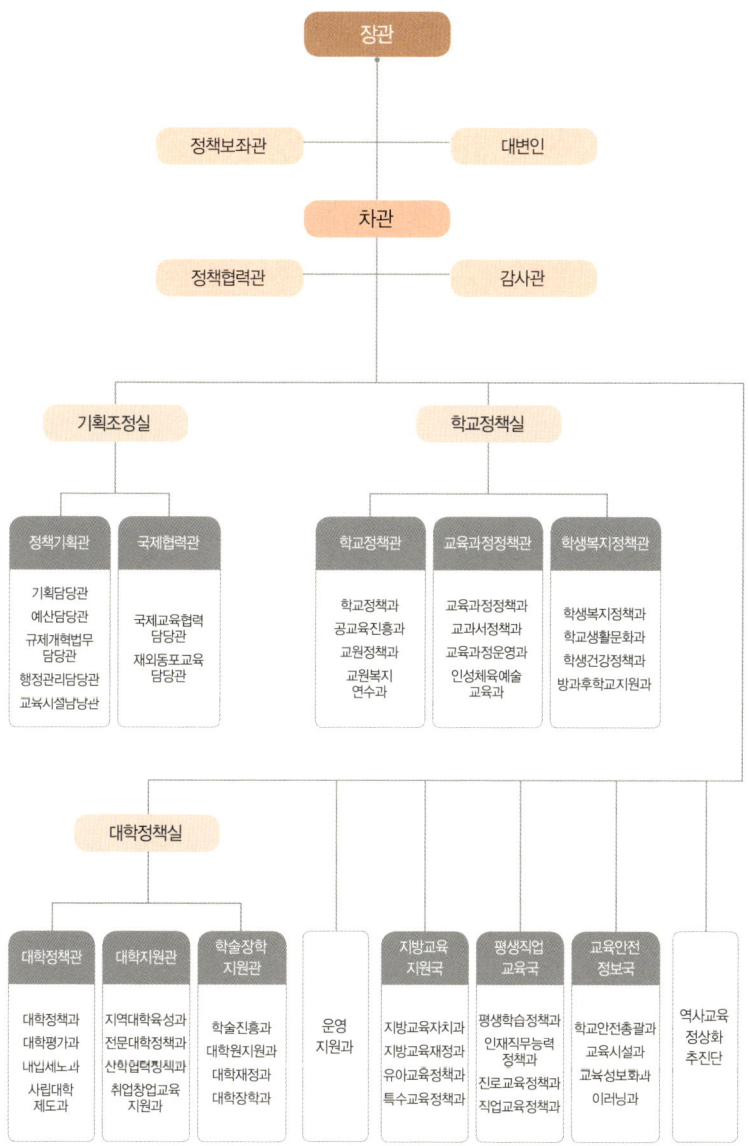

■ 서울교육청 조직도

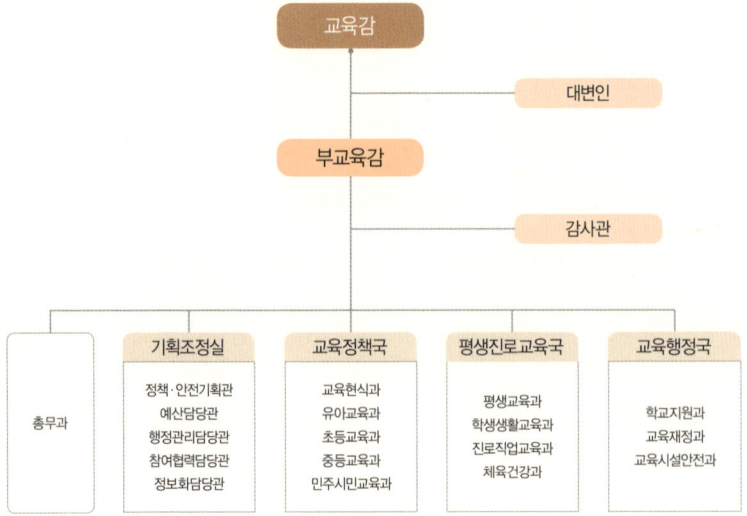

맞지 않을 수도 있는 교육정책을 일방적으로 결정해 전국에 획일적으로 시행하거나 큰 틀의 교육정책뿐 아니라 단위 학교에서 이루어지는 사소한 일까지 정해서 강제하는 경우가 많습니다. '특별 교부금'을 내려 보내 사업을 벌이지 않을 수 없게 한다든가 학교생활기록부에 무엇을 어떻게 기록하는 게 좋다는 지침까지 아무렇지 않게 내려 보내곤 합니다.

교육기관인 일선 학교가 이러한데 행정기관인 교육청은 말할 것도 없습니다. 교육청에서 교육과정을 담당하는 부서의 경우 업무의 70% 이상이 교육부의 사업 내용이라고 해도 과언이 아닙니다. 애당초 교육청의 각 조직(정식 명칭은 '직제')은 교육부에 맞춰 만들어진 것이고요. 부교육감 같은 지방행정직(교육공무원)의 인사마저 일정 부문 교육부의 통제를 받고 있는 상황에서 진정한 의미의 지방 교육 자치와 학교 자치는 요원하기만 합니다.

교사의 에너지를 갉아먹는 관료제

교육청과 교육지원청은 행정을 하는 곳이므로 관료제가 침투해 있다고 해도 일정 부분 이해가 갑니다. 하지만 문제는 학교에도 관료제가 뿌리 깊게 자리를 잡고 있다는 것입니다. 현재 우리의 학교 조직은 각 부서별로 분업화와 위계화가 이루어져 있어서 행정상의 명령과 복종 관계를 기본으로 합니다. 조직 운영 역시 개인의 사정을 고려하기보다 각종 법령이나 규정, 지침에 기초해서 만들어지고요. 이는 구성원들의 자격이나 전보, 승진, 포상, 징계에도 마찬가지입니다(한국교육행정학회, 학교의 관료제적 특징, 1995).

교육은 구성원 간의 인격적 관계가 무엇보다 중요한데 권위주의와 몰가치성을 특징으로 하는 관료제는 관계에 악영향을 미쳐 전인교육에 방해가 되고 학교 조직의 경직화를 초래합니다. 또 교육청과 학교, 교장과 교사 간의 엄격한 수직적 위계화는 소통이 아닌 지시와 전달이 일상적인 관계를 만듭니다(이른바 톱—다운). 이는 실질적으로 교육을 담당하는 전문가인 교사를 의사 결정 과정에서 상당 부분 배제하고, 도리어 현장을 모르는 관리자나 교육 관료를 교육정책 및 교육 계획의 주체로 삼는 오류를 낳습니다. 실제로 교사가 의지를 가지고 교육 계획을 세워서 추진하려고 해도 최종 결정권자인 교장의 판단에 따라 집행 여부가 결정되므로 교사의 자율적 행동이 억제되는 경우가 많습니다. 조직의 효율성과 합리성을 추구한다는 관료제가 오히려 학교에서 교육이라는 목적을 잃어버리게 하는 아이러니를 낳고 있는 것이지요.

뿐만 아닙니다. 관료제 특유의 번잡한 행정적 절차주의와 문서주의는 교사들을 교육 활동에 전념하지 못하게 합니다. 학교는 교육을 하는 곳인데 정작 교사들 사이에서는 '행정 업무를 보다가 틈내서 수업하고 온다'는 자조 섞인 이야기가 나옵니다. 학년 초에 작성한 교육과정 계획에 들어간 내용도 건건이 다시 결재를 받아야 하고, 사소한 양식의 차이로 고사 원안지를 다시 제출하기도 합니다. 공문의 빈 칸에 '이하 여백'이라는 표기를 하지 않았다고 해서 결재가 안 된 사례도 있습니다. 이러한 형식주의는 교사의 에너지를 갉아먹을 뿐 아니라 아예 의욕을 꺾어버립니다. 복잡한 서식과 절차를 거치느니 차라리 안 하고 만다는 거지요.

〈교육 정상화를 위한 학교 업무 조직 개편론〉(교육비평, 2014)을 쓴 강민정 선생님도 한국 학교 조직의 특징으로 '학급 중심', '행정 중심', '권위적 조직 운영', '책임 회피적 태도'를 들었습니다. 실제로 우리의 학교에서는 학급 담임 제도가 기본적으로 정착되어 있습니다. 교육부에서 연구 시범 사업으로 대대적으로 실시한 교과 교실제가 지지부진해진 이유는 다른 나라와 달리 학급 담임이 상담과 생활지도를 전담하다시피 하며 출결, 수납, 생활기록부 정리 등 잡다한 학사 행정의 상당 부분을 책임지고 있는 현실 때문입니다. 조회, 종례는 물론이고 급식 지도나 자습 감독, 각종 창의적 체험활동 수업도 거의 담임에게 집중되어 있습니다. 최근에는 학교폭력 업무까지 추가되었지요. 업무와 책임이 과해서인지(무려 70여 가지에 달한다고 합니다), 담임 기피 현상이 심각한 상황에 이르렀습니다(《매일경제》 2015년 3월 25일자).

■ 관료제를 잘 보여주는 어느 중학교의 업무분장

교직원 소개		
직위	성명(담임)	주요 업무
교장	김OO	교장
교감	최OO	교감
교무기획부		
부장	이OO	교무기획부장
교사	이OO(3-1)	교육과정, 자유학기제
교사	이OO(3-2)	생활기록부, 성적
교사	김OO	체육
보건	양OO	보건
특수	임OO	특수
실무사	서OO	문서, 수업계, NEIS
혁신연구부		
부장	정OO	혁신연구부장
교사	신OO(3-3)	혁신, 평가
교사	김OO(1-1)	연구, 연수
교사	양OO	정보부 업무
사서	염OO	도서관 업무
학생인권안전부		
부장	김OO	학생안전인권부장
교사	안OO(2-2)	학교폭력
교사	신OO(1-2)	학생 자치
교사	최OO(2-1)	학년, 환경
교사	이OO	진로 진학, 학부모회
복지사	안OO	복지 상담

또 명칭은 조금씩 다르겠지만 교무부, 연구부, 학생부, 학년부, 정보부 등 관료제적 조직 체계를 모든 학교가 공통적으로 시행하고 있습니다. 수업에는 조금 늦게 들어가서 시간을 때울 수 있어도 각종 계획서 작성, 보고, 기안, 장부 정리 같은 행정 업무는 주어진 기한 안에 철저히 처리해야 하는 것이 현재 우리 학교와 교사의 모습입니다. 이런 분위기는 수업이나 생활지도에 뛰어난 교사가 아니라 행정 업무에 뛰어난 교사가 승진에 유리한 인사 제도만 보아도 알 수 있습니다. 결국 학교 조직은 교육이 아닌 행정을 중시하고 있는 것이지요.

권위적 조직 운영과 책임 회피적 태도는 사실 짝을 이루는 것입니다. 권위주의가 보신주의로 이어지니까요. 학교에 근무하다 보면 '회의(會議)에 회의(懷疑)를 느끼게' 됩니다. 바쁜 시간을 쪼개 교무회의에 참석하면 정작 인쇄물을 읽어주는 수준의 전달일 뿐이고, 인사자문위원회에 참석하면 교장, 교감의 의중이 무엇인지 고민하는 일이 많습니다. 이럴 거면 뭐 하러 회의를 하나 싶을 만큼 의미가 없는데도 그렇게 진행합니다. 물론 그 책임을 교장, 교감에게만 돌리려는 것은 아닙니다. 교사들도 자신의 의견을 내지 않고 교장, 교감의 의견에 순응하거나 오히려 자신의 의견을 말하는 교사를 불편해하기도 하니까요. '내가 결정한 것이 아니다', '나는 시키는 대로 했을 뿐이다'라며 자신의 책임 없음을 주장하지만 이런 태도는 결국 결과에 대한 책임뿐만 아니라 도덕적·윤리적 책임을 회피하는 것과 다를 게 없지요.

문제는 관료제에 기반을 둔 학교 문화가 교육에 끼치는 해악입니다. 사회에서 종종 오해하는 것처럼 학교는 그저 '철 밥그릇'에 안주하며

'놀고먹는' 공간이 아닙니다. 대다수 교사는 늘 정신없이 바쁘고 무언가 열심히 합니다. 단, 그것이 교육 활동이 아니라 엉뚱한 일(관료제적 행정 업무)인 경우가 많아서 문제인 거지요. 단적으로 2015년 경기도 교육청이 각 학교에 내려 보낸 각 부서별 기본 계획만 보아도 그렇습니다. 2015년 경기도 내 일선 학교들은 3~4월에 걸쳐 35개의 계획을 세워야 했고, 19개의 협의체(위원회)를 구성해야 했으며, 29개의 연수를 실시해야 했습니다. 또 39가지 주제를 교육과정에 반영하거나 행사를 열어야 했고, 무려 26개의 성과 보고서를 제출해야 했습니다. 정규 수업과 평가, 생기부 관리, 입시 등 교사의 '본무'를 그대로 하면서 말이지요. 그렇다면 대체 연구는 언제 하고 학생 관찰은 언제 할까요? 멋진 보고 자료를 만들었으니 교육 관료들의 실적은 올라가겠지만 일선 학교의 수업과 상담은 부실해질 수밖에 없습니다. 그래서 대두된 것이 바로 교원업무정상화입니다.

교원업무정상화의 장애물, 관료제

교원업무정상화는 흔히 혁신학교에서 시작한 것으로 생각하는데 다음 표에서 볼 수 있듯이 오래 전부터 교육부(당시에는 문교부)에 의해 '교원업무간소화' 또는 '교원잡무경감'이라는 이름으로 추진했던 내용입니다.

교육부에서 추진하는 일이 대체로 그렇듯이 현장에서는 '그런 게 있었나?' 할 만큼 인식이 미미했고 효과가 낮았습니다. 그러다 현장

■ 정부의 '교원업무경감' 주요 정책의 변화

연도	주요 정책	내용
1974. 1. 28.	각종 행사에 학생 동원 금지 지침	- 국무총리 지시
1979. 11. 8.	교원 업무 간소화 지침	- 문교부
1981. 12. 28.	학교교육 정상화를 위한 교원 잡무 경감에 관한 지시 (국 행 일 100-650)	- 국무총리 지시
1982. 3. 17.	'교육행정관리규정' 제정·공포 (교육부 훈령 제364호)	- 교원 잡무 경감을 통한 교원의 교육에 전념할 수 있는 여건 조성 - 학교교육 정상화 도모
1995. 5. 31.	교육 개혁 조치 발표	- 수요자 중심 교육, 열린 교육, 특기 적성 교육 등 폭넓은 교육 활동 요구 수용 - 교수 매체 현대화에 따른 수업 준비에 시간 투자 필요 - 공문서 처리와 각종 잡무 처리를 위한 교원 업무 경감 부각
1997. 9.	'교원의 잡무 경감 대책' 수립·추진	- '학교 공문서 10% 감축의 해'로 선언
2000. 4.	'교원 예우에 관한 규정' 제정	- 행사 동원 금지 - 자료 제출 기준일 제시
2000. 9. ~ 2001. 3.	전국 단위 교육행정정보시스템 구축을 위한 업무 처리 절차 개선 및 정보화 전략 계획(BPR&ISP) 수립	- 2001년 일반 행정 영역 구축 - 2003년 교무, 학사 등 5개 학교 행정 영역 개통 - 2006년 대국민 민원 서비스 구축 및 개통 - 2008년 학교 정보 고시
2001. 5.	'교원업무경감방안' 마련·시행	- 사무 보조 인력 배치
2001. 7.	'교직발전종합방안' 확정·시행	- 교원 정원 증원 - 장기 유학 - 복지 카드
2005. 11.	'학교교육력제고사업' 추진 계획 수립	- 교원평가제 시범 운영 - 교원 수업 시수 감축 - 교원 직무 기준 정립 및 교원 지원 인력 증원 방안 발표

연도	주요 정책	내용
2006. 5. 9.	'교원 사기 진작을 위한 7가지 대책' 발표	– 주당 수업 시수 감축 – 교무 행정 지원 인력 배치 – 학교 전자결재 시스템 구축
2006. 8. ~ 2008. 8.	학교 교무 행정 지원 인력 시범 배치	– 2006년 48개교에 60명 배치 – 2007년 424개교에 423명 추가
2008. 11.	'교육 규제 관련 공문서 시행 및 관리에 관한 훈령' 제정	– 공문서 관리 등 교원 업무 감축에 관한 근거 마련함
2008.	교원 및 공무원 총 정원 동결	– 보조 인력 증원이 어려움
2009. 10. 27.	'교사의 수업 전문성 제고 방안' 확정·발표	– '학교 내 행정 업무 처리 체계 개편을 통한 행정 업무 경감 과제'가 결정됨
2009. 11.	'교사의 수업 전문성 제고 방안을 위한 교원 업무 경감 대책' 수립	– 정책연구진과 자문팀 구성 – 2010년 3월 시범학교 운영

이인회 외, '교원업무경감'을 위한 교무 행정 업무 처리 모형 개발 연구(2010)

교사들에게 교원업무정상화가 본격적으로 다가온 것은 2011년, 최초의 진보 교육감인 김상곤 경기도 교육감이 이를 시행하면서입니다(최초의 이름은 '교원행정업무경감').

경기도의 교원업무정상화 정책은 행정 업무에 대한 부담을 줄여 수업과 학생 생활지도에 전념할 수 있도록 교사의 업무를 '정상화'하겠다는 목적 외에 교육보다 행정을 우선시하는 학교 풍토를 혁신하기 위한 방안이기도 했습니다. 그 결과 전자 문서를 다시 종이로 출력해서 이중으로 결재한 뒤에 편철하는 관행이 사라졌습니다. 또 불필요한 장부를 줄이고 위임 전결을 확대했으며 실적 거양용 선시 행사도 줄였습니다. 무엇보다 교무행정실무사 배치를 통해 교원업무정상화의 공감대를 형성하고 부족하나마 교무 행정 지원 체계를 만든 것은 큰 성과라고 할 수 있습니다.

하지만 한계도 있었습니다. 워낙 중앙집권적 관료제의 질서가 강고한 탓에 지방 차원에서 노력해도 중앙정부인 교육부에서 내리는 '업무 폭탄'에는 손댈 수가 없었기 때문입니다. 교육부에서도 교원업무정상화의 필요성을 인지는 했지만 정작 자신들의 기득권을 침해당하지 않

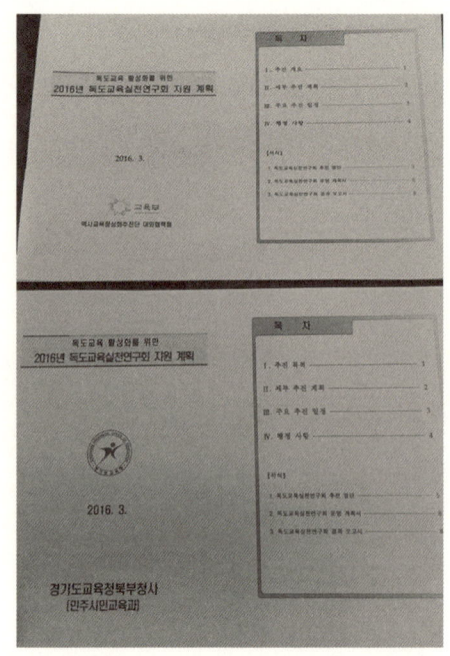

목적, 방침, 운영 과제, 예산 사용 범위, 서식 등이 거의 일치하는 교육부(위)와 경기도 교육청(아래)의 특별 교부금 사업 관련 공문

는 선까지만 선별적으로 허락했습니다. 교육부 스스로 '교원행정업무 경감 우수 사례 공모 대회'를 열면서도(업무 경감을 전시 행사로 포장하는 역설적인 행위지요) 학교 현장에서 많은 원성을 사고 또 부조리를 양산하는 방과후학교, 에듀파인, 학교생활기록부, 학교·교원·학생에 대한 각종 평가만큼은 고수하고 있습니다.

'목적 사업'이라는 이름으로 예산을 통해 학교를 통제하는 각종 '특별 교부금 사업(특교 사업)'도 없애기는커녕 남발하고 있지요. 그 수도 어마어마합니다. 서울교육청이 교육정책 사업 정비를 위해 분석한 자료에 따르면 법률로 강제하는 사업과 교육부가 요구하는 사업이 2014

년 기준으로 각각 255개와 111개로 무려 366개에 달했습니다. 교육부가 학교에 던지는 업무 폭탄의 위력은 이렇게 상상을 초월합니다. 업무의 효율성보다 '실적 올리기'에 최적화된 복잡한 양식의 계획서와 보고서에 실제 사업 집행까지, 교육 활동이 왜곡되고 학교가 초토화되는 것은 순식간입니다.

최준렬의 〈학교 혁신을 위한 교육 행정 기관의 역할(2005)〉에 따르면 각 시·도 교육청의 학교 교육과정 운영 지원 비중은 17% 정도에 불과합니다. 나머지는 대부분 행정 관리 및 감독 등 통제 중심의 집행 사무라는 겁니다. 시·도 교육청은 교육부가 강제하는 정책을 학교에 내려 보내고 관리하느라 정작 중요한 '지역의 실정에 맞는 교육정책'을 고안하지도 못하고 학교를 지원하지도 못하는 실정입니다.

'차라리 교육부를 해체하거나 국가교육위원회를 만들자'는 말이 설득력을 얻는 것은 그만큼 시스템과 운영에 문제가 있다는 것을 증명합니다. 교육 자치를 실현하기 위해 유·초·중등 교육은 교육감에게 위임하고 교육부는 고등교육(대학 교육)에 집중하는 것도 좋은 방법일 것입니다. 학교 현장은 거의 모르면서 자신의 실적 쌓기에만 급급한 고위 관료를 양산해내는 행정고시를 통한 충원 방식을 바꾸어야 한다는 목소리도 높고요.

이렇게까지 하기는 힘들다 하더라도 현재의 시스템에서 교육부는 전국에 동일하게 추진해야 하는 활동과 지역 간 편차를 줄이기 위한 노력을 중심으로, 또 국내외 교육 정보 및 통계 자료를 수집하여 보급하는 역할에 충실하면 좋겠습니다. 중복되거나 개념이 불분명한 법률,

지침, 명령, 예규, 훈령을 정비하는 일도 필요하고요. 그리고 교육청은 지역의 실정에 맞는 정책을 만들고 학교를 지원하는 조직 운영을 통해 학교의 자율성을 침해하는 각종 지침을 정비하는 역할을 해야 합니다. 교육지원청은 말 그대로 교육 지원 기관으로 변화하는 것이 바람직하지요.

물론 교육부와 교육청, 교육지원청의 변화만으로는 부족합니다. 학교도 바뀌어야 합니다. 학교에서 자율적으로 할 수 있는 일도 주변 학교를 지나치게 의식해서 하지 않는 경우가 많고, 교육청의 예시에 불과한 내용조차 지침으로 받아들이는 경직된 분위기도 상당합니다. 학교가 사소한 것에도 융통성 없이 꽉 막힌 운영을 하면 교사는 전문성을 발휘하지 못합니다. 이런 조직에서 교육을 받은 학생들이 창의성을 발현하기 힘든 것은 당연하고요.

원래의 목적과 거리가 먼 관료주의적 교원 평가

조직 체계와 인사는 매우 밀접한 관계가 있고, 인사는 각종 평가와 관련성이 커서 평가에 대해서도 살펴보아야 합니다. 사실 대다수 교사에게 각종 평가는 불편합니다. 아무래도 그럴 목적으로 만들었기 때문이겠지요. 근무 성적 평가로는 승진에 관심이 없는 교사를 불편하게 할 수 없으니까 성과·상여금 평가제를 도입했고, 돈으로도 움직이지 않는 교사들이 있으니까 교원능력개발평가(교원 평가)를 도입했습니다. 하지만 이런 종류의 평가는 교원의 변화를 유도하지도 자발성을

이끌어내지도 못했습니다. 그저
서류만 더 복잡하게 만들어 행정
력을 낭비하고 학교 안에 갈등만
유발하여 동료성을 파괴했을 뿐이
지요.

정부에서 추진한 지금까지의
교육 개혁 방안의 첫머리에는 늘
교원에 대한 평가가 자리하고 있
습니다. 교육부는 교원 관련 평가
를 들먹일 때마다 '교육의 질은 교사의 질을 넘을 수 없다'는 말로 교
사들을 불편하게 합니다. 이는 곧 정부의 교육정책이 실패한 책임을
교사에게 전가하는 결과를 빚는데, 교사들은 지금과 같은 상명하복
의 관료제 질서 아래서는 정책을 생산한 사람이 더 무거운 책임을 지
는 것이 합당하다고 생각합니다. 더구나 이는 교사가 전문가 집단임
에도 일반 관료제 질서에서 바라본, 교사에 대한 오해에 근거해서 수
립된 잘못된 정책이었습니다. 교사에 대한 불신, 구체적으로 '교사는
스스로의 활동을 개선하기 위한 내적 동기를 결여하고 있다'는 인식
의 토대에서 '금전적인 것으로 외적 동기를 자극해 책무성을 강화하
는 것'을 목표로 삼았기 때문입니다. 결국 이러한 평가 제도는 교사들
의 창의성과 사기를 꺾고 교육행정에 불신을 부르는 결과를 초래했습
니다(김용, 학교 자율 경영 체제와 공유 네트워크, 2015). 성과가 장기적·지
속적으로 나타나고, 협업에 바탕을 둠으로써 객관적·수치적 평가가

어렵다는 교육의 특성을 반영하지 않고 밀어붙인 결과, 결과에 대한 수용과 신뢰가 없는 것이나 다름없으니까요.

교육부도 연중 실시하는 교원에 대한 각종 평가들로 교사들의 피로감이 늘었고, 동일 지표에 대한 결과가 상이하여 불신감을 조장하며, 온정적·형식적·연공서열식 평가가 이루어졌다는 문제점을 인정하고 있습니다. 이런 인식을 바탕으로 2016년 교원 평가 개선안이 나왔지만 교육부가 인정한 부분 가운데 무엇을 개선할 수 있을지는 아직 의문입니다. 개선한 교원 평가의 내용을 살펴보면 일단 과거에 근무 성적 평가, 성과·상여금 평가, 교원 능력 개발 평가로 나뉘어 있던 것을 근무 성적 평가와 성과·상여금 평가를 통합한 교원 업적 평가와 교원 능력 개발 평가로 수를 줄였습니다. 하지만 승진 처리를 위한 행정적 목적과 교사 간 경쟁 유도를 목적으로 하는 속성만은 달라지지 않았고, 교육부가 이를 이용하여 각종 사업을 진행하고 있다는 것도 잘 알려진 사실입니다.

결국 하나로 합쳤지만 근본적으로 변한 것은 없으니 지금까지 빚어 온 구성원 간의 끊임없는 반목과 갈등이 해결될 것 같지는 않습니다. 교원 업적 평가 점수로 승진 점수와 성과·상여금을 결정하는 것이 합당하다고 인정하는 교사가 얼마나 될지는 굳이 설문조사를 하지 않아도 알 수 있으니까요. 시골 벽지 근무로 점수를 받고, 연수 시간을 늘리고, 좋은 근무 평점을 받기 위해 교장, 교감의 지시를 잘 따르는 것이 교사의 능력과 아무 상관없다는 것은 교사라면 누구나 아는 사실입니다.

이번에 성과·상여금 평가와 합쳐진 관리자의 근무 성적 평가(근평)는 대상자의 요구가 있을 때나 알려주므로 승진에 관심이 있는 일부 교사가 아니면 대부분 자신의 점수도 모르고 지나갑니다. 그러다 보니 젊은 교사들은 다른 학교로 전보하는 해에 '우'를 받고 나머지는 '미'를 받는 것이 관례화되었을 정도입니다. 근무 성적 평가 중 일부를 차지하는 다면 평가 역시 엑셀 파일에 미리 점수를 넣어놓고 순서만 매겨 대상자를 배열하는 것이 공공연한 비밀입니다.

부적격 교사를 퇴출하라는 여론의 압박으로 시작된 교원능력개발평가(교원 평가)도 마찬가지입니다. 기존의 징계 규정을 엄격하게 적용만 해도 될 일을 여론을 빌미 삼아 '소비자로서의 학부모관'이라는 시장주의 정책을 도입하려는 교육부의 아집으로 감행한 결과는 참담합니다. 학부모들이 내실이 없다고 외면하자 참여도를 높이기 위한 꼼수와 부조리가 발생했고, '스팸' 수준의 참여 강권으로 물의를 빚은 적도 있지요(《파이낸셜타임즈》 2012년 11월 27일자). 단 몇 번의 수업 공개를 근거로 충분한 정보도 없이 이루어지는 학부모 평가의 결과를 교사들은 신뢰하지 않습니다. 이런 형태의 평가로 교원 능력이 개발될 거라고 생각하는 교사도 없고요. 도리어 학생들의 의견을 무겁게 받아들이고 자신을 돌아보며 성찰하기 위해 수행한 '자발적 강의 평가'를 없앤 것이 아쉬울 따름입니다.

책임 있는 실천, 새로운 시각으로 행정 패러다임에 변화를

학교 조직에 관료제를 도입해서 운영하고 있는 지금 수많은 의문이 듭니다. 이런 학교 조직은 과연 교육하기에 좋은가? 학교교육의 핵심은 수업인데 수업을 제대로 지원하고 있는가? 교육은 결국 사람 간의 관계 형성이 중요한데 이를 증진하고 있는가?

이제 학교는 기존의 관료제적 틀을 깨고 교육하는 조직으로 바로 서야 한다고 생각합니다. 교육의 특성상 관료제는 학교와 좀처럼 어울리지 않습니다. 특히 전문 직종인 교사 집단에 상급자가 하급자보다 우수할 것이라는 전제로 운영하는 관료주의는 맞지 않습니다. 어느 때보다 우수한 인재들이 교직에 유입되고 있는 지금 상황을 보고 있노라면 더 그렇습니다.

실제로 교장이 교감보다 우수하고 교감이 교사보다 우수하다고 생각하는 교사는 별로 없을 것입니다. 일부 교장, 교감, 교육 관료를 빼면 교육부가 교육청보다 우월하고 교육청이 학교보다 우월해야 한다고 여기는 교사도 없을 테고요. 그런데 학교에서 상급자는 미흡한 공문 처리에 면박을 주거나 학생의 용의복장 상태를 점검하는 생활지도를 엄격하게 하는 것으로 권위를 내세우려 하고, 상급 기관인 교육부나 교육청은 각종 규정과 지침으로 학교를 옥죄려 합니다. 교육보다 형식적 내용으로 권위를 내세우려 하다 보니 문서나 규정 등 행정적인 일이 우선시되고 번잡해져서 교원 업무를 '비정상'으로 만드는 관료제적 부조리를 양산하고, 결국 학교교육 만족도 저하로 이어집니다.

이러한 상황을 개선하기 위해서는 학교가 기존의 행정 중심의 패러다임에서 교육 중심의 패러다임으로 전환해야 합니다. 지금까지 살펴보았듯 교육부, 교육청의 역할 및 구조 변경과 아울러 교원업무정상화를 지속적으로 추진하고 각종 평가를 본래 목적에 맞춰 운영할 수 있도록 개편해야 합니다. 나아가 학교 조직을 교무, 연구를 하는 행정 부서가 아니라 학년(또는 교과) 중심으로 개편해서 최소한 담임만이라도 학생과 교육 활동에 집중할 수 있는 여건을 조성해놓아야 합니다. 교감, 보직교사, 교무행정실무사를 중심으로 '교무행정업무전담팀'을 꾸려 이를 지원해야 함은 물론이고요. 교무실에 교무1부장, 교무2부장 하는 식으로 보직교사들이 모여 앉아 부서에 상관없이 사안이 발생할 때마다 협업으로 일을 수행함으로써 행정 업무 처리의 효율성과 공평성을 극대화한 파주 해솔중학교처럼 기존의 틀에서 벗어나 상상력을 발휘한다면 불가능하지만은 않은 일입니다.

학교 민주주의에도 신경을 써야 합니다. 교육부, 교육청의 역할과 구조를 바꾸고 학교를 교육하기에 최적화한 조직 체계로 세운다 하더라도 권위적인 운영으로 교사들이 자발성을 발휘하지 못한다면 아무 소용이 없을 테니까요. 교장에게

법규적·행정적 권한이 있다고 해서 그것을 교장 마음대로 하라는 것으로 해석해서는 안 됩니다. 조율과 협의를 통한 설득과 자기 내면화 과정 없이는 그 어떠한 일도 내실 있게 추진하기가 힘들고 최적의 의사 결정을 내리는 집단 지성의 힘을 이끌어낼 수도 없습니다. 더러 민주적인 학교 운영이 교장을 허수아비로 만들어 '결재나 하는 사람'으로 전락시킨다는 오해도 있고, 정작 실무는 별로 뛰지 않으며 목소리만 높이는 교사가 있기도 합니다. 그래서인지 변화 자체에 은근히 반감을 가지는 교사도 있고요. 사실 이런 문제들이 해결되어야 교사들의 숙원 사업 중 하나인 교사회 법제화나 교무회의 의결 기구화의 기반이 닦이게 될 것입니다.

한데, 관료제 탈피를 통한 교육 중심의 학교 시스템 개편, 특히 교원업무정상화나 교원 평가를 혁신하자는 주장이 일반인들에게 잘 먹히지 않는 경향이 있습니다. '배부른 자의 사치' 쯤으로 치부하거나 상황 탓만 하는 태도로 받아들이기도 합니다. 실제로 곽노현 교육감 시절 교원업무정상화에 대한 의견을 수렴하려고 '다음 아고라'에 '교원업무토론방'을 개설한 서울교육청은 여론의 뭇매를 맞고 6일 만에 폐쇄했습니다(《조선일보》 2011년 5월 18일자). 또 학교 현장에 같이 근무하는 행정 직원 등 타 직종과의 마찰도 부담으로 작용합니다. 단적으로 '대학본부'를 모델로 교무실과 행정실을 통합하여 교육 행정 지원 효과를 극대화하려 한 교육지원실 설치 사업이 일반직들의 반발로 중도에 좌초될 위기에 처해 있기도 합니다(《기호일보》 2015년 9월 11일자).

그러니 교사들 스스로 교육을 중심으로 학교 시스템을 개편하려는 정당성을 입증해야 합니다. 물론 오늘날과 같은 관료주의와 불신에 찌든 부조리한 학교 상황이 초래된 것은 기본적으로 교사 개인의 요인이라기보다 구조적 문제 탓이 훨씬 클 것입니다. 단적으로 저신뢰는 비단 학교만의 문제가 아니라 우리 사회 전체를 관통하고 있고요. 사실 신뢰가 낮다 보니 체험학습 하나를 가려 해도 숱한 공문과 장부를 만들어야 하고, 민원 대비용으로 몇 년 지나면 사라질 누가기록을 NEIS에 꾸역꾸역 입력하는 서류 업무가 폭증했습니다. 일선 학교 전체를 잠재적 범죄자로 간주하여 감시·통제와 평가를 주축으로 삼는 이른바 '액티브엑스형' 과잉 행정 패러다임이 성립된 것입니다. 이로 인해 비생산적인 일에 에너지를 투입하느라 교육력과 생산성이 낮아지고, 이에 따라 관료적 통제가 더 강화되는 악순환의 고리가 형성되었습니다.

가만히 앉아서 상황이 바뀌기만 기다려서는 아무것도 달라지지 않습니다. 지금 필요한 것은 닭이 먼저냐 달걀이 먼저냐를 논쟁하는 것이 아니라 교육적 실천을 통해 이러한 악순환의 고리를 잘라내는 것입니다. 교사는 공교육에서 추구해야 하는 공공성을 염두에 두고 학생에 대한 교육적 책임성을 강화하는 한편, 위가 아니라 학생을 바라보며 직무에 매진해야 합니다. 이를 실천하면서 모든 것을 결정하려는 정부에게는 힘을 뺄 것을, 존재감을 과시하려는 교육청에게는 그러지 말 것을 요구해야 합니다. 학교가 행정기관이 아닌 진정한 교육기관으로 거듭나는데 성공한다면 머지않아 혁신에 대한 사회적 공감대가 자연스럽게 형성될 거라고 믿습니다. 그래야만 과잉 행정 패러다임 자체를 넘어설 수 있는 기반도 마련할 수 있습니다.

  교권에 대한 강연을 주로 펼치는 송대헌 선생님에 따르면 교육계에는 '원래 그래'와 '다른 학교도 다 그래'라는 두 개의 유령이 존재한다고 합니다. '원래 그래'라는 말 속에는 '지극히 관행적으로 해왔던 일'이란 의미가 담겨 있고, '다른 학교도 다 그래'라는 말 속에는 그 관행적인 일이 지역적(보편적)으로 이루어지고 있다는 의미가 담겨 있습니다. 따지고 보면 최초에 시작했을 때는 상당한 이유가 있었을 테지만 현재의 시점에서도 유용한 일인지 새로운 시각으로 살펴보지 않으면 안 됩니다. 눈부시게 빠른 오늘날의 사회 변화를 감안하면 더 그렇습니다. 아무리 왜곡된 구조라도 그 속에 오래 있다 보면 익숙해지기 마련입니다. 신규 교사가 느끼는 불편함이 어쩌면 비정상을 정상으로 바꾸는 중요한 실마리가 될 수 있을 것입니다. 때로는 익숙해지려는 것을 낯선 시각으로 바라보려는 노력이 필요합니다.

지식인으로서
교사의 실존과 마주하는
연수

매서운 겨울바람 속에서도 조금씩 길어진 햇살이 몸을 드리우기 시작한 1월의 교정은 고즈넉하기 그지없습니다. 학생도 교사도 휴식과 재충전의 시간을 갖는 방학입니다. 물론 요즘 학생들에게 방학은 마냥 놀아도 되는 때가 아니듯, 교사에게도 휴식의 달콤함은 잠깐일 뿐 새로운 시작을 위해 만반의 준비를 하는 기간으로 활용하는 것이 대세입니다. 그래도 어쨌든 학교에는 나가지 않습니다.

학교 밖에서는 교사의 방학을 곱지 않은 눈으로 보는 것 같기도 하지만 교사에게 방학은 그야말로 감정 노동에 지친 몸과 마음을 추스르고 가르치는 자로서의 전문성을 꾀하는 데 꼭 필요한 시간입니다. 그러니까 세계 어느 나라의 학교에나 방학이 있는 거겠지요.

아이들 못지않게 '공부'를 업으로 삼는 직업이라서 그럴까요, 대부분의 교사는 이 황금 같은 시간을 더 좋은 교사가 되기 위한 배움에 투자합니다. 바쁜 학교 일과에 쫓겨 평소에는 엄두도 못 냈던 각종 수업 자료를 만들고 교과서를 재구성하는 일에 몰두합니다. 무엇보다 각종 연수를 찾아서 듣거나 직접 가서 참여하는 일이 많습니다. 1월에는 이 '교원 연수'에 대해 생각해보는 시간을 가져보려고 합니다.

지식인 그리고 전문가로서 교사

교사는 가르침을 펼치는 직업인지라 이 과정에서 부단히 자기 안의 지식과 경험들—결국에는 삶 자체—을 밖으로 내어놓을 수밖에 없습니다. 그래서 고갈되지 않으려면 끊임없이 배우고 스스로를 '갈고 닦아야(연수, 研修)' 합니다. 특히 가르칠 내용의 본질에 대한 이해의 폭이 깊어져야 어려운 것도 쉽게 풀어낼 수 있게 됩니다. 단순히 몇 가지 가벼운 스킬로 커버할 수 있는 일이 아니니까요.

《교사가 교사에게》(우리교육)를 쓴 이성우 선생님은 책의 지면을 빌려 다음과 같이 말한 바 있습니다. 교사는 무엇보다 끊임없이 탐구하는 '지식인'이 되어야 한다는 것이지요.

> 고금을 막론하고 스승으로서 훌륭한 가르침을 실천하기 위해서는 스스로 배움을 게을리하지 않는 자세가 가장 중요하다고 생각합니다. 수업의 명인이 되기 위해서는 수업 기술을 고민하기보다는

삶을 고민해야 합니다.

교사가 자기 연찬(研鑽)을 게을리할 수 없는 또 다른 이유는 지식·정보화 사회를 넘어 제4차 산업혁명이 운위되는 오늘날 세상이 바뀌어 가는 속도가 너무 빠르기 때문입니다. 이에 따라 아이들도 빠른 속도로 변해가고 있어서 같은 학년이라도 작년에 만난 아이들과 올해 만난 아이들이 너무 다릅니다. 아이들을 새로운 사회 변화에 적응할 수 있도록 도우려면, 또 해마다 바뀌어가는 아이들에게 새로 적응하려면 이제 교사의 자기 연찬은 필수입니다.

아울러 교사에게 연수가 꼭 필요한 이유는 교원 양성 과정에서 배우고 익힌 지식들이 막상 현장에서 도움이 되지 않는 일이 많기 때문입니다. 예를 들어 교육대학이나 사범대학에서 배운 수많은 교육 이론과 이에 접목한 지도안들은 실제 교실 상황과 맞지 않는 경우가 많습니다. 현실 속 학생들의 양상은 정말 너무 다채로운 데다 현실 속 학교는 교사에게 수업과 생활지도 외에 온갖 행정 업무와 민원 처리까지 부여하고 있기 때문입니다. 우리나라의 교원 양성 기관들은 '임상 경험이 풍부한 교사들을 들러리로 세워놓고 현장을 경시한다'는 비판에도 불구하고 여전히 '고고한 상아탑' 속에 안주하려는 경향이 강합니다. 결국 교사가 자신들의 능력으로 이를 극복할 수밖에 없는 실정입니다.

교육계에서 흔히 하는 말 가운데 하나가 '교육의 질은 교사의 질을 넘지 못한다'는 것입니다. 교육의 성패를 좌우하는 여러 요인 가운데 교사가 가장 중요하다는 뜻이겠지요. 교육의 질을 논의할 때 가장 먼저 거론하는 것도 바로 교사의 전문성 문제입니다. 물론 교사의 전문성이라는 개념은 너무 모호해서 지금까지 숱한 논의를 거쳤어도 합의된 결론을 도출하지 못했습니다. 이는 교원의 전문성이 교원능력개발평가에서와 마찬가지로 단순화하고 수치화할 수 있는 '객관적 능력 또는 자질'을 넘어서는 그 무엇이기 때문일 것입니다. 다만 많은 이들이 공통적으로 인정하는 전문성의 요소로는 함영기 선생님이 〈교육사유〉(바로세움)라는 책에서 정리한 것처럼 '풍부한 교과 지식, 수업 기술 그리고 교육에 대한 사유 능력' 등을 들 수 있을 것입니다.

교원의 전문성이라는 개념이 이렇게 복잡한 것인 만큼 향상시키는 방법도 다양할 수밖에 없습니다. 그 가운데서 우리가 가장 자주 접할 수 있으며 현재 학교 현장에서도 핵심적으로 활용하고 있는 수단이 바로 '연수'입니다.

교원 연수의 종류

사실 학교에서 가장 자주 쓰는 말 가운데 하나가 '연수'라서 이것도 연수, 저것도 연수입니다. 학교 교육과정 운영이나 행사 때 필요한 내용을 전달하는 일에서부터 방학 전에 올리는 '교육공무원법 41조 연수'에 이르기까지 모든 것을 '연수'라고 부릅니다. 교사가 벌이는 일체의 자기 연찬 활동을 연수라고 한다는 걸 감안하면 당연한 일입니다.

그런데 교육부에서는 좀 제한적인 개념으로 바라보고 있는 듯합니다. 현재 교육부에서는 교원 연수를 다음 표와 같이 분류하고 있습니다. 기본적으로 연수 기관과 단위 학교에서 실시하는 연수로 나누고 있고, 특히 연수 기관에서 실시하는 연수를 중시하여 '자격 연수', '직무 연수', '특별 연수' 하는 식으로 분류했습니다. 흔히 '연수'라고 지칭하는 것은 연수 기관에서 수행하는 연수라는 뜻이고, 상급 기관에서 간여할 수 없는 '각종 연구'나 '모임 활동'은 그냥 '능력 개발'로 분류해놓은 것이 눈에 띄지요. 여담이지만 저는 올해 직무 연수를 15시간 수강했습니다. 상당히 저조한 편인데요, 국내외 연구 수행과 연구회 활동, 개인별 연구는 최소 100시간 넘게 한 것 같습니다. 하지만 교육부의 분류 기준에 따르면 그저 15시간밖에 연수를 받지 않은 불량 교사에 해당합니다.

■ 교원 연수의 종류

교원 연수	연수 기관 중심	자격 연수	교원 자격을 취득하기 위한 연수 교(원)장, 교(원)감, 수석교사, 1·2급 정교사, 전문 상담교사, 사서교사, 보건교사, 영양교사, 진로·진학 상담교사 등
		직무 연수	직무 수행에 필요한 능력 배양을 위한 연수 교과 교육, 생활지도, 상담, 정보화 등
		특별 연수	학습연구년제, 학위 취득 대학 위탁, 교원 해외 유학, 부전공·복수 전공 자격 연수, 해외 장·단기 체험 연수 등
	단위 학교 중심		컨설팅 장학, 연구 수업, 교과교육연구회, 전달 강습, 교내 자율 장학 등
능력 개발	개인 중심		국내외 교육기관 학위 취득, 연구 수행, 교과교육연구회, 학회, 개인별 연구 등

교육부(2016)

좀 더 자세히 살펴보겠습니다. 먼저 교사들이 가장 흔히 접하는 '직무 연수'는 교사로서 직무 수행에 필요한 지식과 능력—교과 교육, 생활지도, 상담, 정보화 등—을 배양하기 위한 목적에서 시행합니다. 이 가운데는 자발적인 연수도 있지만 특정한 정책적 목표를 시행하기에 앞서 종종 '학교당 O명' 하는 식으로 할당하는 경우가 꽤 있습니다. 때에 따라서는 학점으로 인정받을 수도 그렇지 않을 수도 있고요.

구분	교사 1급, 교감, 원감	교장, 원장
연수 기간	15일 이상	25일 이상
이수 시간	90시간 이상	180시간 이상

'자격 연수'는 특정한 자격을 취득하기 위한 연수입니다. 신규 임용된 2급 정교사가 1급 정교사 자격을 취득하기 위한 과정이나(흔히 '1정 연수'), 사서, 보건, 영양, 진로진학 상담, 수석 같은 특수 영역을 담당할 수 있는 자격을 취득하기 위한 과정, 그리고 교(원)감이나 교(원)장처럼 흔히 '승진'이라 불리는 상위 자격을 취득하기 위한 과정입니다. 그러니 흔한 연수는 아닙니다.

'특별 연수'는 교원 평가에서 높은 점수를 받은 교원에게 제공하는 학습연구년제, 주로 교육정책상 필요시에 시행하는 교원 학위 취득, 대학 위탁 및 교원 해외 유학, 교원이 전공과목 외에 다른 과목의 자격증을 취득하는 부전공이나 복수 전공 자격 연수, 해외 장·단기 체험 연수 등 말 그대로 특별한 상황에서 시행하는 연수라서 더더욱 접하기 힘듭니다.

하지만 앞에서 말씀드렸듯이 연수에는 교육부의 분류표에 들어가 있지 않은 또 하나의 연수가 있습니다. 바로 '자율 연수'입니다. 최근 들어 매우 활성화되고 있는 자율 연수는 교사들이 자신의 필요에 따라 자발적이고 능동적으로 수행하는 일체의 자기계발 활동을 의미합니다. 기존의 전통적이고 공식적인 연수와 달리 비형식적으로 이루어져서 '개인 연수' 또는 '자주 연수'라 불리기도 합니다.

그런데 자율 연수는 학점으로 인정받지 못하고 그야말로 교사 자신의 내적 성장과 보람에 만족해야 하는 경우가 많습니다. 교육 당국이 바라는 것만 학점으로 인정하겠다는 의도는 이를 연수가 아닌 '역량 개발'로 분류하고 있다는 점에서도 이미 눈치를 채셨을 겁니다. 그럼에도 형식적인 구속이나 부조리 없이 도리어 내실 있는 성장에 목말라 하는 젊은 교사들을 중심으로 급성장하고 있습니다.

연수의 종류는 운영 방법에 따라 분류할 수도 있습니다. 바로 '오프라인 연수'와 '온라인 연수'입니다. 오프라인 연수는 '현장 연수'라 부르기도 하며 공연장에 가듯 현장에서 직접 연수를 받는 것입니다. 집중이 잘 되고 강사들과 소통할 수 있어서 선호하는 교사가 많지만 예전에는 연수의 질에 대한 시비가 일기도 했습니다. 시간 때우기 식으로 연수를 기획하거나 일부에서 유력한 장학사나 교장·교감을 강사로 섭외해 용돈 벌어주기 식으로 운영하는 경우가 있었기 때문입니다. 지금은 이런 문제가 거의 해결되었지만 시·공간상 제약이 있다는 단점과 주최하는 입장에서 일손과 비용이 많이 든다는 어려움이 있습니다. 이를 대체하는 수단으로 최근에는 온라인 연수, 즉 '원격 연수'가 각광을 받고 있습니다.

이러닝(e-learning) 활성화에 따라 도입된 교원 원격 연수는 2000년 12월에 탄생한 이래 지속적으로 확대되고 있습니다. 기존의 현장 집합 연수에 비해 편의성이 뛰어나고 다양한 연수를 선택할 수 있어 효율성과 효과성 측면에서도 호응도가 큽니다. 특히 오프라인 연수에서도 만나기 어려운 유명 강사들의 강의나 현장에서 아이들을 직접 가르치는 교사들이 개설한 강의는 새로운 지식과 현장의 노하우를 접할 수 있다는 점에서 인기가 매우 높습니다. 이제는 직무 연수라고 하면 원격 연수를 떠올릴 만큼 교사들 사이에서 일반적인 연수로 자리를 잡고 있습니다.

원격 연수에 대한 관심과 수요가 늘어남에 따라 교사들의 전문성 신장을 위해 교육부로부터 지정·인가를 받은 에듀니티 원격교육연수원, 티처빌 원격교육연수원, 아이스크림 원격교육연수원 같은 기관들도 생겨났지요. 기존의 교육청 소속 연수원들도 각종 온라인 연수 서비스를 제공하기 시작해서 지금은 무려 63개의 원격교육연수원에서 각기 다양한 연수 프로그램을 개발·운영하고 있습니다.

우리들의 일그러진 교원 연수

그러나 겉으로 보이는 교원 연수의 활성화, 특히 온라인을 중심으로 한 연수에 대한 비판의 목소리도 적지 않습니다. 교사들의 자발적이고 능동적인 참여를 바탕으로 전문성 신장을 목적으로 운영해야 할 원래 취지와 다르게 학생들의 교육 활동에 방해가 되는 역설적인 결과를 빚어내는 일들이 상당수 일어나고 있기 때문입니다.

일단, 승진 점수를 관리하기 위해 자행되는 연수 남용입니다. 교사의 관리자 승진에는 연수 점수가 반영되므로 원하는 점수가 나올 때까지 자기 직무와 관련이 있든 없든 아무 연수나 닥치는 대로 듣는 편향이 나타나는 것입니다. 이러면 연수가 학생들에게 질 좋은 교육 활동을 담보하기는커녕 오히려 교육에 투입할 시간을 빼앗기만 합니다. 이 과정에서 심지어 비도덕적인 일이 발생하기도 합니다. 예를 들면 연수를 여러 명이 들으며 파트를 나누어 협력 학습(?)을 통해 족보를 만든다든가 상대평가를 하는 연수에서 선배 교사가 자신의 점수를 높이기 위해 후배들에게 낮은 성적을 받도록 강요한다는 것입니다. 이것은 물론 극단적인 사례에 해당하지만 이쯤 되면 '우리들의 일그러진 교원 연수'라는 말이 과장만은 아니라는 것을 짐작할 수 있을 겁니다.

게다가 이런 현상이 승진과 관련된 교사들에게만 해당하는 것은 아닙니다. 교육부가 연수 시간을 성과급이나 학교를 평가하는 지표에 반영하게 되면서 일반 학교에서도 문제가 생겨나고 있습니다. 다행히 지금은 학교 성과급은 사라졌지만 그 대신 개인 성과급 제도를 이른바 교원업적평가와 결부해서 강화하고 있는 만큼 우려를 낳고 있습니다.

실제로 성과급 시즌이 다가오면 교사들은 집중적으로 원격 연수를 찾곤 합니다. 이때 가능하면 빨리 수강할 수 있는 연수를 고를 수밖에 없는데 이런 마음을 헤아려서인지(?) 대부분의 원격 연수가 학습 콘텐츠를 다 수강하지 않아도 '넘어가기' 버튼을 클릭하면 다음 내용으로 이동할 수 있도록 배려(?)합니다. 일종의 '클릭질'이 가능하게 해 놓은 것이지요.

제가 한 원격연수원의 '안전 교육 연수'를 수강해보았습니다. 1학점 15시간짜리로 수강료는 2016년 기준 35,000원이었습니다. 15시간 수강료치고는 굉장히 저렴한 편인데 실험하는 차원에서 원격 연수를 제대로 듣지 않고 빠르게 클릭을 해봤습니다. 정확히 15분 만에 15시간 과정 전체를 다 들을(?) 수 있었습니다. 간단한 평가나 과제가 있었지만 굳이 본문 내용을 완벽하게 듣지 않아도 푸는 데는 별 어려움이 없었습니다.

물론 모든 교사가 '클릭질'로 연수를 수강하지는 않습니다. 저도 원격 연수 하나를 만들어서 관리하고 있지만 수강하는 교사들이 제출한 과제를 검토해보면 대부분 성실합니다. 원격연수원들의 연수 내용도 훌륭하고요. 직접 한 연수원의 연수 주제를 살펴볼까요? '학교 혁신', '생활교육', '수업 개선', '교사 성장', 'ICT' 등 다양한 콘텐츠가 있고, 연수 후기를 읽어보니 수강한 교사들의 만족도도 매우 높은 것으로 나타났습니다. 모든 원격 연수가 파행으로 흐르는 것은 아니라는 증거입니다.

하지만 불행히도 일부 연수가 허위로 수강되고 있다는 것도 거짓은 아닌 듯합니다. 내실 있는 수강이라고 보기에는 지나치게 많은 시간 동안 연수가 이루어지고 있으니까요. 2015년을 기준으로 교사 1인당 평균 직무 연수 시간이 113.2시간에 달했다고 합니다(《동아일보》 2016년 10월 4일자). 정말로 어마어마한 시간입니다. 게다가 무려 40만에 달하는 교사 집단의 평균치가 이렇다고 하니 직무 연수를 이렇게 많이 받는 집단이 과연 우리 사회의 다른 분야에 또 있을까요?

지금 학교 현장에서 일하고 있는 저도 최근 3년 동안 직무 연수를 60시간 이상 수강한 적이 단 한 번도 없습니다. 매일 학교에서 아이들 가르치랴 업무하랴 집안일 하랴 도무지 시간이 나지 않기 때문입니다. 제가 게으른 탓도 있겠지만 전체 교사가 이렇게 113시간 이상 직무 연수를 수강했다는 것이 쉽게 납득이 가지 않는 수치인 것만은 분명합니다.

교사를 소진시키는 연수 과잉과 연수 만능주의

오늘날 대다수 학교에서는 개인 성과급 기준안에 '연수 90시간 이상'이라는 항목을 넣어놓고 있습니다. 심지어 120시간 이상인 학교도 있습니다. 2016년 기준으로 성과급 간 최대 200만 원 넘게 차이가 나서 교사들은 울며 겨자 먹기로 120시간이든 90시간이든 연수를 수강할 수밖에 없습니다. 또 이런 외적 동기에 바탕을 둔 시간 채우기식 연수 수강이 '클릭질'을 불

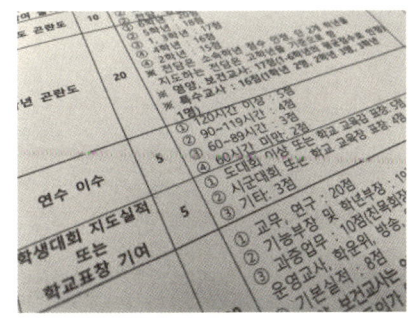

러오는 것일 테고요.

지금은 사라졌지만 예전에 학교 성과급 관련 서류 제출 기간이 다가오면 전 교직원이 학교 평가를 잘 받으려고 반강제적으로 연수를 신청했던 기억이 납니다. 물론 대부분이 클릭하기 쉬운 원격 연수였습니다. 개인적으로 교사가 이렇게 많은 연수를 수강해야 할 만큼 전문성이 낮은 직업인지 이해하기 어려웠습니다. 그리고 무엇보다 자신의 내재적 동기에 의한 선택이 아니라 '연수 시간'과 '점수'에 맞춰서 하는 연수는 교사들끼리 경쟁만 유발하고 각종 연수 기관의 돈벌이에 기여할 뿐이라는 생각이 들었습니다. 교사들의 전문성 향상에 도움을 주어야 할 평가 제도가 도리어 교원 전문성 향상에 방해가 되는 부조리를 만들어낸 것이지요. 현장 교사라면 교원 연수와 관련한 부조리에 모두 공감하실 거라고 생각합니다.

연수와 관련해서 또 하나 말하고 싶은 것은 바로 교육청 등의 '연수 만능주의'입니다. 무슨 사안이 터질 때마다 교육부와 교육청은 교사들에게 연수를 듣도록 강제합니다. 학교폭력 문제가 불거지면 학교폭력 관련 연수를 들으라고 하고, 학습 부진아 문제가 떠오르면 학습 부진아 관련 연수를 들으라고 합니다. 심지어 세월호 참사가 터진 직후에는 안전 교육 의무 연수가 내려왔습니다. 잘 아시다시피 세월호 참사는 교사나 학생들의 안전 의식의 부재가 아니라 이른바 '관피아'로 상징되는 우리 사회의 오랜 부패 구조에서 발생한 사고였는데 말이지요. 더구나 이런 연수들은 친절하게 '학교당 O명' 하는 식으로 콕 찍어서 내려와 빼도 박도 못합니다. 가히 모든 것을 연수로 때우려는 '연수 만능주의'라 할 만합니다.

　연수 기획자들의 의도대로라면 교사들은 거의 모든 분야에서 완벽한 전문성을 갖춘 슈퍼맨이 되어 학교에서 아무 문제도 발생하지 않아야 합니다. 그런데 현실은 어떤가요, 연수를 듣는다고 주위에 널려 있는 수많은 문제가 해결되던가요. 이미 포화 상태인 그릇에 무얼 더 들이붓는다고 해서 들어가지 않는다는 걸 우리는 너무 잘 알고 있지 않은가요. 결국은 '우리는 이렇게 연수를 시행했는데 왜 너희는 그런 일을 막아내지 못했어?' 하는 식으로 일선 교사들에게 책임을 떠넘기기 위한 면피성 의도가 있는 게 아닐까 하는 의구심이 듭니다. 안 그래도 많은 업무와 수업, 생활지도에 지친 교사들은 과잉 연수로 인해 도리어 문제를 해결할 의욕과 기력을 잃어버리는 상황입니다.

　다시 한 번 강조하지만 연수의 근본적인 목적은 교사의 전문성 향상, 나아가 교사의 성장에 맞춰져야 하고, 이수 시간이나 주제가 아니라 자발적으로 자신에게 필요한 연수를 수강하도록 하는 것이 중요합니다. 연수를 많이 받은 교사가 전문성이 있는 것이 아니라 하나의 연수라도 완벽하게 자기 것으로 소화해서 상황에 맞춰 적용할 수 있는 교사가 전문성이 있는 것이기 때문입니다. 옷이 많은 것보다 한 벌이라도 나한테 잘 어울리는 멋진 옷을 입는 것이 중요한 것처럼 말이지요.

　따라서 함영기 선생님의 주장처럼 이러한 낭비성·면피성 연수는 차라리 시행하지 않는 편이 나을지도 모르겠습니다. 최근 들어 부쩍 연수가 강조되는 것은 '우리나라 교사들의 전문성이 하루아침에 땅에 떨어진 것이 아니라 교원능력개발평가와 같은 자질의 계량화, 무질서

하게 막 개발되는 연수 프로그램의 홍수가 마치 교사들에게 더욱 많은 연수 시간이 필요하다는 착시 현상을 만들어내고 있기' 때문입니다. 그러니 '이 착시를 걷어내야 비로소 교사가 읽어야 할 책, 만나야 할 사람, 교실에서 교사를 기다리는 아이들이 보일' 것입니다(《오마이뉴스》 2012년 11월 2일자 칼럼).

성장하고 싶은 교사들과 자율 연수

말씀드렸듯이 대부분의 '자율 연수'는 학점 인정이 되지 않습니다. 그야말로 교사로서 성장에 대한 자기만족 외에는 특별한 보상이 없습니다. 하지만 저는 연수의 희망을 자율 연수에서 찾고 싶습니다. 교육에서 가장 큰 희망은 역시 '배움과 성장에 목마른 교사'요, 교사는 끊임없이 배우는 자세를 가져야 하는데 이것이 바로 자율 연수의 정신이기 때문입니다.

자율 연수는 90년대 초반 '전국 국어교사모임'이나 '전국 역사교사모임' 같은 각 교과교사모임이 방학을 이용해 개최한 '자주 연수' 또는 전국교직원노동조합이 주최한 '참교육실천대회'가 시초입니다. 교육부나 교육청에서 주도하는 주입식 연수에 대한 반발과 승진 점수에 이용하기 위해 형식화한 각종 연수에 대한 비판 과정에서 생겨났으며, 2000년대 들어서는 각종 온라인 모바일 플랫폼이 활성화되며 더욱 확산되었습니다.

제가 운영진으로 참여하는 초등 교사 커뮤니티 '인디스쿨'을 예로 들어보겠습니다. 인디스쿨은 전국 초등학교 교사들의 자발적 후원금으로 유지하는 그야말로 초등 교사들의 힘으로 만드는 커뮤니티입니다. 현재 13만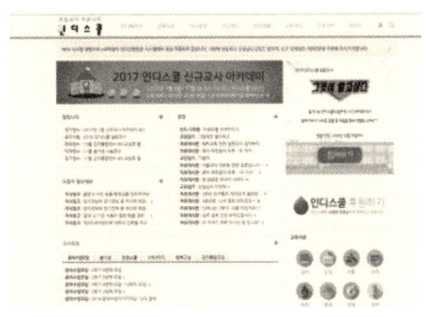
명이 넘는 교사들이 가입하여 활동하고 있으며 회원들이 자발적으로 만들어 업로드하는 수십만 개의 교육 콘텐츠, 각종 교사 모임, 생생한 교육 상담실이 활발하게 운영되고 있습니다. 인디스쿨이 성장하게 된 원동력은 바로 연수에 있습니다. 인디스쿨 연수는 그야말로 100% 자율 연수입니다. 학점 인정을 받지 못하고 게다가 오프라인 연수인데도 교사들은 연수비와 교통비를 자비로 부담하며 알아서 연수 장소까지 옵니다. 그럼에도 매월 정기 연수를 열 때마다 몇 시간 도 안 돼 강의가 '완판'됩니다.

    2000년대 초 인디스쿨 연수를 시작할 당시 교육청에서 주도하던 연수의 흐름은 교육철학, 교사론, 교과 심화 등 대체로 거시적이고 딱딱한 내용 중심이었습니다. 이런 주제가 중요할 수는 있지만 한두 번의 연수로 체계를 정립할 수 있는 내용도 아니고, 무엇보다 당장 교실에서 아이들을 만나야 하는 교사들에게 큰 도움이 되지 않았습니다. 이에 비하면 인디스쿨에서 하는 '종이 접기'나 '교실 놀이' 등은 아이들이 너무 좋아하고 교사가 교실에서 바로 적용할 수 있는 가벼운 내용이었습니다. 자율 연수였는데도 현장 교사들의 폭발적인 인기를 얻은 이유일 것입니다. 이어서 도입한 '플래시 노래방', '교실 컴퓨터 활용 팁', '교실 연극 수업' 등 당시 교육청 단위 연수에서는 결코 들을 수 없는 콘텐츠도 큰 호응을 얻었습니다.

교사들은 자신의 성장을 매일 하는 수업과 아이들과의 관계를 통해서 느끼게 됩니다. 인디스쿨 연수가 호응을 얻은 이유는 교사들의 성장하고자 하는 마음과 맞물렸고, 비록 학점을 인정받지는 못해도 배운 내용을 당장 교실에 적용함으로써 스스로 성장하는 기쁨을 맛볼 수 있었기 때문일 것입니다.

전문적 학습 공동체의 등장

2010년대 들어 혁신 교육이 전국적으로 확산하면서 교원 연수의 양상도 달라지기 시작했습니다. 기존 연수가 교사 개인의 역량 강화에 그침으로써 학교 시스템 전체에 변화를 파급하기 어려운 한계를 극복하고자 공동체의 가치에 주목한 연수가 나온 것입니다.

예전에는 관리자나 보직교사 등 소수의 학교 구성원이 자신들의 목표에 맞춰 학교 조직을 이끌어나갔고, 이에 따라 교사들을 관리와 통제의 대상으로 삼으며 수동적인 자세를 강요했습니다. 연수 역시 '윗분'들의 전유물이었고요. 그런데 다변화하는 사회에서 소수 주도의 학교 모델은 한계에 봉착했습니다. 이런 체제로는 다양한 구성원의 욕구를 채울 수 없을뿐더러 끊임없이 발생하는 조직 안팎의 복잡한 문제를 해결하는 데 집단 지성의 힘을 이끌어낼 협력적 방식을 적용할 수 없었기 때문입니다.

이에 대한 대안으로 최근에는 끊임없이 배우고 실천하고자 하는 교사들이 학교 안팎에서 공동체를 만들고 있습니다. 특히 2015년을 전후하여 '실천교육교사모임' 등 자발적으로 만든 연구회와 공부 모임이 대폭 증가했습니다. 교사 공동체의 가치에 주목한 '전문적 학습 공동체'들이 기존의 교육청 주도의 교사 동아리나 동호회와 차별되는 지점은 이렇습니다.

첫째, 개별 연수의 한계를 극복하여 집단적으로 함께 성장하고자 하는 목표로 공동 연구와 실천을 강조합니다. 강한 동료성을 바탕으로 일상적으로 모여 성찰하고 연구함으로써 공통의 문제를 공동으로 해결하고자 노력합니다. 이로써 교사는 종전의 수동적 학습자에서 능동적 문제 해결자로 변모했습니다.

둘째, 이론과 실천, 즉 연수와 현장이 따로 노는 정황을 극복하려는 지향점을 가지고 있습니다. 배움을 현실에 적용하려는 시도들은 자연스럽게 현장성을 강화하여 학교 실정에 맞는 교육을 가능하게 하는 결과를 낳고 있습니다. 특정 이론이나 수업 모형에 매몰되지 않으므로 다양성과 창의성을 촉발합니다.

셋째, 교사들의 전문성 향상에 대한 내적 동기를 강화하고 연수의 생산자와 소비자가 일치하는 소위 '프로슈머'가 등장하는 풍토를 만들고 있습니다. 종전에 연수와 장학 컨설팅 등 외부 기제를 통해 전문성 향상을 꾀한 것과 매우 대조적인 모습입니다. 즉, 유명 인사 위주의 연수가 아니라 함께 연구하는 평범한 교사가 좋은 강사가 되는 기반을 만들어가고 있습니다. 이는 연수는 물론 교사 문화의 패러다임 자체를 대전환하는 일입니다. 교사의 전문성 향상에 교육부를 비롯해 교육 관료들이 성과급이나 교원 평가 등 외부 기제를 사용해야 한다는 그동안의 생각에 일침을 가하는 일이기도 하지요. 교사들 스스로 교육자적 자부심을 회복하는 바람직한 문화를 조성하고 있다고 평가할 만합니다. 교사에게 최상의 보상 체계가 무엇인지는 아이들을 가르쳐본 교사라면 누구나 잘 알 것입니다. 교사 공동체가 그 가치를 함께 추구한다면 교사들은 배우고 성장하는 일에 결코 수동적이거나 소극적일 수 없습니다.

혁신 교육으로 앞서가는 경기도 교육청은 2015년부터 이러한 시스템을 적극적으로 관내 학교에 도입하고 있습니다. 기본적으로는 자율 연수지만 전문적 학습 공동체 활동을 직무 연수로 인정하고 학점까지 부여하는 등 장려하고 있습니다. 교사들이 전문성 신장을 도모하

고지 자발적으로 학교 안팎에서 공식 또는 비공식적으로 학습 공동체 활동을 전개하는 과정에서 제도적 지원을 호소한 결과라고 할 수 있습니다. 지금 경기도 교육청 소속 교사의 70% 이상이 자신의 근무 현장에서 크게는 학교 단위, 작게는 학년·교과 단위, 경우에 따라서는 더 작은 규모의 전문적 학습 공동체를 만들어 활동하고 있습니다. 활동의 성과로도 교사 성찰, 수업 나눔, 자료 개발, 철학 공유 등 다양하게 도출되고 있지요(윤정 외, '학교 안 전문적 학습 공동체' 운영 과정에 대한 초등학교 교사들의 경험 분석, 2016).

물론 미흡한 점과 극복해야 할 과제도 보입니다. 단위 학교별로 이루어지다 보니 교원들의 잦은 전출입이 안정적인 운영에 걸림돌이 되고, 이와 관련한 또 하나의 행정 업무가 발생한다는 문제점도 지적되고 있습니다. 학습 공동체 간 내실에 편차도 생깁니다. 게다가 70%라는 수치가 완선히 자발적이라고 보기에는 무리가 있다는 합리적인 의심도 가져봅니다. 제도적 뒷받침이 다각도로 이루어지지 않은 가운데 학교 문화가 순식간에 변화하기는 어렵기 때문입니다. 이것은 상당히 중요한 과제라서 교사들이 자발적 학습 공동체를 장려하기 위해 갖춰야 할 제도적 기반을 함께 고민하고 해결해나가야 할 것입니다. 물론 실질적인 성과가 나타나고 있는 만큼 앞으로 개선의 여지는 충분하다고 봅니다.

교육의 질적 개선을 위한 모든 노력에서 누구보다 중추적인 역할을 하는 이는 단연 교사입니다. 아무리 이상적인 교육정책이라 하더라도 이를 시행하는 교사의 전문성이 뒷받침되지 않는다면 성공을 장담할 수 없기 때문입니다. 그리고 교사의 전문성을 향상하는 방법 중에서 가장 효과적인 수단은 역시 교원 연수일 것입니다. 교사는 평생 배움과 가르침을 반복하면서 성장해갑니다. 교사의 성장은 곧 교육의 질로 이어지고요. 게다가 요즘은 교사가 배우려는 의지만 있으면 얼마든지 배울 수 있는 시대입니다. 시·도 교육청의 교육연수원뿐만 아니라 각종 원격연수원에서 신선하고 새로운 '교수─학습법'과 다양한 콘텐츠를 제공하고 있습니다. 인디스쿨을 비롯해 교사들이 선호하는 현장 맞춤형 자율 연수의 기회도 풍성해졌습니다.

교사의 전문성 향상 및 성장 여부는 결코 수치로 측정할 수 없고, 성과급과 각종 평가에 이용하기 위한 외부적 동기로 채워진 이수 시간으로는 당연히 교사의 성장을 보증할 수 없습니다. 교육에 대한 고민은 결국 교사의 내면에 간직하고 있는 아이들을 향한 불씨를 살려내고 불꽃을 피워내는 일과 맞닿아 있습니다. 교사가 자발적으로 교육을 하겠노라고 열정을 품게 하는 것은 매우 의미 있고 가치 있는 도전입니다.

특히 새내기 교사들께 당부하고 싶습니다. 좋은 교육을 하는 데 적절한 제도와 정책은 필요조건일 수는 있으나 충분조건은 아닙니다. 그렇다면 바람직한 제도적 뒷받침과 교육에 희망을 만들어낼 수 있는 충분조건은 무엇일까요? 그것은 바로 교사들의 자발적인 연구·학습 공동체를 중심으로 집단 지성을 발휘하여 서로의 전문성을 향상시키려는 노력 아닐까요.

진정한 지식과 삶을
마주 세우는 교육과정

텅 빈 교실을 바라봅니다. 어쩐지 지난 1년이 꿈만 같습니다. 아이들은 저마다 홀가분해진 듯 교문을 나서는데 1년 전에 비해 훌쩍 자란 뒷모습을 보니 괜히 가슴이 찡해집니다. 아이들이 모두 떠난 교실을 지켜보며 곧 이 자리를 다시 채울 아이들을 생각합니다. 그 아이들과 함께 꾸려갈 또 다른 시간을 기약하며 가슴 한편의 아쉬움을 조금 달래봅니다. 문득 한 선배 교사가 했던 말이 생각납니다. '2월에 준비하는 교사는 프로고 3월에 준비하는 교사는 아마추어다.' 프로 교사가 되기 위해선 아무래도 준비를 좀 해야 할 것 같습니다. 미리 가르칠 단원들도 살펴보고 어떤 수업을 진행할지 계획을 세워봐야겠습니다.

하지만 어수선한 인사 발령 속에서 마음을 다잡고 1년 수업을 계획

한다는 것이 생각처럼 쉽지 않습니다. 새로운 선생님들을 소개받고 교과협의회가 열립니다. 찬찬히 인사를 나누고 어떤 단원을 어떻게 가르칠지, 평가는 어떻게 하는 게 좋을지 차분히 이야기를 나눠보고 싶지만 만나자마자 결정해야 할 일들이 많습니다. 진도 계획도 세워야 하고 교사별 시수 계획도 세워야 합니다. 누가 몇 학년을 들어가고 몇 시간을 들어갈지, 해마다 하는 일이지만 매번 어렵습니다.

뭔가 새롭고 다른 방식의 내용을 가르쳐보고 싶어도 도무지 엄두가 나지 않는, 새로 받은 교과서의 두께를 보면 다른 걸 더 얹어서 할 자신감이 없어집니다. 결국 올 한 해도 교과서 순서대로 다른 선생님들과 진도를 맞추면서 튀지 않는 수업과 평가를 하는 것이 좋을 듯싶습니다.

이렇게 2월이 지납니다. 올해도 아마추어 신세를 벗어나지 못할 것만 같습니다.

어수선하고 정신없는 2월

교사에게 2월은 진정한 의미의 연말입니다. 결산과 계획이 동시에 이루어지고, 지난 한 해를 반성해야 하고, 부족한 부분을 채워 새로운 한 해를 계획해야 하며, 여기에 따른 다양한 교육 방법을 생각해내야 합니다. 실수가 생기면 돌이키기 쉽지 않아서 은근히 신경이 쓰입니다. 사실 배우는 학생들 입장에서 교사란 여전히 절대적인 의미와 지위를 지니고 있어서 그 시선과 책임을 절감하는 교사라면 긴장할 수밖에 없는 시기이도 합니다.

그런데 차분히 학기 초를 준비하고 싶어도 너무 많은 일들이 너무 급하게 몰려듭니다. 연구부는 끊임없이 교사별 수업 시수와 평가 계획, 진도 계획을 수립하라고 독촉합니다. 평가는 수행평가를 중심으로 과정을 중시하라는데 아직 학생들을 만나지도 못한 상황―성향이 어떤지, 수준이 어떤지 전혀 모르는―에서 수행평가를 계획하려니 여간 어려운 일이 아닙니다.

게다가 교무부에서 요청하는 1년치 시상 계획도 미리 세워야 합니다. 고등학교라면 생활기록부가 곧 대학 입시와 연관을 맺을 수밖에 없고, 중학교도 특목고나 자사고를 노리는 소수 학부모들의 등쌀에 현실적으로 경시할 수 없습니다. 상을 남발할 우려 때문에 사전에 계획하지 않은 상은 수여할 수 없도록 관리가 아주 엄격해졌습니다. 참, 정규 교육과정이라고 보기 힘든 방과후학교까지 사교육 절감을 명분으로 슬쩍 묻어 들어왔네요.

뿐만 아닙니다. 교육부나 교육청에서 반드시 포함하라는 내용도 해마다 늘어나고 복잡해집니다. 양성 평등, 독도 사랑, 학교폭력 등 이미 정규 교과 교육과정에서 다루고 있는데 옥상옥(屋上屋)으로 반영하랍니다. 특히 세월호 참사 이후에는 안전이 단연 화두입니다. 사실 세월호 참사가 안전 교육 미비로 일어난 것도 아닌데 말이지요. 안전 교육을 교과 교육과 어떻게 연결해야 할지 막막해하고 있는데 옆 자리 역사과에서는 "의열단이랑 화약 안전을 어떻게 엮어야 되냐"고 툴툴거립니다.

더구나 양식도 불필요하게 복잡합니다. 목적, 방침, 유의 사항 등 줄줄이 쓰라는 게 참 많습니다. 대학 강의 계획서도 A4 한 장에 해결하는 시대에 이 많은 내용을 저 복잡한 양식에 어떻게 채워 넣어야 할지 한숨만 나옵니다. 그나마 다행인 것은 진보 교육감 등장 이후 모든 것을 문서화하라는 지침이 조금은 간소화되었다는 것입니다. 그래도 상당수 학교가 1년 계획을 빼곡히 담은 수백 쪽짜리 '교육과정 계획서'를 작성합니다. 정성식 선생님은 〈교육과정에 돌직구를 던져라〉(에듀니티)에서 이 계획서가 사실 '아무도 읽지 않는' 전시품에 불과하다고 돌직구를 날리셨지요.

이렇다 보니 정작 무엇을 어떻게 가르칠지, 내가 결정한 진도가 아이들의 성장 과정과 잘 맞아 떨어질지 생각할 틈이 없습니다. 새로운 교육 활동을 하고 싶어도 그 실마리를 잡기가 쉽지 않을뿐더러 자칫 실수하면 어쩌나 하는 마음에, 또 너무 많은 것을 요구하는 통에 '그냥 좋은 게 좋은 거고, 구관이 명관이야' 하는 마음으로 작년 거 긁어다 붙이자는 유혹에 빠집니다. 아무튼 교육과정이라는 말만 들어도 머리가 어지러울 지경입니다. 교육과정? 대체 교육과정이 뭐기에 이렇게 학생을 만날 마음의 준비도 못할 정도로 교사를 컴퓨터 앞에 붙들어 놓는 걸까요?

사실 교육과정은 연구부가 독촉하는 진도 계획과 평가 계획, 이 둘 사이에 살짝 숨어 있습니다. 우리는 진도 계획을 통해 학생들에게 무엇을 어떤 속도로 가르칠 것인가를 결정하는데 이는 전적으로 교육과정을 따르도록 되어 있습니다. 그런데 국가 수준에서 결정되는 우리나라의 교육과정은 대강화되어 있지 않아서 디테일하며 양도 많고, 교사의 자율권도 별로 없어서 1년간 배워야 할 분량이 이미 표준화되어 있습니다. 그래서 어지간히 노력해서 교육과정을 재구성할 각오가 서지 않은 바에야 진도를 결정하는 데 필요한 것은, 교과서 전체 페이지를 전체 시수에 맞춰 잘 나누는 기초 계산 능력뿐입니다.

그다음엔 결정된 진도 계획과 교육 내용에 따라 평가의 범위와 무엇을 어떻게 평가해야 할지를 결정합니다. 하지만 애당초 맥락에서 벗어나 표준화해놓은 진도 계획 덕분에 평가 역시 진도에 끼워 맞추기 식이 되곤 합니다. 이때 우리에게 가장 좋은 매뉴얼은 '과거의 방식'이지요. 인수인계라는 그럴듯한 이름으로 작년의 교육과정은 올해의 교육과정으로 '복사하기 → 붙여넣기'가 됩니다. 사실 이만큼 안전한 일도 없습니다. 우리는 지난 방식을 되풀이하는 과정을 통해 시행착오를 줄여왔고, 또 평가의 영역과 진행 과정이 '시스템화'돼 있어서 따라 하기도 편합니다. 과거의 전례가 있으니 공정성 시비에 휘말릴 가능성도 줄어들고요. 국어과의 경우 수행평가로 독후감, 문예 창작, 논술 쓰기 같은 방법들을 답습하는 것이 가장 무난합니다.

그런데 이런 교육과정 운영을 정상적이라고 말할 수 있을까요? 급격하게 다원화해가고 바뀌어가는 이른바 4차 산업혁명 시대의 지식은 비선형적인 특성을 지니며 매우 가변적이기 때문에 상황 맥락에 맞는 지식 활용 능력이 필요합니다. 그런데 교과서에 맞추어 선형적으로 계획된 진도와 평가로 새로운 시대에 적응할 만한 역량을 키울 수 있을까요? 우리는 탈맥락적이며 선형적인 진도 계획이 학습자의 경험과 성장 과정에 도움이 되지 않는다는 걸 이미 '경험적'으로 알고 있지 않은가요?

결국 처음으로 돌아와야 합니다. 교육과정을 다시 묻고 그 안에 무엇을 채워야 할지 고민하는 단계부터 시작할 수밖에 없습니다. 교육과정이란 대체 무엇인가. 우리는 이 질문을 통해 근본을 다시 묻고 교육과정을 어떻게 만들어야 할지 이야기해야 합니다.

문서에만 존재하는 교육과정

교육과정은 교육 현장에서 일반적으로 '교수요목(教授要目, course of study)'이라 일컬어집니다(학술적인 글이 아니기에 여기서는 현장 수준의 논의를 차용해 대략적인 개념만 정의하겠습니다). '교수요목' 하면 선뜻 이해가 안 가는데 영어로 'course of study'라고 하니 왠지 알 것 같습니다. 공부(학문)를 하는 데 있어 '반드시 거쳐야 할 길', '대략 이 정도의 코스는 이수해야 한 학년 또는 한 학기를 무사히 지나왔다고 말할 수 있는'이라는 의미겠지요.

꽤나 자주 바뀌는 우리나라 국가 수준의 교육과정 총론(이미 언급했듯 국가에서 이 코스를 지정해줍니다)을 들여다보면 수긍할 만한 내용이 많습니다. 일반적으로 생각하듯 교육부의 교육과정이 현재의 교육 문제를 외면하거나 모르고 있지는 않습니다. 도리어 개정되는 교육과정 총론에는 적극적으로 문제를 개선하려는 의지도 담겨 있습니다. 예를 들어 '7차 교육과정(1997년 12월)' 총론의 해설서에는 '국가가 일방적으로 만들어 주어지는 교육과정의 틀에서 벗어나 교육을 실천하는 학교에서 다양하게 만들어가는 교육과정으로의 전환'을 강조합니다. 이 기조는 현행 교육과정인 '2009 개정 교육과정'과 곧 도입될 '2015 개정 교육과정'에서도 유지되고 있습니다. 특히 각 학교에 교육과정 운영의 자율성을 부여하기 위해 나름대로 노력한 흔적이 보입니다.

'2015 개정 교육과정'에서는 교사를 교육의 주체자이며 실천자이자 교육과정에 대한 의사 결정자로 의미를 확장하고 있습니다. 간단히 말해 (적어도 총론 차원에서는) 교사가 교육과정을 적극적으로 재구성할 수 있도록 기반을 마련해놓은 것입니다. 그러니 변화하는 사회상을 담아 '많이 아는 교육'에서 '배움을 즐기는 행복 교육'으로 패러다임을 변화하려는 노력은 과소평가할 수 없습니다. 다만, 질 관리를 명분으로 국가가 어느 정도 개입할 여지를 남겨놓았다는 점에서 후술할 국가 주도형 교육과정 설계의 문제점을 드러내고 있지요.

이런 훌륭한 교육과정 계획이 학교 현장으로 내려오면 문서에서나 찾아볼 법한 흔적 같은 것으로 변질되고 맙니다. 이유에 대해서는 여러 가지 분석이 나와 있습니다. 교육과정의 총론만 변했지 각 교과의 성취 수준이나 코스가 달라지지 않았기 때문일 수도 있고(사실 촘촘한 교육과정의 교과별 각론은 총론과 모순됩니다), 세계적으로 유행하는 교육학적 용어들을 끌어다 쓰기는 했지만 철학을 함께 들여온 것이 아니라 용어만 바뀌었기 때문일 수도 있습니다.

하지만 무엇보다 현장 교사들을 지치게 하는 것은 공문을 통해 변화된 교육과정을 다양하게 적용하라는 일종의 지침들입니다. 무언가를 끊임없이 요구함으로써 교사들이 차분하게 학습자의 상황과 맥락에 맞는 교육과정을 성찰하고 고민할 여유를 주지 않습니다. 교육과정을 교육 현장에서 구현해야 할 터인데 거꾸로 교육지원청이나 교육청, 또는 교육부 공문을 통해서 구현하려고 합니다. 사정이 이렇다 보니 현장 교사들은 어쩔 수 없이 교육과정을 연구하기보다 공문을 연구하거나, 그러다 지쳐 지난 1년을 무탈하게(?) 보내게 해준 왕년의 코스를 다시 들여다보고 맙니다.

물론 교사들도 비판받을 여지는 있습니다. 비록 그 뿌리는 국가가 하라는 대로 수동적으로 교육과정을 운영해야만 했던 지난 시절에 있다지만 교육과정이 바뀐다고 해도 무관심한 교사, 변화한 부분을 연구하거나 살펴보려는 노력을 않는 교사도 많으니까요. 심지어 일부에서는 교과서 진도만 따라가면 되지 굳이 교육과정을 살펴야 할 필요가 있느냐고 반문하는 교사도 있습니다. 사실 교육청에서 각종 교육과정 관련 공문을 보내는 이유도 어느 정도는 이러한 상황을 염두에 둔 것이기도 합니다. 결국 악순환입니다. 이 과정에서 교육과정의 전문가여야 할 교사는 교육과정을 기획하고 분석하는 능력을 잃어버리거나 지치게 됩니다. 툴툴거리며 대충 서류나 채워 넣을 뿐이죠.

교육과정이 이렇게 '서류상'으로만 굴러가는 일이 흔하다 보니 중·고등학교의 경우에는 교육과정을 그저 수업 '시수'라고 생각하는 교사도 드물지 않습니다. 교무부나 연구부의 문서 처리반이 알아서 내용을 잘 꾸며주고 몇몇 창의적 체험활동의 시수만 바꾸곤 하니까요. 교육과정 시스템이 왜곡되는 정도는 초등학교보다 중학교가, 중학교보다

고등학교가 더 심합니다. 바로 '입시' 때문이지요.

입시가 집어삼킨 교육과정

사실 현재의 '역량 중심 교육과정'은 몇몇 문제점에도 불구하고 실패를 예견할 만큼 나쁜 교육과정은 아닙니다. 그렇지만 현장에서 도입하기도 전에 잘 안 될 거라는 예상을 하게 만듭니다(특히 고등학교, 정도의 차이는 있지만 중학교도 마찬가지). 교사와 학생, 학부모의 머릿속에 가득 차 있는 '입시 교육과정' 때문에 그렇습니다.

우리나라에서 교육과정을 학생의 성장이나 발달 과정으로 여기기보다 '입시'를 위한 과정으로 여기는 경향이 강하다는 것은 누구나 알고 있습니다. 아무리 교육과정의 문제점을 개선하라고 목소리를 높여도, 학생들이 배우는 양과 성장 속도에 맞추자고 주장해도 소용없습니다. 결국 블랙홀처럼 '입시'가 교육과정을 쥐고 흔드는 한, 이를 당연하게 받아들이는 교육 주체들의 각성이 없는 한, 교육과정은 상급 학교 진학을 위한 알고리즘의 한 부분에 지나지 않을 것입니다. 그 증거가 바로 학교와 사교육 현장에서 아등바등 매달리고 있는 '진도' 교육입니다.

예컨대 대학 입시에서 다소 비중이 줄어들었다는 대학수학능력시험의 출제 범위는 고등학교 교육과정 운영의 자율성을 제한합니다. 어디서부터 어디까지 어떤 내용을 출제하겠다는 '범위'가 곧 '진도'에 해당하니까요. 교육과정의 알고리즘에서 가장 마지막 단계에 위치하는 평가, 즉 수능이 전체 교육과정을 뒤흔드는 셈입니다. 당연히 교사들은 배우지 않아서 생길 문제를 예방하고 싶어 합니다. 사교육 역시 더 넓은 범위의 '진도'를 통해 공교육에서 다룰 수 없는 '범위'까지 과정을 확대합니다. 예컨대 대학 교양 과정에서나 배울 법한 내용을 가르쳐 남들보다 많은 내용을 알게 하거나 선행학습을 통해 공교육보다 한 발 빠르게 진도를 마칩니다. 여기에 교육의 적실성이나 단계성은 고려되지 않습니다.

그 결과, 교육과정은 본래 무엇을 가르칠 것인가(또는 무엇을 가르치지 않아도 되는가)에 대한 취사선택에서 벗어나 하나도 버릴 게 없는 빡빡한 시간 운영을 강제합니다. 학생들이 과도한 수업 부담으로 녹초가 되는 것을 보면서도, 또 빡빡한 진도가 필요하거나 소화할 수 있는 학생이 손에 꼽을 정도밖에 안 되는데도, 대다수 교사는 달리 방도를 찾지 못해 수업을 진행할 수밖에 없습니다. 지금의 수업 방식이 소수 학생들을 향해 있다는 비판을 면할 길이 없는 이유입니다. 그리고 속도와 분량을 따라가지 못하는 대다수 학생들은 수업 방해와 교권 침해 문제를 일으키거나 무기력한 학교생활을 이어갑니다. 이른바 사토 마나부 교수가 말하는 '배움으로부터 도주하는 아이들'을 양산할 수밖에 없는 구조가 되는 것입니다.

물론 문제의 원인과 해결책을 입시라는 블랙홀로 단순화하는 것도 더 고민해보아야 합니다. 구조가 개인의 활동 양상을 비롯해 전체 틀을 규정하는 것은 맞지만 개개인의 노력 없이 구조를 바꾸기란 불가능하기 때문입니다. 실제 우리 교무실에서 벌어지는 무기력한 진도 계획과 과거의 방식을 답습한 수업, 평가를 반성하지 않은 채 무조건 입시와 교육 당국의 정책만을 탓하는 태도는 문제의 한 면만 바라보는 편협한 시각이라는 생각을 지울 수 없습니다.

교육과정과 교과서

'진도' 문제는 교육과정과 교과서의 관계도 생각하게 합니다. 교과서란 추상적인 교육과정을 구체화한 교과용 도서 중 하나입니다. 교육과정 중심으로 학교교육이 구성되어 있다면 교과서는 일종의 교육과정을 위한 참고서 역할을 합니다. 그러나 이미 살펴본 것처럼 입시와 더불어 뿌리 깊은 국가 주도 교육과정은 교과서를 일종의 '성전(聖典)'으로 만들어버렸습니다.

교육 내용을 세세한 것까지 국가가 규정하지 말고 교사들이 자율성을 발휘할 수 있도록 대강의 틀만 규정하라는 '교육과정의 대강화(大綱化)' 요구를 이미 오래전에 했지만 교과 교육과정 각론에는 아직까지 큰 변화가 없습니다. 도리어 국가권력의 의도에 따라 현장 교사들의 자율성을 훼손하는 일만 계속해서 벌어지고 있습니다. 교육 내용을 취사선택할 권리를 대부분 국가가 쥐고 있다 보니 국가주의적인 성격을 피할 길이 없습니다.

그렇다고 국가가 주도하는 교육과정 일체가 '나쁘다'고 말하기는 힘들다는 것을 짚고 넘어가야겠습니다. 가령 교육과정을 각 학교에 맡기는 경우 부유한 사람들이 많이 사는 지역과 그렇지 않은 사람들이 사는 지역의 학교가 취사선택할 교육과정에 차이가 발생할 수 있고, 이것이 학력 격차로 이어질 수도 있으니까요. 또 교육과정을 통해 국가 수준에서 종합적인 교육 비전을 제시하는 일도 필요하지요. 기본적인 사항은 국가가 제시하고 세부적인 판단은 학교나 지역 교육청에 맡기는 절충형 교육과정 운영이 어느 정도 질과 다양성을 만족시킬 수 있는 방안입니다. 다른 선진국들도 이런 흐름으로 가고 있는데 우리나라는 총론에서는 '절충형'이라는 외피를 쓰고 있지만 각론으로 넘어가면 다분히 장식적인 감이 있습니다.

더구나 교육과정은 사회가 합의한 인간상과 지향하는 미래의 가치를 담는 그릇이기에 시간과 비용이 많이 들더라도 각계각층의 요구와 목소리를 어느 정도 경청해야 하는데 우리는 이 과정을 지나치게 간략하게 처리합니다. 심지어 현장 교사들의 목소리조차 반영하기 어려운 구조라서 교육 관료나 교수들 중심의 소수 의견, 특히 권력자의 의지에 따른 개정을 하는 정도로 품을 적게 들이고 있지요.

이런 까닭에 여러 검인정 교과서를 발행하는 시대라지만 사실 (국가가 원하는) 하나의 교육과정을 다양한 방식으로 변주하는 데 불과합니다. 그러다 보니 어떤 교과서로 배우더라도 모두 빠짐없이 가르쳐야 교육과정을 이수할 수 있도록 되어 있습니다. 여기에 입시까지 결합해 있는 상황이고 보면 학교에서는 교과서 첫 페이지부터 끝 페이지까지를 모조리 섭렵하는 것이 불문율로 굳었고, 이것은 어느 정도 국가가 기대하는(?) 바로 추정됩니다.

최근 불거진 역사 교과서 국정화 파동은 이러한 국가 인식 또는 의도를 상징하는 사례라고 할 수 있습니다. 만일 교육부가 교육과정 총론에서 밝힌 것처럼 '국가가 일방적으로 만들어 주어지는 교육과정의 틀에서 벗어나 교육을 실천하는 학교에서 다양하게 만들어가는 교육과정으로의 전환'을 진심으로 고려했다면 '국정교과서'에 이렇게까지 집착할 리 없을 것이기 때문입니다. 물론 추상적인 교육과정을 구체화한 것이 교과서니까 교과서는 일종의 '교수—학습'에 나침반 역할을 하지만 그것이 반드시 가르쳐야 하는 지침은 아니라는 측면에서 교과서 자체만으로는 정부의 의도대로 흘러가지 않을 가능성이 있습니다. 그럼에도 교육부는 교과서를 반드시 가르쳐야 하는 것으로, 자신들이 독점한 획일적 관점을 학생들 머릿속에 주입시킬 수 있는 절대적인 것으로 보고 있습니다(한국사를 수능 필수 과목으로 넣은 것도 같은 이유일 거라고 생각합니다). 이는 복잡하고 다양한 가치가 존중받는 미래 사회의 모습에 어울리지 않을뿐더러 과거 권위주의 독재 정권이나 전체주의 파시즘 시대의 교육에서나 볼 수 있는 모습입니다.

선언적으로는 교육과정의 자율성을 확대하겠다고 하면서 뒤로는 교육 현장을 옥죄는 행위는 교육의 자율성을 심각하게 훼손하고, 이제 겨우 미래지향적 방향으로 나아가기 시작한 인식을 과거로 역주행하게 할 위험성이 큽니다. 또 교육과정 개발 및 재구성 역량에 대한 절실한 요구를 다시 한 번 주저앉히는 일이기도 하고요. 다만, 현장 교사들이 국정교과서에 대해 거세게 반발하는 움직임을 주시할 필요가 있습니다. 이 흐름이 기존의 교과서관에서 벗어나 교육 내용을 선정하고 취사선택하는 행위라는 교육과정의 본질을 고민하는 계기가 될 수도 있기 때문입니다. 교사들이 '어떤 기준으로 지식을 취사선택할 것인 가?', '이것을 꼭 가르쳐야 하는 이유는 무엇인가?', '이것이 교육적으로 반드시 필요한 이유는 무엇인가?' 같은 근원적인 질문과 토론을 통해 교육과정 계획과 운영의 주체가 교사 자신이라는 자각을 한다면 전화위복의 계기가 되리라 믿습니다.

교육과정 개발의 실제, 자유학기제

이번에는 앞에서 살펴본 문제들을 극복하기 위해 모색하고 있는 새로운 실험을 알아보겠습니다. 바로 중학생들을 대상으로 하는 한 학기짜리 '자유학기제'입니다. '진도 중심의 학교교육' 및 '결과 중심의 평가'가 없는 교육과정을 운영해보자는 취지에서 2013년에 도입되었습니다. 2016년 전 중학교로 전면화한 데 이어 2017년부터는 한 학기를 더 늘려 '자유학년제'를 도입했습니다. 과연 '진도'와 '평가'에서 자유로워진 학교는 이름처럼 자유롭게 교육과정을 설계하고 운영할 수 있을까요?

이 제도의 도입에 직접적인 영향을 준 것으로 알려진 영국의 갭이어(Gap Year), 아일랜드의 전환학년제(Transition Year), 덴마크의 애프터스콜레(Efterskole) 등은 학생들이 일정 기간 휴지기를 보내며 학업에 지친 심신을 쉬고 소질과 적성을 계발하여 새로운 진로를 모색하도록 돕는 제도입니다. 우리나라의 자유학기제는 대부분 체험이나 경험을 중심에 놓고 자기주도적인 성장을 기획하고 있다는 점에서 이들과 공통점이 많다고 하겠습니다. 실제 교육부는 자유학기제를 통해 학생들이 만족감을 얻고 있으며 학교에 대한 만족도도 높아졌다는 자료를 제시하면서 제도의 성공적 안착을 홍보하고 있습니다.

자유학기제는 기존의 교육과정이 담아내지 못한 부분을 학교에 도입했다는 점에서 긍정적인 평가를 받고 있습니다. 일단 그간 국가로부터 주어진 교육과정을 이행하던 학교가 교육과정 설계 및 개발을 본격적으로 하게 되었다는 점에서 그렇습니다. 기존에도 창의적 체험활동이 있었지만 그 비중이 남다릅니다. 자유학기제에서는 주제 선택 활동을 비롯해 오후 수업 전체를 학교 재량으로 할 수 있습니다. 또 시험이나 진도의 부담에서 벗어나 다양한 수업 연출과 교과 자료 계발이 가능해졌습니다. 이 과정에서 교사 주도 수업이 학생 주도 수업으로 자연스럽게 변했지요. 실제로 운영해본 교사들로부터 학생들의 결석률이 낮아졌고 평가의 객관성에 묶여 시도하지 못했던 다양한 실험을 할 수 있게 되었다는 이야기가 나오고 있습니다. 아울러 진로 교육에 대한 관심 확대와 대안 모색 과정에서 지역사회와 연계를 통해 협력적으로 교육을 이끌어갈 수 있는 토대도 모색하게 되었다고 합니다. 그간 학교가 지역사회와 고립된 채 운영되었다는 점을 감안하면 획기적인 전환이라 할 수 있습니다.

그러나 여전히 국가 수준 교육과정의 강력한 통제 안에서 운영을 하다 보니 한계가 있습니다. 일단 국가가 지정해준 틀을 바꿀 수 없다는 점과 국가의 의도가 단위 학교의 자율성을 무시한 채 관철되고 있다는 점을 들 수 있겠습니다. 제시한 시간표에서 보듯 진로, 예체능, 동아리의 영역을 국가가 지정해주고 있습니다. 학교에서 실질적으로 만들고 운영할 수 있는 것은 주제 선택 및 시간뿐입니다. 예체능 활동의 경우에도 교육부 학교폭력 예방 대책의 맥락에서 시행하는 스포츠클럽 등 체육에 지나치게 편중되어 있다는 느낌이 듭니다. 정작 학생들에게 여유를 주겠다는 자유학기제의 취지에 어긋나 운동을 좋아하지

■ **자유학기제 운영 예시**

	월	화	수	목	금
1					
2			교과 편성(22시간)		
3					
4					
5			동아리	예체	* 진로
6	진로	주제 선택			
7					
방과후학교		'자유학기 활동'과 연계 운영			

* 진로 : 진로 검사 초청 강연, 포트폴리오, 현장체험, 직업 리서치, 모의 창업 등
* 진로 탐색 5 + 주제 선택 2 + 예술·체육 3 + 동아리 2 = 12시간

	월	화	수	목	금
1					
2			교과 편성(20시간)		
3					
4			진로		동아리
5	예체				
6		* 주제 선택 창조적인 글쓰기, 한국의 예술 발견하기, 미디어와			
7		통신, 학교 잡지 출판하기, 드라마와 문학, 녹색 학교 만들기 등			
방과후학교		'자유학기 활동'과 연계 운영			

* 진로 탐색 2 + 주제 선택 8 + 예술·체육 3 + 동아리 2 = 15시간

않는 학생들까지 억지로 공을 차야 하는 일이 있다고 합니다. 예술도 발표회 같은 빡빡한 이벤트로 운영하는 경우가 많다고 하고요.

진로 활동 역시 취업난이 심각한 경제 위기 시대에 실업의 책임을 학생들에게 전가하는 뉘앙스가 있어 불편합니다. 꿈을 강요받는다고 느끼는 학생들도 상당하고요. 대통령의 공약 사항인 꿈과 끼 그리고 직업 체험을 강조하는 교육부와 시험 없는 혁신 교육을 강조하는 진보 교육감들 간에 온도 차도 발생하고 있습니다.

국가(교육부)의 그림자가 가득 드리운 형편인지라 해야 할 일과 보고해야 할 일이 많아지는 전형적인 교육과정 운영상의 난맥도 드러났습니다. 특히 교육부가 강조하는 각종 (직업) 체험활동은 실적 거양의 압박과 행정 업무의 폭증을 유발했습니다. 결국 교육과정은 다시 '서류'를 통해 완성된다는 종래의 구태를 답습하는 게 아닌가 하는 현장의 우려를 낳고 있습니다. 또 지역 간 인프라 격차 문제도 있습니다. 대도시의 경우에는 그나마 다양한 체험 기회를 얻을 수 있지만 그렇지 않은 지역은 오히려 격차가 더 벌어진다는 것입니다.

끝으로 한 학기(또는 한 해)만의 자유가 과연 자유일 수 있는가에 대한 근원적인 질문도 제기됩니다. 한 학기나 1년을 자유롭게 지낸 학생들은 다시 기존 시스템으로 복귀해야 해서 학부모들은 아이들이 논다고 불안해하고, 교사들은 다시 복귀할 전통적 교육과정을 생각하면서 답답해합니다. 특히 입시 압력이 거세고 단계형 발달 성격이 강한 수학 과목이 난감하다고 합니다. 사실 자유학기제를 본래 취지를 살리기 가장 어려운 중1에 적용한 이유도 특목고나 자사고 입시에서 그나마 영향을 덜 받는 저학년이기 때문이라는 것은 시사하는 바가 큽니다.

물론 첫술에 배부를 수는 없겠지요. 이제 막 출발했으니 보완할 점도 많을 테고요. 어쨌든 학교의 교육과정 자율성을 본격적으로 실험하는 자유학기제의 의의는 작지 않다고 생각합니다. 현재 나타나고 있는 문제들을 지속적으로 극복해가며 점차 다른 학년으로, 나아가 학령기 전체로 적용 시기를 확대해간다면 비정상적으로 왜곡되어 있는 교육과정 정상화에 큰 역할을 할 수 있을 것으로 봅니다.

교육과정 혁신을 위한 제언

자유학기제 같은 교육과정 혁신을 위한 새로운 실마리가 열리고 있기는 하지만 그렇다고 다른 학년을 맡고 있는 교사들이 마냥 손 놓고 있을 수만은 없습니다. 지금부터는 단위 학교에서 생기는 교육과정에 대한 고민들을 풀어보도록 하겠습니다.

● 공부하는 조직으로의 변화

현재 학교 조직이 처한 근본적인 문제점은 '교육과정 중심'의 협의 조직이 아니라 '행정 중심'의 결재 조직이라는 데 있습니다. 학교 문화를 교육과정 중심 문화로 변화시키려 해도 쉽지 않은 이유가 바로 문서 더미들 때문입니다. 교사들은 학교의 모든 교육 활동(기획과 실행, 평가와 결과)을 공문서에 담아 처리합니다. 문제는 이런 것들이 교육에 대해 고민할 시간을 빼앗는 동시에 교육의 전문성과 특수성을 담는 대화와 협의를 관료제적 문서주의에 빠트린다는 점입니다. 관료제 아래서는 대화와 협의가 이루어지든 말든 최종 결재권자가 결재하면 협의가 이루어진 것으로 간주됩니다. 문서화된 형식적 협의를 통해 '업무(교육이 업무가 되어버리지요)' 추진의 효율성과 책임의 분산만 고려하는 모습을 보이는 것입니다.

현재 교원업무정상화 사업을 추진하는 이유는 바로 이런 문제를 해결하기 위해서입니다. 그리고 교원업무정상화의 핵심적 요소 가운데 하나가 교육과정 중심으로 학교 조직을 재구조화하는 것입니다. 교육부 등의 통제가 여전한 지금 단계에서 완벽하게 학교 조직을 변화시킬 수는 없겠지만 조직의 문화가 행정(가령 교무부, 연구부)에서 교육 중심(가령 학년부, 교과부)으로 바뀌면 자연히 교육과정에 대한 교사들의 관심도 높아질 뿐만 아니라 협의를 통해 교육과정을 만들 수 있는 조건을 갖출 수 있게 됩니다. 다만, 현실의 학교에서는 이조차도 기존 시스템에 동요를 일으킬 수 있으므로 일단 전문적 학습 공동체 같은 공부 모임에서 점진적으로 진행해나가는 지혜가 필요합니다.

교사들이 머리를 맞대고 함께 교육과정을 공부하고 적절한 내용을 선정하고 재구성한다면 우리 교육과정이 수업에 스며들지 못하고 문서상에만 존재하는 문제를 어느 정도 해소할 수 있을 것입니다. 즉, 가르치는 주체와 교육의 내용을 결정하는 주체가 일치하지 않아서 발생하는 문제점들을 상당 부분 해결할 수 있습니다. 특히 교육과정에 대한 일상적 평가와 반성은 2월에 소나기처럼 잡다한 내용을 다 집어넣은 두툼한 교육과정 계획서를 만드는 일을 예방할 수 있게 할 것이고, 나아가 학교의 상황(지역사회의 여건, 학습자의 특징)에 맞는 내실 있는 교육과정 운영도 가능하게 해줄 것입니다.

● 학교 비전에 따른 교육과정 재구성

업무가 정상화되고 교육과정이 어느 정도 교사의 품으로 돌아온 몇몇 학교들, 특히 대다수 혁신학교는 교과서가 아닌 교육과정을 기반으로 한 수업을 진행합니다. 교육과정과 평가를 일치시키고 이를 기록해서 학생들의 성장을 도모합니다. 이때 가장 많이 활용하는 것이 교육과정 재구성입니다.

교육과정을 재구성한다는 것은 기존의 교육과정이 분절적이거나 추상적이어서 현실의 삶과 괴리되어 있는 것을 통합하거나(통합성), 내용을 조금 쉽게 조정하여(적정성) 학생들에게 전달한다는 뜻입니다. 특히 유사한 학습 경험을 통합해 각 교과 간 융합 교육이 이뤄질 수 있도록 하고, 과도하게 많은 학습자의 부담(진도의 압박)을 낮춰줍니다. 또 학교에서 필요한 교육 목표를 설정한 다음 이에 맞게 학습 경험을 통합적으로 재구성하기도 합니다. 학생들이 고등 사고력을 기르고 창조적 활동을 펼칠 수 있도록 하는 것입니다.

이는 지식 전수 위주의 교사 중심 교육에서 맥락적 지식 구성의 학습자 중심 교육으로 전환을 도모한다는 점에서 4차 산업혁명으로 상징되는 최근의 사회적 요구에도 부합합니다. 교육과정 이론가들은 '진정한 교육과정(authentic curriculum)'의 목표를 지식의 구성(교과 지식을 분석, 해석, 통합, 평가하여 지식을 사용하고 조직할 수 있는), 학문적 탐구(제한된 주제에 대한 깊이 있는 이해에 도달하여 의사소통할 수 있는), 학교를 넘어선 가치(학교를 넘어 사회적으로 기여할 수 있는)로 정리한 바 있습니다(성열관·이순철, 〈혁신학교〉, 살림터).

교육과정 재구성 과정에서 중시해야 할 것 가운데 하나가 바로 학교가 추구하는 교육 목표와 비전 그리고 철학을 공부 모임 등을 통해 함께 만들어가는 것입니다. 그래야만 지역사회와 단위 학교에 어울리는 교육과정을 만들고, 또 그런 방향으로 재구성할 수 있습니다. 교육 목표를 학교장이 만들고, 교사들은 그것을 문서 작성할 때나 들여다본다면 교육과정의 개발이나 재구성은 사실상 불가능해질 것입니다.

■ **교육과정 재구성 프레임워크**

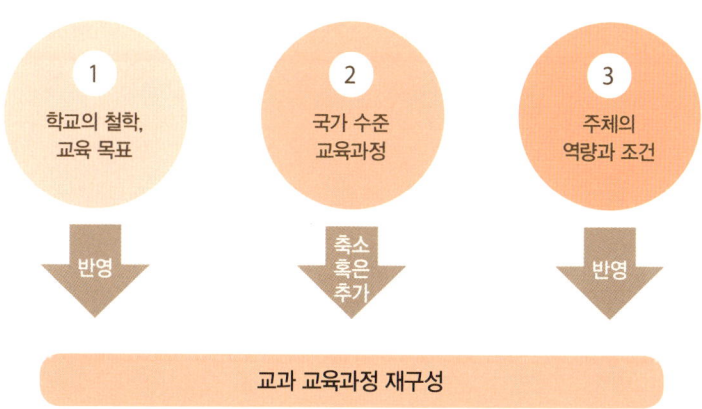

출처 : 이우학교 홈페이지

● **발달 중심의 평가 혁신**

교육과정이 중심이 되는 학교의 수업은 평가에서 학습자의 순위(상대평가)를 매기는 데 관심을 두지 않습니다. 학습자의 성취 수준과 교육과정의 적합성을 판단하고 이에 대한 적절한 처치를 염두에 둔 절대평가를 기본으로 삼습니다. 그리고 절대평가에서는 각 교과목에서 학생들이 학습을 통해 성취해야 할 지식과 기능, 태도 능력과 특성을 기술한 성취 기준이 주된 평가의 내용이 됩니다. 다시 말해 교육과정 재구성을 통해 선정한 내용들을 수업을 통해 실현하고(교육과정과 평가의 일치), 수행 과정 자체를 평가하는 것입니다(과정 중심의 수행평가). 또 평가로 교육 활동을 마치는 것이 아니라 성취 기준이 학생들의 수준과 흥미, 성장에 적절한지를 성찰하고 학생의 성장 내역을 기록함으로써 평가가 하나의 성장 기록이 됨과 동시에 실질적 피드백 역할을 하는 진정한 의미의 평가가 이루어집니다(평가와 기록의 일치).

그동안 우리는 경쟁 지향적인 상대평가를 통해 학생의 순위는 알아도 정작 학생들이 성취한 내용이 무엇인지는 알지 못했습니다. 내용에 관심을 두지 않고 서열화를 중요시하면서 가르치지 않은 것으로 평가를 하는 일도 있었습니다. 하지만 선발 중심의 교육관에서 벗어나 발달 중심의 평가와 교육을 통해 학생 개개인의 역량을 기르는 일이야말로 우리 시대 교육의 중대한 과제입니다.

발달 중심의 평가는 성취 기준만 염두에 두고 평가를 진행하므로 그만큼 경쟁에 대한 스트레스를 줄여줍니다. 특히 현대 사회에서 강조하는 창의력은 경쟁보다 협력을 통해 만들어진다는 점을 감안할 때

진짜 경쟁력, 즉 역량과 잠재력을 끌어낼 수 있습니다. 과정 중심의 수행평가가 바탕을 이루는 발달 중심의 평가가 제대로 안착해서 대세로 자리를 잡는다면 현재의 왜곡된 입시 중심의 교육과정이 어느 정도 무너질 것이라고 전망해봅니다.

우리 교육의 미래와 방향을 위하여

현재 우리의 교육과정은 국가와 입시라는 감옥에 갇혀 제 기능을 다하지 못하고 있습니다. 그렇다고 모든 문제의 원인을 국가의 강요나 입시로 지목하고 슬쩍 책임을 미루는 것은 문제 해결에 도움이 되지 않습니다. 오히려 국가 교육과정이 교사에게 일부나마 부여한 자율성의 빈틈을 활용해야 합니다. 진도와 교과서에 갇힌 등수 매기기 교육을 넘어서 학교 공동체와 비전을 공유함으로써 새로운 교육과정을 재구성하고 개발해나갈 필요가 있습니다.

어쩌면 어마어마해 보이는 이 일들을 추진해야 한다는 것이 부담스러울지도 모릅니다. 시스템에 변화가 필요한 일인데 정책 결정 담당자가 아닌 교사들이 해야 할 일이라니 뜬구름 잡는 소리처럼 들릴 수도 있습니다. 하지만 그렇다고 우리가 손을 놓아버리면 수동적 조직 문화에 젖어 무기력해질 수밖에 없습니다. 전문가로서 교사의 위상을 기약하기도 힘들어지고요.

일단 시스템이라는 엄청난 벽에 작은 균열을 가하는 움직임을 만들어나가야 합니다. 말하자면 학교마다 작은 공부 모임을 활성화하는 것입니다. 독서도 좋고, 수업 개선을 위한 모임도 좋고, 모여서 교육과정 총론을 공부하는 것도 좋습니다. 형태와 주제가 무엇이든 공부 모임을 활성화하는 것은 무척 의미 있는 일입니다. 활동을 하면서 교사 스스로 성장의 즐거움을 느낀다면 그 즐거움은 다시 수업과 학교의 변화로 이어질 것입니다. 이런 과정을 거치면서 교육과정을 재구성할 주제와 내용을 결정하고 학교와 교육의 바람직한 방향에 대한 고민들도 깊어질 것입니다.

물론 한계는 있습니다. 지금의 학문 중심 교육과정 체제에서 단계형 교과(가령 위계에 기반을 둔 수학이나 시간에 기반을 둔 역사)는 재구성하는 과정에서 학문 고유의 논리를 훼손하게 될 수도 있습니다. 또 성취 기준조차 국가 수준에서 획일화하는 경향이 강한 상황에서 어쩌면 교사의 자율성을 손상당하는 일이 생길 수도 있습니다. 예를 들어 한국사의 경우, 고구려사는 수당의 침략을 영웅적으로 막아낸 것이 성취 목표라서 '반전(反戰)'의 가치를 교육하기 어려운 측면이 있습니다. 하지만 어려움은 해소해야 할 문제이지 근본적인 문제는 아닙니다. 우리가 바꾸고자 하는 것은 교육의 풍토입니다. 줄 세우기가 아니라 학생 개개인이 성장하고 발달해서 새로운 지식의 습득과 자신의 삶을 연결 짓는 능력을 기르는 것, 그리하여 우리 사회와 문화가 더 민주적이고 도덕적이게 하는 것, 이것이 바로 우리 교육의 미래여야 할 테니까요.

· 닫는 글 ·

새로운 희망, 혁신 교육

 교사는 늘 더 나은 학교를 꿈꾸고, 이 꿈이 지금의 혁신 교육—일종의 파일럿 스쿨이라 할 혁신학교 만들기와 전체 학교 혁신하기—의 도도한 흐름으로 이어지고 있습니다. 혁신학교를 정의하는 몇 가지 표현이 있지만 간단하게 말하면 '새로운 학교', 자세히 말하면 '혁신학교 운동이나 제도를 통해 만드는 학교'를 뜻합니다. 혁신학교 운동은 그간 우리나라에서 이루어진 많은 운동이나 제도와 근본적인 차별성을 갖는데 바로 아래로부터의 그리고 내부로부터의 총체적 교육 개혁 운동이라는 점입니다.
 '여는 글'에서도 말한 것처럼 우리나라의 학교교육은 주로 외부로부터 지배를 받아왔습니다. 해방 이후 위에서 아래로 내려오는 지침이나 정책으로 학교 변화를 추구했지요. 그러나 이는 교육 풍토를 근본적으로 바꾸거나 학교에 깊숙이 자리 잡은 근대성이라는 한계를 극복하기에는 역부족이었습니다. 반면에 혁신 교육은 학교 내부의 힘에 주목합니다. 그동안 학교의 구성원인 교사와 학생, 학부모는 개혁의 주체가 아니라 대상이었는데 혁신 교육에서는 교사, 학생, 학부모를 학교교육을 바꾸는 변화의 주체자로 바라봅니다.

낡은 시스템을 그대로 둔 채 교육의 3주체를 서로 경쟁하게 만들어 역량을 키우겠다는 기존의 방식에는 분명 한계가 많았습니다. 교사가 더 열심히 가르쳐라, 학생이 더 열심히 공부해라, 학부모가 더 많이 지원하라는 말은 모두를 피곤하게 하고 상대에게 책임을 전가하게 할 뿐이었습니다. 이에 반해 혁신 교육은 협력을 바탕으로 학교를 전면적으로 개선하자는 것입니다. 교육 문제는 미시적이고 단편적으로 접근해서는 해결할 수 없다는 전제 아래 수업뿐만 아니라 학교 및 교육 체제 전반을 바꾸자는 것입니다. 이를 통해 궁극적으로 학생들을 삶의 주체로, 좋은 시민으로, 변화하는 미래 사회를 주도하는 인간으로 성장할 수 있도록 돕자는 것입니다.

혁신학교의 등장과 그 원리

혁신 교육의 핵심이라 할 혁신학교는 2000년대 초·중반 남한산초등학교, 조현초등학교, 덕양중학교, 이우학교 같은 작은 학교에서 시작한 자생적 학교 살리기 운동의 경험과 성과에서 탄생했습니다. 그러다 경기도 제1대 민선 교육감 선거에서 당선된 김상곤 교육감의 핵심 공약

중 하나로 무상 급식, 학생인권조례와 함께 세상에 알려졌습니다.

2009년 9월 경기도 교육청에서 13개 학교를 혁신학교(초·중등교육법시행령 105조에 의해 운영되는 공립학교)로 지정하면서 제도화되었고, 특히 2010년 전국교육자치선거의 6개 시·도에 이어 2014년 전국 17개 시·도 가운데 13개 시·도에서 혁신학교 정책을 공약으로 내세운 진보 교육감이 당선되면서 전국적으로 확산되었습니다.

혁신학교의 메카라 할 경기도의 경우 2017년 3월 1일을 기준으로 초등학교 1246교 중 234교(18.8%), 중학교 626교 중 147교(23.5%), 고등학교 470교 중 54교(11.5%)가 혁신학교로 지정·운영되고 있습니다(모범 혁신학교 포함). 나아가 민선 3기 이재정 교육감의 '혁신공감학교' 정책은 학교 전체를 혁신학교화 하자는 흐름으로 나아가고 있습니다. 지역이나 학교에 따라 약간의 차이는 있으나 혁신학교는 크게 다음 4가지 원리에 따라 운영되고 있습니다.

첫째, 민주적 학교 운영 체제입니다. 학교 구성원들이 교육의 주체로 서는 기본 원리입니다. 학교 구성원들의 민주적이고 자발적인 참여 속에서 학교교육의 비전을 세우고 교육력을 높이기 위한 제반 여건—작은 학급 조성, 민주적 의사 결정 구조, 교원업무정상화 등—을 갖추는 것을 뜻합니다.

둘째, 윤리적 생활공동체입니다. 지시와 통제, 경쟁과 차별, 불신과 무관심을 극복하여 부진과 소외를 없애고자 합니다. 나아가 존중과 배려, 규범과 질서가 있는 안전한 학교를 만들고자 합니다. 이를 위해 구성원 상호 간 신뢰를 담아 자율적으로 규범을 제정하여 실천하고 있습니다.

셋째, 전문적 학습 공동체입니다. 교사들이 동료성과 협력을 바탕으로 전문성을 기르고자 합니다. 이를 위해 서로의 수업을 개방하고 교육 활동에 대한 대화와 협의를 통해 교육과정과 수업을 함께 개선하고 만들어갑니다. 연구와 실천 속에서 교사 역시 성장하기 위함입니다.

넷째, 창의적인 교육과정과 학생 중심의 수업입니다. 학생들이 배움의 즐거움과 행복을 느끼고, 다가오는 미래 사회에서 창의적이고 주체적인 삶을 영위하도록 다양한 교육적 상상력으로 교육과정을 재해석하고 실천 및 성찰하는 열린 자세를 갖고자 노력합니다.

여러 번 강조했다시피 혁신학교는 자생적인 학교 변화를 추구하기에 학교 현장에서 문제를 발견하고 대안을 만듭니다. 이러한 방식은 느리지만 구체적이고 대중적이고 현실성 있게 학교 변화를 이끌어낼 수 있습니다. 그렇기에 교육청에서 인정하거나 공인하기 이전에 대중적인 정당성을 획득하는 경우가 많았습니다.

혁신학교의 원조로 알려진 남한산초등학교는 블록 수업, 주기 집중형 교육과정, 온 작품 읽기 같은 다양한 사례를 만들고 실천하여 폐교 위기에서 벗어났으며 이러한 사례를 방송, 저술, 강연, 인터넷을 통해 알림으로써 혁신 교육을 확산하는 역할을 했습니다. 용인 두창초등학교, 양평 정배초등학교도 학생 수가 적은 분교였는데 학생 수가 늘어나면서 본교로 승격했습니다(《한겨레》 2015년 5월 12일자). 고양 서정초등학교나 광명 구름산초등학교는 위장 전입으로 인해 몸살을 앓기도 했고, 심지어 몇몇 지역을 중심으로 인근의 부동산 가격까지 들썩이게 하는 부작용을 낳기도 했습니다(《매일경제》 2016년 2월 12일자).

경기도 혁신학교들의 성과

혁신 교육의 대의에 동의하면서도 과연 그것이 가능할까 머뭇거리는 사람이 많습니다. 이럴 때 필요한 것이 실제 사례들일 것입니다. 물론 전국에서 의미 있는 사례를 만든 혁신학교들이 많지만 여기서는 경기도 혁신학교를 중심으로 소개해보겠습니다.

일단 혁신학교의 가장 큰 성과 가운데 하나는 미래형 교육, 참된 학력, 모두를 위한 수월성이 실현 가능하다는 것을 보여주었다는 점입니다. 지난 2012년 방송을 통해서도 널리 알려진 양평의 조현초등학교는 학력을 '지식의 양'이 아니라 '기초학력을 바탕으로 자기 생각을 만들어나가는 비판적 사고력'으로 규정하고, 교육과정의 다양화와 특성화에 성공했습니다. '조현 교육과정'이라 불리는 이 교육과정은 디딤돌 기초학습·다지기학습·발전학습·문화예술학습·생태학습·통합학습과 같은 교과교육과정, 창조학습이라 불리는 재량교육과정, 어울마당과 동아리 같은 더불어 사는 삶을 위한 특별활동 교육과정의 9개 형태로 구성되어 있습니다. 내부형 교장공모제를 통해 뽑은 평교사 출신의 교장을 중심으로 민주주의에 기반을 둔 집단 지성의 힘을 이끌어낸 것이 성취를 이룬 비결이었습니다.

시흥의 장곡중학교는 지금도 수많은 연구진이 방문하는 학교입니다. 학생 중심으로 수업을 개선한 사례로 널리 알려져 있지요. 이 학교에서 교과서는 참고용일 뿐 교사들은 자신의 교육철학을 바탕으로 수업에 필요한 자료를 별도로 만듭니다. 책상을 'ㄷ자' 모양으로 배치해서 모둠별로 과제를 해결하는 수업을 펼칩니다. 학생들은 모둠 활동 때 자신이 알고 있는 내용을 적극적으로 발표하고, 모르는 것은 인터넷 검색이나 토론을 통해 알아냅니다. 최근에는 지역과 밀착한 교육 활동에 대한 고민을 많이 한다는데 말 그대로 지식이 아닌 역량을 가르치고 있는 것입니다. 이게 가능했던 이유는 학교 조직을 교육 활동 중심으로 개편하고 교사들이 머리를 맞대고 연구하며 서로의 수업을 개방하는 등 학년별 협의회를 수시로 열었기 때문입니다.

남양주에 있는 호평중학교 역시 미래형 교육을 위한 교육과정 재구성과 협력적 수업 모델로 널리 알려져 있습니다. 특히 택지개발지구 내 도시형 혁신학교에 적합한 교육과정을 개발하는 데 많은 공을 들인 결과, 지역사회와의 거버넌스 구축에 성공했습니다. 주민센터나 아파트문화센터와 연계하여 수준 높은 특기 적성 교육을 활성화했고, 지역 내 장애인 재활 시설과 연계하여 일회성 이벤트를 넘어선 정기적 나눔 실천과 봉사활동을 전개했습니다. 토지공사, 지역의 유기농 생산자 단체와 연계하여 교과 학습과 결합한 생태 노작 교육(텃밭)도 모색했습니다. 이러한 성과들이 학교장의 과감한 권한 위임과 교육 중심의 학교 조직 재구조화, 교사들의 열정에 바탕을 둔 것임은 물론입니다.

일각에서는 이러한 혁신 교육이 이른바 '학력'을 경시하는 것 아니나는 우려도 없지 않습니다. 그러나 경기도 교육청이 2년 이상 운영한 도내 혁신학교의 국가수준학업성취도평가를 분석한 결과에 따르면 초등학교에서 기초학력 미달 학생의 비율이 3년 사이 초등학교에서 1.2%, 중학교에서 2.7% 줄었습니다. 일반 초등학교에서 0.9%, 중학교에서 2.3% 줄어든 것보다 좋은 실적입니다. 물론 새로운 교육을 모색하는 과정에서 과도하게 지적인 측면을 상대화하거나 겉으로 보이는 학생 활동 자체에 매몰되는 '혁신의 통속화' 현상이 없지는 않을 것입니다. 그러나 이러한 시행착오 또한 집단 지성의 힘으로 극복해가고 있습니다.

혁신 교육의 또 다른 성과 가운데 하나는 학생 생활교육에 대한 변화입니다. 인권 친화적인 생활·인권 규정이 자리를 잡아가고 있으며, 갈등을 긍정적 에너지로 전환해서 재통합하는 회복적 서클을 운영하거나 평화 감수성 활동을 펼치기도 합니다.

비평준화 지역에서 2010년에 개교한 용인 홍덕고등학교는 처음에는 학업 성적이 떨어지거나 생활지도에 어려움이 많은 이른바 '문제아'가 많았습니다. 공부에 흥미가 없거나 대학 진학은 꿈도 꾸지 않던 학생들이었지요. 학교는 이들에게 공부를 강요하는 대신 더불어 사는 협동과 공동 체험의 장을 마련해주었습니다. 학생들 스스로 토론을 거쳐 '학생생활·인권권리규정'을 만들었고, 이를 지키면서 자존감을 키웠습니다. 감화를 받은 학생들은 선생님은 물론이고 친구들을 존중하기 시작했고, 나아가 서로 가르쳐주고 배려하며 자발적으로 공부했습니다. 그 결과 1기생 거의 전원이 대학에 입학하는 '기적'을 이루었습니다. 이 학교를 졸업했거나 재학 중인 학생들은 학교에 대한 자부심과 만족도가 대단히 높습니다.

쇠락해가는 의정부 구도심에 자리 잡은 의정부여자중학교 역시 학생의 앎과 행동이 하나가 되는 자치 활동 역량으로 유명세를 탄 바 있습니다. 이 학교 중3 학생들은 사회 수업을 하며 만든 '9시 등교 정책'을 2014년 6월 이재정 교육감 당선인에게 직접 제안했고, 이후 학생자치회에서 학내 의견을 수렴하는 절차를 거쳐 시행하였습니다. 이 정책은 경기도는 물론 전국으로 확산되어 청소년 수면권 및 건강권 보장, 충분한 수면으로 인한 수업 시간 집중도 향상, 가족과의 아침식사를 통한 정서적 안정이라는 효과를 거두었습니다. 이 사례는 특히 학생들의 자치 역량이 학교의 담을 넘어 사회적으로 메시지를 전달할 수 있다는 것을 보여준 효시가 될 것으로 평가됩니다.

다소 파격적인 시도도 있었습니다. 거의 모든 학교에서 큰 갈등을 유발하는 교복을 폐지한 사례입니다. 성남 청솔중학교에서는 생활복 도입 이후 교복과 혼용하였으나 생활복 규제를 점진적으로 없애는 방식으로 복장자율화를 시행하다가 2016년에 아예 교복을 폐지하였습니다. 2010년에 시작해서 7년에 걸친 점진적 과정이었고, 교복의 전면 강제 또는 전면 폐지에 따른 불필요한 논란을 미연에 방지하는 절충적 과정이기도 했습니다. 교복 폐지 이후 학생들은 각자의 개성을 발휘하는 가운데 최소한의 선을 지키려는 능력이 생겨 생활지도는 오히려 정상화되었습니다. 이 과정에서 학생 자치 활동이 활발해짐으로써 2015년 경기교육연구원이 조사한 학교자치지수에서 1위를 기록하기도 했습니다.

물론 생활교육의 혁신은 때때로 기존의 전통적인 생활지도 방식과 충돌하며 교사들에게 갈등을 유발하기도 합니다. 각기 다른 생각과 경험을 하며 살아온 교사들의 학생관과 교육관이 충돌하면서 일부 학교에서는 생활교육 자체가 무력해지는 일이 발생하기도 하고요. 이 간극을 좁히기가 쉽지만은 않겠지만 새로운 시대 새로운 교육으로 이행하기 위해 한번은 넘어야 할 산임은 분명합니다.

혁신 교육은 학교 구성원의 역할을 새롭게 정립하는 영역에서도 의미 있는 사례를 만들어내고 있습니다. 예를 들어 혁신학교에서 학교장은 변화를 가로막는 장애물이 아니라 교육 공동체의 일원으로서 새로운 역할을 맡고 있습니다. 기존의 관리적 리더십에서 학교 공동체의 규범을 관리하고 조정하고 솔선수범하는 역할로의 전환입니다. 예컨대 고양 상탄초등학교나 남양주 월문초등학교에서는 학교장이 수업에 참여하며 행정적 관리자에서 '교수─학습의 리더(head teacher)'로 자리매김하는 새로운 모습을 보여주었습니다.

학부모를 새롭게 인식하는 사례도 있습니다. 예전의 교육정책에서는 학부모에게 교육의 수요자(소비자)로서 해야 할 역할만 강조했습니다. 교원평가제가 도입되며 교사를 품평하는 역할을 부여받은 것입니다. 1980년대 영미 국가들을 중심으로 등장한 신공공관리론(新公共管理論)에 입각한 시장주의는 그간 교육 현장에서 숱한 관계의 왜곡을 불러왔습니다. 그러나 혁신학교에서는 학부모가 교육 공동체의 책임 있는 참여자로서 새로운 임무를 수행합니다. 수원 남창초등학교, 양평

수입초등학교, 평택 죽백초등학교, 파주 해솔중학교와 시흥의 글로벌중학교 등 혁신학교들이 독서 모임을 운영하거나 아버지 모임을 만드는 한편, 동아리 활동이나 체험활동에 부모가 함께 참여하도록 함으로써 학부모가 기존의 방관자가 아닌 교육의 동반자로 자리매김하도록 새로운 실험을 하고 있습니다.

혁신 교육은 또한 근대적인 교육의 틀에서 벗어나기 위해 끊임없이 다양한 시도도 하고 있습니다. 그러다 보니 다소 낯선 흐름이 나타나고 있기도 합니다. 먼저 협동조합입니다. 협동조합은 사회적 약자들이 이윤이 아닌 상부상조를 위해 만든 조직체로서 공동으로 소유하고 민주적으로 운영하는 것을 특징으로 합니다. 벨기에의 학습 및 재설계 연구소(The Learning and Redesign Lab)의 연구 보고서에 따르면 미래의 학교는 더 이상 교실에서 교육 활동이 일어나지 않고 지역

사회와 하나가 되는 학습 공원이 될 것이며, 그 운영 방식은 협동조합과 유사할 것이라고 합니다(《허핑턴 포스트》 2016년 4월 14일자). 따라서 풀뿌리 지역사회와 연계하며 민주적으로 당면한 문제를 스스로 해결해나가는 것을 표방하는 협동조합 모델과 학교를 접목하려는 시도는 유의미합니다.

이런 까닭에 2013년 9월 교육부의 인가를 받아 전국 제1호 학교협동조합을 설립한 성남 복정고등학교의 사례는 주목할 만합니다. 물론 아직까지는 맹아적 형태로써 친환경 학교 매점 운영에 국한되어 있는 데다 과중한 법인 행정 업무, 유통망의 한계, 수익 시설의 장애인 우대 조항 등으로 현실적 어려움이 있다고 합니다. 하지만 학생, 교직원, 학부모가 조합원으로 운영에 참여할 뿐 아니라 수익금을 환원해 장학 사업 등 학생 복지를 위해 쓰는 '경제―복지―교육'의 선순환 구조는 추후 교육협동조합 모델 정립에 많은 시사점을 주리라 기대합니다.

또 하나의 대안적 시도는 바로 학교 밖 마을 학교의 일종이라 할 '꿈의 학교'입니다. 예컨대 의정부 꿈이룸학교는 정규 학교도 대안 학교도 아닙니다. 굳이 정의하자면 청소년이 스스로 만들어가는 '프로젝트 마을 학교'입니다. 경기도 북부에 있는 청소년(초5~고3)을 대상으로 방과후와 계절형으로 나누어 운영하고 있으며 마을 차원에서 길잡이 교사와 서포터즈가 학생들을 지원하고 있습니다. 이 학교 정현주 길잡이 교사의 말을 들어볼까요.

다양한 연령대의 아이들이 가장 많이 하는 것은 둘러앉는 일이

다. 이 과정에서 아이들은 서로 다름 속에서 소통의 방식을 생각하고, 나아가 소통의 체계화를 위한 시스템을 고민하게 되었다. 꿈이룸학교는 어른들이 시스템을 만들어놓고 아이들을 모집하는 기존 관행과 달리 아이들이 주도하고 있다. 교육 내용은 공학, 정치, 경제, 인문 등 다양한 분야가 망라되어 있으며, 프로젝트를 통해 마을과 함께 청소년 스스로 배운다.

이러한 실험이 성공할지는 아직 미지수입니다. 정규 학교를 우선시해야 한다는 비판도 있고요. 하지만 기존의 근대적 학교 모델의 한계가 회자되고 있는 요즘 미래 학교의 새로운 모델 정립을 위한 부단한 시도는 그 자체로 유의미할 것입니다.

교사의 의지와 노력이 변화의 동력

외부의 힘에 의해 이루어진 변화는 단기적 성과에 관심이 많았습니다. 자발성을 살리지 못하고 구성원들을 수동적으로 만들었고요. 하지만 지금 살펴본 다양하고 새로운 사례들은 교사, 학생, 학부모가 만든 것이기에 내실 있고 길게 가는 교육 혁신을 이루고 있습니다. 실제로 지금 교육부가 강조하는 체험활동과 진로 교육 강화, 자유학기제, 교사의 행정 업무 경감 등은 혁신학교가 선도했으며, 정부가 학교폭력 대책으로 들고 나온 협력 학습과 학생 자치, 문·예·체 교육 확대도 혁신학교의 실험과 직간접적인 영향을 맺고 있습니다. 이제 학교는 상급

기관의 교육정책을 수행하는 일을 넘어서고 있습니다. 교실 중심의 개별적이고 수동적인 문화를 극복하고 구성원의 상호 협력을 통해 교육력을 높이며 성장하고 있습니다.

혁신학교와 혁신 교육이 갖는 한계가 없다고 말하지는 않겠습니다. 양적 확대에 따라 이름뿐인 혁신학교도 있고, 역량 있는 교사 양성에 소홀하여 몇몇 교사에게 과도한 부담이 가거나, 그 교사가 전근을 가면 혁신적 학교 문화가 흔들리는 일도 생깁니다. 의사 결정 구조나 업무 구조 등 교사들이 교육에 집중할 수 있는 시스템이 불충분하다 보니 교사의 헌신으로 이를 극복하려는 편향도 분명 개선해야 할 과제입니다.

그럼에도 부디 이 글을 읽는 교사라면 새로운 교육 패러다임을 만들어가려는 혁신 교육 활동에 주목해주셨으면 합니다. 개방적인 상호작용과 소통, 반성적 대화와 토론에 의한 협력적 성장이 모든 단점을 상쇄하고도 남을 만큼 자긍심과 보람을 가져다줄 것이기 때문입니다. 유능함을 증명하고 인정받고자 혼자 고민하지도 말고 교육 시스템의 모순 속에서 고통받는 제자들을 외면하지도 말았으면 합니다. 공직자로서 누리는 혜택만큼 공적인 책무성을 절감하며 더 많이 공부하고 실천했으면 합니다. 학교의 주인으로서 당당하게 위기와 기회가 공존하는 새로운 시대를 능동적으로 주도하며, 다시 교육에서 희망을 만드는 일에 함께해주셨으면 합니다.

에듀니티

행복한연수원 원격연수   happy.eduniety.net

30시간 2학점 원격연수

"생활지도의 새로운 패러다임"

회복적 정의와 비폭력대화를 기반으로 한
회복적 생활교육

학교 내 폭력과 다양한 갈등에 대해 평화적으로 대처할 수 있는 교사 역량을 강화하고자
기존의 권위적·처벌적인 생활지도에서 벗어난 **회복적 생활교육의 패러다임**의 확산을 다루려고 합니다.

모듈 I. 회복적 생활교육
01. 왜 회복적 생활교육인가
02. 회복적 생활교육이란
03. 정의 패러다임
04. 무엇을 회복할 것인가
05. 회복적 정의의 뿌리와 역사
06. 회복적 정의 적용사례
07. 회복적 도시를 디자인하라

모듈 II. 회복적 실천: 회복적 서클
18. 갈등에 대한 이해
19. 회복적 서클이란
20. 회복적 서클의 과정과 시작
21. 사전 서클
22. 진행자의 사전 서클
23. 본 서클
24. 대화 지원
25. 사후 서클
26. 서클 진행자의 역할과 시스템 구축

모듈 II. 회복적 실천: 비폭력대화
08. 비폭력대화란
09. 관찰
10. 느낌과 욕구(Need)
11. 부탁
12. NVC 모델로 자기표현하기
13. 공감으로 듣기 1
14. 공감으로 듣기 2
15. 분노 1
16. 분노 2
17. 감사

모듈 II. 회복적 실천: 평화로운 학급 공동체 만들기
27. 공유된 목적과 약속 세우기
28. 서클을 활용한 체크인, 체크아웃
29. 배움과 성장을 위한 Feedback과 성찰

모듈 III. 교사역할과 앞으로의 과제
30. 교사 역할론과 회복적 생활교육의 과제

(사)좋은교사운동, 한국평화교육훈련원(KOPI),
한국비폭력대화센터(NVC센터)와 함께 만들었습니다.

강의 박숙영/이재영/캐서린 한

에듀니티 | 행복한연수원 원격연수 | happy.eduniety.net

15시간 1학점 원격연수

아이들의 가능성, 잠재성도
같이 잠재울 수는 없습니다.

무기력한 아이
이해하고 돕기 프로젝트
: 잠자는 거인을 깨우는 법

아이들 내면의 잠자는 거인을 깨울 수 있도록 돕기 위한
무기력 아이 변신을 위한 프로젝트, 김현수 선생님과 함께 준비하는 시간을 가져보고자 합니다.

1. 무기력에 대한 이해
2. 무기력의 분류
3. 무기력의 형성 과정 I
4. 무기력의 형성 과정 II
5. 무기력의 형성 과정 III
6. 무능함을 보여주는 네 가지 패러다임
7. 무기력과 관련된 개념 익히기

8. 무기력한 아이들에게 접근하는 유형별 방법 I
9. 무기력한 아이들에게 접근하는 유형별 방법 II
10. 무기력한 아이들을 위한 노력 I
11. 무기력한 아이들을 위한 노력 II
12. 무기력한 아이들을 위한 노력 III
13. 무기력한 아이들을 돕는 구체적인 방법 I
14. 무기력한 아이들을 돕는 구체적인 방법 II
15. 무기력한 아이들을 만나는 교사들에게

강의 **김현수**
http://www.schoolstar.net

현 교과부 학교폭력대책위원회 기획위원 / 현 여성가족부 청소년보호위원회 보호위원
현 서남대 명지병원 정신건강의학과 교수 / 현 경기도광역 정신건강증진센터 및 자살예방센터 센터장
현 성장학교 별 및 스타칼리지 교장 / 현 프레네 클럽 대표 / 현 서울시 교육청 학교폭력대책 자문위원
저서 행복한 교실을 만드는 희망의 심리학(에듀니티) / 공부상처(에듀니티) / 교사상처(에듀니티)

에듀니티 | 행복한연수원 원격연수 | happy.eduniety.net

30시간 2학점 원격연수

책읽기 좋은 봄, 여름, 가을, 겨울
교과 정규수업시간에 책 읽는 선생님들의
독서교육 이야기

교사가 지치지 않는 독서교육

독서교육에 대한 전반적인 흐름을 이해할 수 있는 연수!
다양한 교과 수업 적용 사례, 학급과 동아리 독서교육 지도법, 교사공부모임에서 하는 독서, 가정에서 하는 자녀 독서교육 지도법까지 모두 다룹니다.

독서교육의 기본
1 "독서교육, 이렇게 하면 될 줄 알았는데!"
2 "내가 고른 책, 왜 인기가 없었지?"
3 "같은 책을 읽었는데, 왜 다르지!"
4 "독서감상문, 진짜 너희들의 감상이 궁금해"
5 "무엇이 문제인가! 누구의 문제인가!"

독서교육의 여러 방법
1 "독서교육, 이렇게 하면 될 줄 알았는데!"
2 "내가 고른 책, 왜 인기가 없었지?"
3 "같은 책을 읽었는데, 왜 다르지!"
4 "독서감상문, 진짜 너희들의 감상이 궁금해"
5 "무엇이 문제인가! 누구의 문제인가!"
6 [재미] 시집으로 하는 독서교육
7 [쉬움] 네 시간 독서토론
8 [기본] 지적 단련을 위한 서평쓰기
9 [소통] 책 대화하기
10 [만남] 책 읽고 인터뷰 하기
11 [탐구] 주제 보고서 쓰기

교과 독서교육 시작하기
12 교과 독서교육 들여다보기
13 교과 독서교육 들여다보기
14 국어교사 김진영, 책읽기 수업
15 체육교사 김재광, 책읽기 수업
16 윤리교사 김현주, 책읽기 수업
17 역사교사 정태윤, 책읽기 수업
18 역사교사 우현주, 책읽기 수업
19 특성화고 사회교사 허진만, 책읽기 수업
20 특목고 국어교사 남승림, 책읽기 수업
21 국어교사 구본희, 자유학기제를 활용한 책읽기 수업
22 제자들이 기억하는 그 시절, 송승훈 선생님의 책읽기 수업
23 지치지 않는 교과 독서교육을 함께 만들다
24 지치지 않는 교과 독서교육을 함께 만들다

독서교육의 확장
25 동아리와 공부모임에서 하는 책읽기
26 담임교사가 하는 독서교육
27 독서로 하는 학교폭력 예방수업
28 자녀 독서교육에 대한 궁금증 해소
29 실적이 필요할 때 쓰는 방법과 학교 예산 활용법
30 학교에서 독서교육을 하는 의미

강의 송승훈선생님
http://wintertree91.blog.me

광동고등학교 국어교사
아이들의 삶을 읽어내며, 그 안에서 자신의 꿈을 만들어가는 '꿈꾸는 교사 송승훈'선생님은
아이들이 책으로 세상을 만나고, 저마다 꿈을 꾸는 교실을 만들기 위해
전국의 선생님들에게 실패하지 않는 독서교육 방법을 전하고 있습니다.